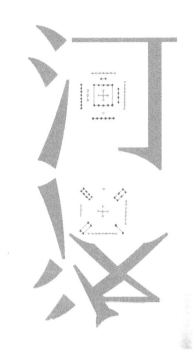

河洛文化研究丛书

河洛文化与赣鄱文化

龚国光　著

河南人民出版社

图书在版编目（CIP）数据

河洛文化与赣鄱文化／龚国光著 . — 郑州：河南
人民出版社，2018.2
（河洛文化研究丛书）
ISBN 978 - 7 - 215 - 11336 - 7

Ⅰ．①河… Ⅱ．①龚… Ⅲ．①文化史—研究—
河南 ②文化史—研究—江西 Ⅳ．①K296.1 ②K295.6

中国版本图书馆 CIP 数据核字（2018）第 027165 号

河南人民出版社出版发行

（地址：郑州市经五路 66 号 邮政编码：450002 电话：65788063）
新华书店经销 北京虎彩文化传播有限公司印刷
开本 710 毫米×1000 毫米 1/16 印张 15
字数 200 千字
2018 年 2 月第 1 版 2018 年 2 月第 1 次印刷

定价：103.00 元

目　　录

第一章　绪　　论

提到河洛,人们会立即想到滔滔不绝的黄河,庄子"秋水时至,百川灌河,泾流之大,两涘渚崖之间不辨牛马"的汪洋恣肆,李白"黄河之水天上来,奔流到海不复回"的波澜壮阔如在眼前;人们也会立即想到九朝古都,想到司马光"若问天下兴亡事,请君只看洛阳城"的诗句。是啊,河洛地区在泱泱中华历史长河中有着不平常的地

黄河洛水交汇处

位,在这块热土上孕育出来的河洛文化,不仅是中华民族文化的核心文化,其元典思想还是华夏哲学、政治、经济、宗教等思想文化的源头。

赣鄱文化博大精深,千百年来,哺育了吴头楚尾广袤大地之文明,为中华民族文化中璀璨的明珠。河洛文化与赣鄱文化有什么样的渊源关系,二者又是如何交流和相互激荡的呢?

第一节　走近河洛

巩县(今河南巩义市)是个神秘的地方。这里有创建于北魏孝文帝太和年间(477～499年)雕刻精湛绝妙的石窟寺;有北宋庞大的"七帝八陵"皇家陵墓

群;有站街镇南瑶湾村笔架山下的杜甫故里等。更有一处古称"洛汭"的地方令人神往,"汭",意指河流汇合或弯曲的地方。发源于陕西冢岭山的洛水,经洛南、洛宁、宜阳而入洛阳偃师,汇伊、瀍、涧等水后至巩县南河渡注入黄河。我们在南河渡附近下车,迎面有巨幅广告牌,上书"河洛交汇处"。沿着清澈的洛水由南向北前行,苍茫雄浑的黄河由西而东横亘在我们眼前,大自然的鬼斧神工使人们意往神驰。这是怎样的一幅壮阔的图景:当洛水出口流入黄河时,奔腾的浊水瞬间把清洛推向一个奥区,形成一个方圆数里的巨大旋涡,清浊之水交融在一起,随着旋涡的回流,呈现在人们面前的是一幅硕大无朋的太极图像,给人一种无言的心灵的震撼。据说,黄河与洛水同时暴涨时,这种自然景象更会使人瞠目结舌,惊魂夺魄。

一、伏羲台与河图洛书

"伏羲台"位于河洛交汇处以东的夹角地带,在黄河的南岸有一巨丘突兀而起,面积近6万平方米。站立此台,八面来风,骇目惊心,西看黄河五十里,东望奔流四十八,这座由大自然风化而成的丘陵台地,蕴藏了太多的神秘色彩和承载着厚重的文化积淀。据传,伏羲正是在这里日夜观察黄河洛水的包孕推衍,融合涵化,从而构演八卦。隋文帝开皇二年(582年),于台丘之上敕建羲皇祠,就是说,后人对于伏羲在此静观河洛,推演八卦是信其有的。伏羲的八卦,经周文王演为六

伏羲画像

十四卦,从此,这部充满圣人智慧,代表了华夏文化之源的最高水准的《易经》,成为后世人们永远探究不尽的一种文化密码,正如北宋理学家邵雍所言:"盖天地万物之理尽在其中矣。"于是,又有"河图洛书"的传说,《周易·系辞上》说:"河出图,洛出书,圣人则之。"孔安国注云:"河图者,伏羲氏王天下,龙马出河,遂则其文以画八卦;洛书者,禹治水时,神龟负文而列于背,有数至九,禹遂因而第之以成。""河图洛书"的出现,实是黄河流域原始社会在没有出现文字之前,

先民生产与生活实践经验文化总结的一种曲折反映。上述是从人的方面来述说伏羲的,从神的角度看,伏羲则更为丰满和生动。伏羲是雷神之子,"蛇身人首,有圣德",能缘天梯,建木以登天。《淮南子·时则训》载:"东方之极,自碣石山,过朝鲜,贯大人之国,东至日出之次,搏木之地,青土树木之野,太皞、句芒之所司者万二千里。"高诱注:"太皞,伏羲氏,东方木德之帝也;句芒,木神。"在神话传说中,伏羲是五帝中的东方天帝。在汉代伏羲女娲石刻画像中,清晰表现一种"人头蛇身"的伏羲女娲交尾像,这类题材在河南、山东及四川的汉代石刻画像中,都有充分体现。他们是兄妹,当时天下没有人民,他们来到昆仑山结为夫妻,于是,伏羲女娲创造了人类。在中华民族发展史中,伏羲的地位是作为人类始祖和上古创世神而确立的。

北宋著名文学家、史学家欧阳修,江西庐陵(今永丰沙溪)人,宋仁宗天圣八年(1030年)进士。他曾来到巩义河洛交汇处,与黄河进行了首次接触,并写下《巩县初见黄河》长诗,其中有句云:"河决三门合四水,径流万里东输海。巩洛之山夹而峙,河来啮山作沙嘴。……我生居南不识河,但见禹贡书之记。其言河状钜且猛,验河质书信皆是。昔者帝尧与帝舜,有子朱商不堪嗣。皇天意欲开禹圣,以水病尧民以溃。尧愁下人瘦若腊,众臣荐鲧帝曰试。试之九载功不效,遂殛羽山惭而毙。禹羞父罪哀且勤,天始以书界于姒。书曰五行水润下,禹得其术因而治。凿山疏流滩畎浍,分擘枝派有条理。万邦入贡九州宅,生人始免生鳞尾。功深德大夏以家,施及三代蒙其利……"前四句描述的是作者站立河洛交汇处所见的景致:黄河从三门峡奔腾而下,与伊、洛、瀍、涧等四水汇聚流向东海;洛水注入黄河处有两山对峙,黄河奔流至此,与山抵触,带动洛水回旋,其场景震撼人心。第二段叙说自己生在南方不识黄河,只是读《禹贡》时,知道黄河的巨大与猛烈,今天亲历验证,果然与书的记载相吻合。接着用精练的语言,概括了河洛地区从黄帝以下至大禹治水有功受禅称君的古史风貌,并开启了夏、商、周三代"蒙其利"的历史进程。

二、黄帝的有关记载与神话传说

《史记》一百三十卷,首卷便是《五帝本纪》,其卷尾有司马迁评语:"太史公曰:学者多称五帝,尚矣。然尚书独载尧以来,而百家言黄帝,其文不雅训,荐绅先生难言之。……余尝西至空峒,北过涿鹿,东渐于海,南浮江淮矣,至长老皆各往往称黄帝尧舜之处,风教固殊焉,总之不离古文者近是。"①"尚矣",《索隐》注:"尚,上也,言久远也";"古文者",《索隐》注:"古文即帝德、帝系二书"。全段意思是说,不少士大夫说五帝过于久远,而黄帝的传说又多来自民间不雅观,缙绅们很难说出口。然而我亲至各地考察,许多前辈都跟我谈到黄帝尧舜的各种事迹,与古文上的记载几乎没什么区别。于是,黄帝作为中华民族始祖被载入《史记》的开篇。司马迁作为我国实践史学先驱者,实在功均天地,明并日月。

在神话传说中,黄帝在"五天帝"中是中央的一个天帝,《淮南子·天文训》载:"中央土也,其帝黄帝,其佐后土,执绳而制四方。"黄帝与炎帝是同父异母的兄弟,各有天下一半,黄帝行道而炎帝不听,"故战于涿鹿之野,血流漂杵。"据《列子·黄帝》载,这场战争规模极其壮观,其前驱有熊、罴、狼、豹、貙、虎;旗帜则有鵰、鹖、鹰、鸢等。炎帝战败,炎帝后裔蚩尤复仇,又败;炎帝之裔,或炎帝之臣继续复仇,直至灭亡。《史记》卷二十八《封禅书》云:"黄帝采首山铜,铸鼎于荆山下。鼎既成,有龙垂胡髯下迎黄帝,黄帝上骑。"有关黄帝的神话传说,集中到一点无非说明一个问题,即:黄帝神通广大,庇荫天下子民,但其首要的艰巨任务,就是千方百计将分散的华夏土地统一起来。

黄帝画像

滕守尧说:"中国神性智慧是在阴阳、水火、上下、天人、师生等种种对立范畴之间的对话和融合中生成的,阴阳鱼之间的 S 就是这种智慧的基因、原型或符号。"②这即是说,神话是一个古老文明起源所必然的产物,运用超人的人格所遭遇种种的坎坷,通过想象孕育出一个民族超强的表现力。因此,我们无须过于认

---

①　汉·司马迁《史记·本纪第一》卷一,上海中华书局据乾隆四年本校刊。

②　滕守尧《文化的边缘·自序》第 5 页,作家出版社,1997 年。

真地去考证这些神话传说中的真与伪,历史学家汤因比说:"借助于神话的光亮,我们已经略为窥到了一些挑战和应战的性质。我们已经了解到创造是一种遭遇的结果,而起源是交互作用的产物。……这些富有创造力的人们在生活方式的改变中是彻底地从采集食物和狩猎生活中改变到了耕种生活。"①这是一种"集体无意识"的民族认同,如果没有这一群"富有创造力的人们"丰富的想象力,由低级向高级生活方式的转变是根本不可能的。列维·布留尔也说:"神话则是原始民族的圣经故事。……对原始人思维来说,神话既是社会集体与它现在和过去的自身,以及与它周围存在物集体的结为一体的表现,同时又是保持和唤醒这种一体感的手段。"②我们为什么对"河洛交汇"的旋涡和"伏羲台"的神圣以及黄帝的"兼并"顶礼膜拜,为什么对"河图洛书"深不可测的图式和奇偶之数如此痴迷?并不在于它们的神秘色彩,而在于它为一个民族提供了大量的文化信息,并潜移默化流淌在这个民族同类的血液之中,成为一种象征的力量而具有超强的凝聚力。谢选骏说:"将神话本身化为历史传说,这是中国式的。……中国上古神话的历史化,在把零散的神话形象加以历史化的同时,也完成了中国式的神话的'帝系'化,其结果是中国体系神话的诞生。"③中国神性智慧就是这样在"历史化"与"帝系化"的过程中,成为中国文化的中坚。我们走近河洛,认识河洛文化就是从这里开始的。

汤因比在《展望21世纪》的对话中说:"东亚有很多历史遗产,这些都可以使其成为全世界统一的地理和文化的主轴。……在漫长的中国历史长河中,中华民族逐步培育起来的世界精神。……人的目的不是狂妄地支配自己以外的自然,而是有一种必须和自然保持协调而生存的信念。"④深邃的华夏民族文化,尤其是在它的根性文化部分,最能表达一种"和自然保持协调而生存的信念"。

---

① (英)汤因比《历史研究》上册第83~87页,上海人民出版社,1986年。
② (法)列维·布留尔《原始思维》第437页,商务印书馆,1985年。
③ 谢选骏《神话与民族精神》第337页,山东文艺出版社,1986年。
④ (英)汤因比、(日)池田大作《展望21世纪》第287页,国际文化出版公司,1985年。

第二节   鄱文化与赣文化辨析

人们对地域文化的研究,多把春秋战国时期诸侯割据的地望作为界定某一地域文化的依据,或以该地域建立国家与否来决定"文化圈"的形成与否。这种观点是不符合历史发展进程的。人类学家本尼迪克特说:"任何传统风俗的最后形式,都远远超出了原始的人类冲动。这种最后形式在很大的程度上依于这一特性与那些来自不同经验领域的其他特性结合的方式。"①所谓"不同经验领域的其他特性",是指外来文化及邻近文化与本土文化特征的互补与融合,从而形成一种有别于原始冲动的传统风俗。而文化的形成,总是在一定的时空之中进行的,受其地理环境的影响与制约,便必然打上鲜明的地域印记。江西的文化形态,其内部明显存在两个不同的文化系统,即鄱文化系统与赣文化系统。鄱文化是赣文化的母体,赣文化的勃兴与辉煌,有赖于鄱文化的浸染与滋润。赣鄱文化的融合,体现了这个文化进程中的整合过程。

一、鄱阳湖平原与"吴头楚尾"

江西地理环境,南窄北宽,整个地势也南高北低由周边向中心缓缓倾斜,形成一个以鄱阳湖平原为底部的不对称的巨大盆地。边缘山地遍布于省境周围,构成省际天然界线和分水岭;中南部丘陵,位于边缘山地内侧的广大地区,又构成千百个大小不等的盆地。鄱阳湖平原,位于省境北部,为长江及鄱阳湖水系赣江、抚河、信江、饶河、修水等冲积和淤积而成的湖滨平原。其范围北起长江,南达樟树、临川,东抵乐平、万年,西至安义、高安,地跨 25 个县市,面积约两万平方公里。其地势低平,港汊纵横,草洲滩涂连片,池沼稻田相间,鄱阳湖不仅有万余年的历史概貌和丰厚的文化堆积,而且其经济也得天独厚,《鄱阳志论》载:"饶之为郡,以彭蠡、鄱阳之渔,浮梁之陶,余干之沃,故曰饶也。"说明在经济不甚发达的古代,鄱阳湖平原相对却是丰衣足食,"富甲江南"的。

---

① (美)露丝·本尼迪克特《文化模式》第 39 页,三联出版社,1988 年。

浩瀚的鄱阳湖

唐代王勃《秋日登洪府滕王阁饯别序》开篇便对鄱阳湖平原地势作了精辟概括:"襟三江而带五湖,控蛮荆而引瓯越。"它以立体的方位,再现了鄱阳湖平原"控蛮荆而引瓯越"这一占尽天时地利的千古形胜。江西地区早期的历史发展,当它还处于新石器晚期时,河洛地区便建立起中国历史上第一个奴隶制国家夏王朝,随着夏文化的南渐,随即也开启了华夏民族与古越民族的融合过程。江西吴城文化遗址的发现,说明至商代中期,这里曾建立起中原殷都以外的南方的一个方国,彭适凡说:吴城遗址"是商时期长江中游地区跨入文明门槛的一个古代方国……中原的华夏族人,南来后带来先进发达的中原文化特别是陶范铸铜技术,他们与原住民族交流融合,共同为赣江流域的早期开发,为创建吴城方国青铜文明作出了巨大贡献"①。西周时期,在鄱阳湖平原出现两个封地,一是修水地区的"艾"侯;一是余干地区的"应"国。

这种发展势头,被动荡的春秋战国时期所破坏。鄱阳湖平原正处于吴、楚两国的境界之地,由于在吴地上游,楚地下游,故称"吴头楚尾"或"楚尾吴头"。事实上,吴、楚两国从来没有在严格意义上把这一地区作为自己的国土加以捍卫与整治,双方看重它的,仅是军事上的需要,换句话说,是吴、楚争霸的用兵之地。

---

① 彭适凡《江西通史·先秦卷·引言》第5页,江西人民出版社,2008年。

《史记·伍子胥传》载:"阖庐使太子夫差将兵伐楚,取番。"《集解》注:"番,又音婆";《索隐》注:"番,盖鄱阳也。"又《春秋左传注疏》载:"定公二年,秋,楚囊瓦伐吴师於豫章。吴人见舟于豫章,而潜师于巢。冬,十月,吴军楚师于豫章,败之。遂围巢,克之,获楚公子繁。"①由于这一地区远离吴、楚两国政治、经济与文化的中心,除其战争需要外少有他图。其文化处于一种潜在的"停滞"状态,与吴楚文化的交流与融合,虽在进行之中,但进展缓慢。

二、鄱文化的特征与内涵

鄱阳湖平原地势的自然整体与春秋战国时期近 400 年的人为分割,使这一地区的文化形态具有某种多元的文化特征。在其漫长的历史进程中,鄱文化始终把"选择"作为吸纳与融合邻近文化的杠杆,以适应本文化特征的需要,从而确定自身文化的品位与个性。这是鄱文化一个非常重要的本质特征。

在与河洛文化交流方面,可举新干县大洋洲乡商代大墓出土的青铜器为例。在这个大墓中,出土了 475 件各类青铜器,有的器类造型和纹饰和河南安阳殷墟出土的完全一样,专家把这部分青铜器定为"殷商型"或"中原型";还有其造型与中原基本相似,但某些地方却进行了改造,学者定此类青铜器为"混合型"或"融合型";少数一部分青铜器具有地道的土著特色,在河洛地区殷墟文化中从未出现过,属于鄱文化的

贵溪东周崖墓原始青瓷提梁盉

独创。春秋战国时期,属于吴文化势力范围的贵溪县仙崖悬棺,出土了两件乐器——弦琴和扁鼓,从某种意义看,这两件乐器代表了两种文化的演示。吴越文化特别强调弦琴在吴越音乐中的地位,张岱《陶庵梦忆》详细记叙了吴越之地偏

---

① 周·左丘明传、晋·杜预注、唐·孔颖达疏《春秋左传注疏》卷五十四,《传世藏书·经库》第 966 页,海南国际出版中心,1995 年。

爱弦琴的风俗。① 弦琴的出土,表明这一带受吴越音乐影响很大。另一件乐器扁鼓,则更多具有土著特色。后来弦琴在这一地区逐渐淡化,扁鼓却得到长足进展,明嘉靖《广信府志》载:弋阳一带古之乡俗迎神,则多以鼓声为节,正月元宵鼓,五月端阳鼓,七月中元鼓,十二月谓之腊鼓。明代初年,这里产生了弋阳腔,其最大的艺术特点是伴奏音乐不用管弦,而是大锣大鼓,它从一个侧面,演示了两种不同的文化形态在鄱阳湖平原的消长过程。鄱地盛巫,受楚文化影响所致,楚俗尚鬼,自古为然,但在流传过程中,鄱阳湖平原有明显淡化倾向。明代嘉靖、万历年间,乐安县流坑村董氏家族修《董氏大宗祠祠规》,其中有"禁邪巫"一款,云:"盖鬼道胜,人道衰,理则然也。费不甚重者,姑顺人情行之,而修炼超荐,颂经忏罪,咒诅等事则一切禁戒。"这对当时社会诸事听信于巫的恶俗陋习,无疑是一种有力的批判。

鄱阳湖平原的稻作文化起源很早,陈文华先生说:"江西省万年县吊桶环遗址 1 万年前的地层中发现稻作遗存和水稻植硅石……鉴定结果,表明 12000 年前人们已以采集野生稻为食物。大约在距今 10000～9000 年,栽培稻已经出现。"②说明早期人类活动,多分布在沼泽或平原及低矮丘陵的交接地带,那里不仅有多种生态系统食物资源,而且是普通野生稻生长之地,为水稻的培植提供了先决条件。鄱阳湖西北的九江瑞昌铜岭商周时期铜矿遗址,是我国目前已知的最为古老的铜矿遗址;鄱阳湖以南的清江县商代吴城文化遗址和新干县大洋洲大型青铜器群,为我们展示了一个商时期青铜器世界。由于地貌优势和丰富的湖水资源,为陶瓷文化的孕育与发展,提供了得天独厚的自然环境。万年仙人洞新石器早期遗址出土的粗绳纹陶器,为我们透露出一点消息,清江吴城商代遗址出土的 356 件精美陶器和原始瓷,上面大量的几何印纹图饰,展示了深厚的土著地方特色。著名的洪州窑,创建于东晋,历经南朝、隋唐达 600 余年。五代以后景德镇崛起,明嘉靖《陶书》载:"其所被自燕云而北,南交趾,东际海,西被蜀。无所不至,皆取于景德镇。"清乾隆景德镇督陶官唐英《陶冶图说》又说:"景德镇袤延仅十余里,山环水绕,僻处一隅,以陶来四方商贩。民窑二三百区,工匠人夫

① 明·张岱《陶庵梦忆》卷一"吴中绝技",卷二"绍兴琴派",卷八"范与兰"等,作家出版社,1955年。
② 陈文华《中国古代农业文明史》第 53 页,江西科学技术出版社,2005 年。

不下数十万,借此食者甚众。"江西景德镇陶瓷为世界瞩目。

如果说,稻作文化、青铜文化和陶瓷文化构成鄱文化物质文明的历史进程的话,那么,庐山文化则孕育了鄱文化精神文明的超迈神韵。汉阳峰"禹王台",鄱阳湖汉武帝"射蛟浦",揭开了庐山文化的历史,历代人文精英飘然而至,或驻或游,印痕下数以万计的华美篇章。唐代诗人孟浩然《彭蠡湖中望庐山》诗云:"挂席候明发,渺漫平湖中。中流见匡阜,势压九江雄。"在这里构成了一种湖山一体独特的文化审美情趣。湖山文化造就了陶渊明、汤显祖这样既仁爱至远,又机敏深慧的现实与浪漫兼有的世界级文化名人。

三、赣文化的形成与勃兴

赣,江西简称。从文化角度阐述,赣文化,自有与其不同的定义。《辞源》释义为:"赣,赣江,水名,在江西。"因此,赣文化涵盖的地域应指整个赣江流域。赣文化的形成晚于鄱文化,其发展有一个由北而南的渐进过程,就是说,当鄱阳湖平原在殷商时期处于青铜文化辉煌鼎盛的时候,江西的中南部还处在一种"荒壤"状态。赣文化的勃兴,在很大程度上与中原汉民族南迁有关。以乐安县流坑村即所谓著名的"千古一村"为例,我们在村中每户神龛的牌位上,几乎都能看见"广川郡"三字。查"广川",在今河北景县西南的广川镇,是汉儒董仲舒的家乡,它紧邻吴桥,与山东德州接壤,是河北进入山东的必经之途。唐末,广川郡望的董氏家族为避"五季乱",一路南下,辗转来到赣中的乐安流坑。据《流坑村图述》载:"是地隋唐以前,悉为荒壤,山农野叟,结草为庐。"说明这里在隋唐以前,乃为棘茅遍野的荒蛮之地。董氏族人于唐末在此开基,繁衍生息千

明宣德年间青花大盖罐

余年,其拓荒的历史始终和书院、理学、科举和仕宦相联系。表明中原汉民族进入赣地,通过种种艰难险阻,一旦寻找到较理想的栖息之地,儒学思想便很快付诸行动。因此,两宋以来,赣地何以出现如此灿若星河的高度"儒化"的人文群

体这个谜,便不难破解了。曹国庆把赣文化的真正形成,界定在魏晋至隋唐时期,他说:"真正意义上的赣文化,还是江西古老的土著文化与北方中原地区南来的客家文化相融合的产物。"[1]这一看法是比较符合历史实际的。

两宋,赣文化进入全面繁荣时期。在赣鄱文化的互补融合中,大量"儒化"的人文群体自不必说,其中最突出的是表现在稻作文化的高度发达。南宋诗人杨万里,吉水(今江西吉水)人,去官后乡居15年,写下了许多农事诗,《至后入城道中杂兴》第一首云:"大熟仍教得大晴,今年又是一升平。升平不在箫韶里,只在诸村打稻声。"诗中不仅描述了赣中及赣南的山地得到全面开发的情景,而且生动揭示了农村民众的一种心境,就是太平盛世的标志不是箫鼓的乐曲,而是在村村的打稻声中,赣江流域稻作文明的发达程度已经相当可观了。与此同时,在水稻农业发达的基础上,出现了带总结性的理论专著,这就是吉安泰和人曾安止著的《禾谱》五卷,它记录了赣中吉安一带的水稻品种50余个,这是我国历史上第一部有关水稻品种的专志。曾安止这种"农为政先"的重农思想,至今仍有一定的积极的现实意义。江西崇仁人吴曾说:"本朝取米于东南者为多。然以今日计,诸路共六百万石,而江西居三分之一,则江西所出尤多。"[2]江西作为农业大省的地位,早在宋代便已奠定了。在赣中和赣南的吉泰盆地、赣州盆地稻作文化发达同时,陶瓷文化也得到蓬勃发展,这就是闻名于世"吉州窑"的诞生。当吉州永和窑趋于衰微时,其大批瓷工及先进的制瓷技艺开始向景德镇作战略转移。余家栋先生说:"吉州永和窑的釉下彩技术又给景德镇以影响。当时吉州窑陶工不断流向景德镇,陶工们运用高超独到的釉下彩绘技术,对景德镇运用新的氧化钴为原料烧造的釉下彩青花起到很大的促进作用。"[3]从而促使景德镇的瓷业得到突飞猛进的发展。宋应星《天工开物》云:"若夫中化四裔,驰名猎取者,皆饶郡浮梁景德镇之产也。"[4]景德镇依托昌江河道两岸丰富的瓷土矿产资源和漫山遍野的窑柴资源,吸引着天下瓷工向这里集中,《陶录》云:"景德江有

---

① 曹国庆《赣文化的"儒化"特征及其对江西历史发展的影响》,《赣文化——从大京九走向21世纪》第30页,江西教育出版社,1997年。

② 宋·吴曾《能改斋漫录》第395页,上海古籍出版社,1979年。

③ 余家栋《江西陶瓷史》第142页,河南大学出版社,1997年。

④ 明·宋应星《天工开物·陶埏》,《传世藏书·科技》第1014页,海南国际新闻出版中心,1995年。

一巨镇也,隶于浮。业制陶器,利济天下,四方远近,挟其技能以食力者,莫不趋之若鹜。"①景德镇的瓷业发展,以集大成的姿态,书就了中国陶瓷史上最为辉煌的一页,而成为世界闻名遐迩的瓷都。

如果我们忽略鄱文化在其历史文化进程中所起的巨大作用,很有可能导致一种文化的断裂,这种断裂不是人为的否定,而是由于对某一地域的某一文化形态没有引起足够的重视而出现的"水土流失"。沿着这一思路,我们认为,赣鄱文化应是江西文化的全部内涵。

第三节　河洛文化与赣鄱文化的融会

一、关于中国古代文明起源的认识

过去由于考古学的相对滞后,关于中国古代文明起源的认识单一浅显,除"黄河文明"之外,剩下的是一些不成系统的散碎记忆。随着长江流域大量史前考古的发现,我们的认识开始发生质的变化,四川广汉南兴镇三星村三星堆文化遗址,在三个祭祀坑中出土大量青铜立像和青铜面具,其造型奇特,见所未见,更有青铜神树,高近 4 米,树干有龙缠绕,树枝分三层,每层又分三枝,每枝各立一鸟,共有九枝九鸟,三星堆文化经历千余年后突然消失,留下许多难解之谜。而在成都郊区又令人难以置信地发现了金沙文化遗址,据说,这是三星堆先民在遭遇某种不测后,其中的一支迁移金沙所致,以此说明这两处文化遗址的继承关系。以三星堆青铜神树上的立鸟为例,在金沙文化遗址中,鸟的地位被大大强化与突出了,精美而充满神秘感的"太阳神鸟"引起世界的震撼与赞叹,据解说员说,金沙遗址中有关鸟图腾崇拜,对江西的崇拜习俗有深刻影响。说者无心,听者却有心,江西先民在信奉虎图腾的同时,还真的特别信奉鸟图腾崇拜,新干大洋洲出土的青铜双尾虎脊背上伏有一只长尖嘴小鸟,其他如青铜器盖、青铜鼎耳、陶器制品及玉雕羽人等,无不显示出江西原始先民对鸟的喜爱与崇敬。而在

---

① 清·蓝浦、郑廷桂《景德镇陶录·陶说杂编》,《传世藏书·科技》第 1412 页,海南国际新闻出版中心,1995 年。

长江下游的良渚文化遗址中,也是信奉鸟图腾崇拜的,在其大量的出土玉器中,不少刻有鸟图案,有一件价值连城的玉琮王,上面就刻有精美的鸟纹。无独有偶,《诗经》云:"天命玄鸟,降而生商。"商代人认为他们的先祖就是"玄鸟",信奉鸟图腾崇拜也是情理之中的事。因此,有关鸟图腾崇拜,给了我们以下启示:

第一,长江流域和黄河流域一样,是中华民族文明发源地之一,这是毋庸置疑的。苏秉琦先生根据这一实际情况,提出中国文明起源"满天星斗"说,非常形象而生动。中国是个多民族国家,仅江南土著的越人就不知有多少名目,只得以"百越"统称之。巴人、蜀人、楚人、越人及北方燕人,他们就是这样生生不息地创造着自己本地域的文明。

第二,人们在对这种种截然不同的文明起源发出惊叹的同时,又发现它们之间有着某种文化的互动与交流,构成一种"多元一体"的文化格局。数千年来,它们为何聚而不散,最终统一在华夏民族这个大的文化体系之中,就因为它们在文明起源的地域虽然"各自为政",表现形式可谓异彩纷呈,但其表现形式的各项材质,诸如青铜、玉器和陶器却是高度一致的,其文化内涵所表达出的某种精神诉求更是有着惊人的相似。这种景观,也只有在中国这样的国家才能做到。

第三,在中国古代文明起源"满天星斗"中,我们又发现不少的文明起源可以用"来去匆匆"形容,它们既无自己的远古神话传说,而且消失又如此迅速,为后世留下千古之谜。对于这种特殊的历史状况,汤因比有以下见解:"文明衰落的实质可以总结为三点:少数人的创造能力的衰退;多数人的相应撤销了模仿的行为;以及继之而来的全社会的社会团结的瓦解。"①这应是不少文明起源所以留下的千古之谜的实质所在。

第四,反观黄河流域,远古的神话传说不仅被记载在中国最早的各种典籍之中,而且历代社会精英以毕生精力对其不断索隐与说解,这种文化的"社会团结"是坚不可摧的。汤因比认为安逸对于文明是有害的,他以黄河流域经常泛滥成灾,河流改道与长江流域的气候温和,常年通航作一比较,他的结论是:"然而古代中国文明却诞生在黄河岸上而不是诞生在长江流域。"这个论点颠覆了"哪里适合生存,哪里即产生文明"的传统认识。因此,河洛深厚的文化承载力

———————————

① (英)汤因比《历史研究》中册第4页,上海人民出版社,1986年。

是华夏民族高度凝聚的结果。从而奠定以汉族为主体的,统一的多民族国家的基石。

二、河南固始的地理环境与北民南移

"光州固始"作为北民南移之始,在中国大移民史上具有举足轻重的地位和特殊的意义。正是这么一个在中国版图上很不起眼的小县,被人们誉为著名的"河洛奥区",成为大批士族由河洛中心移居于此的"衣冠始集"之地,并受到国人和港澳台及海外客属侨胞的关注与顶礼。

固始县南大桥乡郑堂村郑成功墓

豫东的地理形势很特别,其东北方是商丘永城,东南方则为光州固始。二者分别向正东延伸,颇像一把铁钳的两头,直插安徽境内,而安徽的涡阳与阜阳却像一个巨大的楔子嵌入钳内。这种特殊的地理形势,使得豫东南的光州固始与安徽结下不解之缘。谭其骧说:"淮域诸支流皆东南向,故河南人都由东南迁安徽,不由正南移湖北也。"[1]就是说,古时某一地区的地理形势是否优越,流域的发达与否是考察者首选的第一要素,而"光州固始"恰恰在这点上,满足了大批量的中原士族以及民众"南下"的要求。因为淮河流经这里才能行驶大舟,为其直流南下提供了便利。再看固始的地理环境,清初顾祖禹论及"光州固始"时

---

① 谭其骧《晋永嘉丧乱后之民族迁徙》,《长水集》上册第 221 页,人民出版社,1987 年。

说："州控三关,为全楚之襟要。襟带长淮,控扼颍蔡,自古戍守重地也。……建安(固始县卫城,位于县东),淮南重镇,彼此(指豫皖界境)要冲,得之义阳可图,不得则寿春难保。"①固始距光州东 140 里;北至安徽颍州 110 里;东至安徽霍丘 140 里;东南至安徽六安 180 里。县西北建"期思城";县东筑著名的"建安城"。境内有安阳山、鳌山和青峰岭;朱皋镇关与安徽颍州接界,有巡司戍守,乃皖、赣、闽的重要通道。固始地处偏僻,山水相依,具有极其丰富的生态资源,加之地处豫境东南最边端,从而成为中原动乱时期流民避难的首选之地。任崇岳根据谭其骧《晋永嘉丧乱后之民族迁徙》所列的河南人迁徙情况的表格,作如下分析:"从以上表格可以看出,流民进入江苏者不多;而安徽境内的侨民大多数来自河南。湖北、黄梅一带的侨民也多来自河南,襄阳一带也有一些河南人;……而河南省除了一部分人在本省范围内流动,比如除由平舆迁信阳,由新蔡迁固始外,还有从陕西、甘肃、河北等地迁入河南的。"②这段话是专指西晋末年永嘉之乱流民迁移的大致情况,它说明了以下几个问题:

首先,晋末中原流民迁徙的路程并不很远,进入江苏的寥寥无几,亦即材料中所谓"进入江苏者不多",而大部分的流民集中在安徽境内。这一情况说明早在汉、晋,"光州固始"便成为豫皖由北而南的重要通道,因此我们可以说,晋末"八王之乱"的流民迁徙,凡河南人离豫入皖者,大多从固始起步。

其次,就在中原民众入皖的同时,陕西、甘肃、河北的民众又纷纷迁入河南。这一事实纠正了我们在认识上的一个误区,即:中原的每次板荡而出现的迁徙活动,并不是只有"北民南移"单一运动,而是以河洛为中心全方位的大迁徙,虽然在时间上有先有后,呈不规则状,但流民的这种多方面的动态走势却是明显的。这种大变动格局,其实际效果是加速了中华民族的大整合和大融合。

再次,在晋末动乱中,有相当一部分河南人是在"本省范围内流动",而且其"流动"的方向与目标也很明确,这就是"由平舆迁信阳,由新蔡迁固始"。清乾隆《光州志略序》载:"光州北枕汝颍,东护淮河,南带齐安,西接申唐,盖河洛之奥区,战守之要壤。"因此,"光州固始"作为豫地民众向往的"河洛奥区",已成为

---

① 清·顾祖禹《读史方舆纪要》卷五十,载《传世藏书·史库》第 1037 页,海南国际新闻出版中心,1995 年。
② 任崇岳《中原移民简史》第 51 页,河南人民出版社,2006 年。

一种历史必然。它吸引着河南中心地区的士族向这里迁徙,在为流民提供理想的寄托之所的同时,还作为"北民南移"的始发之地提供了必要的物质准备。就是说,"光州固始"从地理走势看,具有一种天然的"调节器"功能,它不仅具有强大的吸纳力,而且还具有极大的输出力,在人居流动上,它始终保持着一种良性循环的生态平衡。

"光州固始"作为理想的"河洛奥区",起始很早,只要中原稍有变局,人们便会本能地向这个温馨的"港湾"靠拢。只是后来随着"北民南移"大潮的出现,有关它的战略地位与历史价值才被凸显出来。许竞成说:"西汉末年,王莽乱时,'穷治党羽','死者无数',有士族由河洛中心地区移居河洛奥区;东汉末年及三国又有士族由河洛中心地区移居此地。河洛奥区的固始县,南有大别山,北有淮河水,有孙叔敖修的驰名水利灌区,宜于士族转为耕读世家,是河洛中心区域南徙士族乐于择居的地方。"①这段话透露了两个信息:一是"光州固始"作为"衣冠始集"之地的开发很早,《读史方舆纪要》就有"汉置固始县"的记载。二是这种迁徙还仅局限于中原内部的流动,也就是说,河洛中心区域士族的转移,最初是把固始作为休养生息的目的地,几代下来,这个庞大的士族群体便都成了"固始人"。此后,中原士族向河洛奥区一波接一波的迁徙,便不断产生一代接一代新的"固始人"。为什么闽台各大姓氏族谱在其追溯祖源地时,无一不是标着"光州固始人"或"世居光州固始"等字样,其奥秘即在此。

三、北民南移与江西境内的便捷通道

先秦时期鄱阳湖平原的稻作文化、青铜文化和陶瓷文化,显示出江西先民在与中原文明初始接触过程中的创造性活力,曾经推进了江南开发的进程。当历史进入春秋战国时期,吴、越、楚围绕鄱阳湖平原进行着旷野持久的疆域争夺,战争频繁,赣鄱大地此时中断了与中原文明的联系转而面对吴越文化和楚文化的渗透。秦朝的统一,尤其是汉代豫章郡的设置,使赣鄱文化的形成有了一个相对稳定的地区载体。这个载体的出现较之河洛、齐鲁、燕赵、秦晋、荆楚、吴越等晚

① 许竞成、杨爱民、陈学文《河洛文化是台湾的根》,《根在河洛》上册第324页,大象出版社,2004年。

了好几个世纪,从而决定了江西在后来的历程中,对中央更为强烈的依附以及与河洛文化更为密切的联系,表现出超乎寻常的向心力和主流性。

从秦汉至近代,尽管国家几次处在政治多元化的局面,封建割据势力蜂起,江西还是形成不了独立王国。这恐怕不是豪杰们不愿,而是办不到,因为鄱阳湖水面宽阔,可战而不可守。因此,不论是统一王朝或偏向江南的政权,对江西的统治都可一步到位,控有全境,从而构成了江西全境作为一个地域文化单元的特殊性。就是说,江西历史虽然在政治上没有形成政治的中心,却有超强的文化凝聚力。赣江—鄱阳湖水系在我国众多江河湖泊中久负盛名,它养育了一代又一代的江西先民,同时,亦孕育出一大批诸如徐孺子、陶渊明、王安石、欧阳修、文天祥、汤显祖、八大山人等文化名人。这是一个客观历史存在的事实,是任何地域文化所不可替代的,因此,赣鄱文化在中华民族传统文化进程中自有其独特地位。毫无疑问,赣江—鄱阳湖文化是长江文明的一个精彩部分,也是中华文明的一个缩影,在生态文明大系统中具有普遍性观照意义。

赣鄱文化的发达,又得力于它的独特的地理形势,即江西为北民南移提供了便捷的通道。位于大余县以南偏西的梅岭有座隘口,称"梅关",过关即进入粤地。唐玄宗开元四年(716 年),张九龄奉诏凿辟梅岭驿道,并在驿道沿途兴建驿站、茶亭、客店、货栈等。从此打破了地势的封闭阻塞,南来北往的官绅,商贾的货物,以及海外诸国的贡使、商人及传教士多经此道,真可谓"摩肩接踵,挥汗如雨"。历代遭贬谪的文人士大夫,诸如唐代韩愈、宋代苏东坡、明代汤显祖等,都从此道进入岭南,极大地促使了岭南文化的兴盛。范金民说:"江南与全国各区域之间,在明代最主要的通道有如下三条:北上沿运河抵北京,沟通华北广大地域;南下经浙东到福建,沟通福建地区;西向溯长江到江西湖口,南下越梅岭到广州,沟通华中、华南广大地区。"①上述三条通道,无论哪条都与江西发生着密切联系。先看第一条和第三条通道,假设从北京出发南下,沿运河至江苏扬州,入长江,溯江而上抵达江西湖口入鄱阳湖,再溯赣江抵赣州,沿章水至大庾岭,穿越梅关进入广东南雄、韶关,顺北江直达广州。在这条数千公里的水运黄金通道中,唯一的陆路运输是江西南安府(今大余市)大庾岭之梅关。明代桑悦《重修

---

① 　范金民《明清江南商业的发展》第 55 页,南京大学出版社,1998 年。

岭路记》云:"庾岭,两广往来襟喉,诸夷朝贡,亦于焉取道。商贾如云,货物如雨,万足践履,冬无寒土。南安人有驴背辇载络绎,米盐器用多货之所由出也。"①这条南北黄金通道,直至清末仍发挥着它的重要作用。第二条线路是沟通福建地区,江西仍处于其核心位置。从江西进入福建,有陆路和水路两条通道:陆路由浙西进入江西广信府的铅山县,过武夷山分水关,至福建崇安,沿建阳、建瓯、南平抵福州;水路则以鄱阳湖为起点,沿江西抚河溯源而上,至广昌,经石城进入福建宁化、永安、漳平,顺九龙江达漳州、厦门。由此可见,在江南与全国各区域的水陆交通中,历史上的江西处于南北来往,东西交会的中心,起着一种不可替代的作用。

罗香林在论述北民南移这一现象时说:"大约永嘉乱后,司、兖、豫三州的流人,多数徙入江南。……成帝侨立豫州於江淮之间,居芜湖。时淮南入北,乃分丹阳侨立淮南郡,居於湖口。……此等流寓江南的民族,其后沿鄱阳湖流域及赣江向今日江西的东北和福建的西北,逐渐南迁。"②司州,三国魏时,治所在河南(今洛阳市东),辖今陕西中部、山西西南部及河南西部;兖州,约今山东西南部;豫州,淮河以北河南全境。"司、兖、豫三州",实际所指就是整个中原地区。中原民众由豫达皖,并直线南下入赣,继而入闽,而作为它的起始地源于何处? 根据罗香林的上述分析,则非"光州固始"莫属。时隔近百年,其论点仍如此鲜明,令人感慨。

这一独特的地理形貌,加之北民南移这一客观历史的必然发生,使其占尽了"天时、地利、人和"的优势,为河洛文化与赣鄱文化的交流提供了可能,为它们千百年来的互动与融会创造了最为优越最为理想的条件。

---

① 载《大余县志·艺文》第 556 页,三环出版社,1990 年。
② 罗香林:《广东民族概论》,载《民俗》第 3 册第 63 辑,1929 年。

第二章　先秦时期河洛与赣鄱的
青铜文化

第一节　河洛"三代"的青铜文化

中华文明的起源,是以完全成熟和精妙绝伦的青铜器为其发端的,因此,中华文明的起点极高,而且"三代"承续,绵延不断。在人类文明史上,青铜器的出现,对社会的进步有着巨大深远的影响。这又使我们想到欧阳修《巩县初见黄河》的诗句"功深德大夏以家,施及三代蒙其利",它高度概括了大禹制伏洪水的过程,从而给民众所带来的利益延续了夏商周三个朝代。谁能想象得到,这种"功深德大","施及三代",竟是以灿烂的青铜文化为其表征的。

一、"三代"青铜文明的流程与特征

学术界确定城市、文字、青铜器为我国文明起源的三大判断标准,这是根据华夏民族文化发展的实情而作出的一种理性思考,就是说,青铜器作为中华文明起源的要素和判断标准之一是科学和正确的。如果以国际公认的城市、文字、复杂的礼仪建筑等作为判断标准,中华文明起源的内涵与特性便会淡化、稀释乃至消失。据《夏商周断代工程1996~2000年阶段成果报告·简本》载,夏朝自启开始,到桀的灭亡,前后经400余年(公元前2070~公元前1600年),共历14世和17个王执政。河南偃师二里头村的二里头文化遗址,早于郑州商城遗址和偃

师商城遗址以及安阳殷墟商代遗址,又晚于河南登封龙山文化遗址,因此,"夏商周断代工程"把二里头这座我国目前所知时代最早的宫殿建筑遗址,命名为"二里头文化",即"夏文化",也即文献资料所载的"夏墟"。

"三代"青铜文化的辉煌不是一蹴而就的。在河南登封龙山文化遗址中,发现了青铜遗物和与青铜冶炼有关的遗存,从某种意义上说,龙山文化实已拉开了"三代"青铜时代的帷幕,为中华文明起源奠定了厚实的物质基础。1974 年,在洛阳偃师二里头遗址中出土了一件青铜爵,通长31.5 厘米,高 26.3 厘米,器身瘦长束腰平底,三锥形足又细又高,细长流,流折处有两个钉形短柱,流的尾部尖形,器身旁有一半圆形的把手,把手的上方有一长方形镂孔,腹部一侧有五枚横排乳钉,因此称

乳钉纹爵

"乳钉纹爵"。整个器物呈一"下"字形,很像一位细长的舞者平展双臂准备起舞的一个姿态。青铜爵始见于夏,盛行于商周,至东周时便极为少见,就是说,青铜爵贯穿于"三代"整个历史进程,所以饮酒器青铜爵在"三代"的发展中,最具某种典型性。刘庆柱说:"二里头文化墓葬中出土的铜爵是中国古代出现最早的青铜礼器,二里头遗址出土的青铜器均产生于当地的大规模青铜冶铸作坊遗址……这里发现的青铜礼器奠定了三代青铜文化的基础。真正严格意义上的青铜文明是从二里头文化开始的,是从二里头遗址影响到其他地方。"[1]这件"乳钉纹爵"虽然显得较幼稚,甚至有点比例失调,但它却开了青铜礼器的先河,在其嗣后的发展中,青铜爵的线条、比例、装饰等无论怎样变化,但其造型却始终承续着夏墟青铜爵的样式未变。商代早期的"弦纹爵",在夏墟的基础上有了长足进步。其腹上部饰以两圈弦纹,故称"弦纹爵",简洁而美观,底部为圆形高杯式,

---

① 刘庆柱《中国古代都城考古反映的河洛文化历史地位》,《河洛文化与汉民族散论》第 4 页,河南人民出版社,2006 年。

弦纹爵

比较夏墟"乳钉纹爵"的"束腰平底"尤显流畅。流部明显宽短，两端微翘，呈"丫"字形，三刀形足较粗外撇，扎实而稳重。其高度首次超过长度，比例适中，具有较强的审美意识。而西周的"父癸爵"，器身上部饰以饕餮纹，又以云雷纹衬底，甚至流折处的双钉柱顶也饰有涡纹，其形体浑厚古雅。可以这么说，在青铜礼器中，青铜爵为我们提供了"三代"青铜文明由此及彼的一个较完整的流程图景。

"三代"青铜文化的最大特征体现在它的实用性上，它既有庄严肃穆的祭祀功能，又有宽松随意的宴乐效用以及装盛贮存的生活便利，这种多元的实用功能使青铜器物具备较科学理念而无处不在，杂而不乱，延续不断。

"三代"青铜文化的第二个特征是艺术性，由于这种实用性和延续性仅局限在宫廷贵族之中，为上层奴隶主们所独擅而享有，因此，它的制造必须精良典雅，以符合宫廷的高贵大气，其工艺制作、书法美术、雕琢篆刻，乃至音乐舞蹈等，无一不深刻反映了这一时代的工艺水平、精神气质与艺术风貌。以郑州出土的商代"饕餮纹罍"为例，圆口，腹鼓，圆口四方有四个龟纹图饰，下方一圈为夔纹，腹鼓的上下两圈为云雷纹，中部一圈则为占据了腹部一半以上位置的饕餮纹。这种种纹饰的有序组合，具有极高的工艺技巧与观赏价值，远远超出了它的实用性。这种形态粗放厚实，雕刻复杂细

父癸爵

腻，图案夸张变形的艺术定势，对于中华民族文化的走向，具有持续性的不可估

量的深远影响。而安阳殷墟司母戊大方鼎
的出土,把河洛"三代"青铜文化推向了世
界任何一种器物文化都难以企及的巅峰。
杨海中说:"灿烂的青铜文化既是物质文明
的产物,更是宗法、礼乐文化的产物与载体,
同时也反映了一定时期的宗教文化。中原
的青铜文化,从一定意义上说,就是一部浓
缩了的中国古代历史的画卷。"①而这部"中
国古代历史的画卷"的创造者恰恰来自民间
的超凡智慧,高度的王权性和集权化,使青
铜器成为宫廷不二的产物,因此,它才可能

饕餮纹罍

垄断铜矿和锡矿等物质资源,也才可能集中大批开采和浇铸技艺的奴隶,而许多
身怀绝技,雕刻精湛的工艺美术大师,正是产生于这一奴隶群体之中。广大的奴
隶群体是"三代"青铜文化的创造者。

二、"三代"青铜文化的南扩与辐射

夏商周三代的立国,实际上是三种地方性部族文化的立国,在此之前,它们
均是各处一方的很不起眼的部族,因此,以"族"的形式建立国家模式是中国早
期国家形态的一个重要标识。它们在组成国家的过程中,有一个共同之处,就是
"三代"立国之前作为一种部族概念时,它们是盘踞于不同地方的,例如先商人
的活动区域是在沁河以东的漳河流域,与鲁西北接壤;先周人则以陕西周原为其
活动区域,但它们无论兴起于何地,都无一例外把河洛地区作为它们立国首选。
随着政治霸权的稳定,紧跟而来的便是文化霸权的确立。应该说,"天下之中"
与"拓疆开土"的纵横捭阖的地理优势以及心理上的安全感,是夏商周三代立国
的根本原因之一。每当固守本原的"天下之中"一旦完成之后,接下来的便是拓
疆开土,这是夏商周三代的既定国策和俗成不变的规律。一般的表现形式有两
种:一种是战争手段。彭适凡说:"夏文化的南渐和华夏族人的南迁是与尧、舜、

---

① 杨海中《图说河洛文化》第 135 页,河南人民出版社,2007 年。

禹对三苗的征服同步的。当'尧与有苗战于丹水之浦'最后以三苗大败结束,随之华夏族占据了豫西南地,从而打通了从中原进入湖北随枣走廊的通道。"①它说明这样一个问题,早在夏代,甚至于尧、舜、禹时期,中原文化的南渐便已开始,并成为一种势在必行的定律。至商代,其扩张南下的重点是湖北的黄陂盘龙城。黄陂位于长江北岸,如果沿长江而下,很快即可抵达鄱阳湖,并进入赣江流域。这条通道为华夏族人进入赣鄱地区提供了可能。

第二种是分封手段,夏商周充分利用"族"的这个特性进行分封,以达扩张之目的。曹兵武说:"夏商周作为国家的另一共同特点是,即使在它们主霸中原之后,其文化的'族'的特性仍然十分明显。西周将不少王族成员分封各地,不但扩大了原来周族文化的影响,对其他许多土著文化进行了一番自上而下的结构性改造,而且起了巩固和屏藩周文化大本营的作用,是以华夏族为主体的中国民族文化传统形成和扩张过程中一步至关重要的举措。"②这段话深刻揭示了中国作为"多元民族一体化"国家的本质特征,其意义十分深远。它不仅确定了中华民族文化内涵的主轴,而且还确定了华夏文化作为地域文化的中心地位。而河洛"三代"青铜文化,正是在这种大的历史背景下和不可逆转的历史潮势中,不断向南扩散与渗透,其中,赣鄱地区受其辐射最甚。

第二节　赣鄱青铜文化的风采

我们感叹,中原河洛文化与赣鄱土著文化早在三千余年前的商代,便已通过两大流域的交流而有频繁的接触,最有说服力的例子莫过于这一区域大量青铜器与铜矿遗址的发现,使赣鄱这块很不起眼的区域突然被放在极其重要的位置而引起世人的关注。谁也没有想到,这里有一支高度发达的青铜文化,甚至可与中原河洛商文化相媲美。学者们重点思考的一个问题是:不仅考古学的历史要重新改写,而且认定商周时期的青铜器,是引领赣鄱地区进入文明的重要标志。

---

① 彭适凡《江西通史·先秦卷》第 100 页,江西人民出版社,2008 年。
② 曹兵武《夏商周国家的特点及其启示》,《南方文物》1997 年第 1 期。

一、赣中樟树吴城遗址的发现

20 世纪 70 年代初中期,位于赣江中游的樟树市吴城乡吴城村,发现了商代遗址,这是一项重大的考古发现,引起国家文物局的高度重视,李伯谦在《试论吴城文化》中,依据考古学文化命名的一般原理,将吴城遗址为代表的这一类型文化定名为"吴城文化",从此,吴城文化便成了先秦时期赣鄱地区文化形态的一种特殊的符号。苏秉琦认为:樟树吴城遗址的发现,"为江西乃至江南地区的考古透露一个新线索,非常重要的线索。……不仅具有重要的学术意义,也具有重要的现实意义——这是打开岭南地区古文化与中原关系和该地区从原始社会到阶级社会过渡阶段的一把钥匙"①。苏秉琦先生所说的"非常重要的线索",其深层含义是什么? 我们认为,所指的即是中原商王朝南扩而出现的一种新的动向。我们知道,商代自郑州二里岗时期,便开始了向四周的扩展,尤其是向南方

吴城遗址北城墙

的推进,力道更为遒劲。长江北岸的湖北黄陂盘龙城,发现有郑州二里岗上层时期的商代遗址和大型宫殿,其营造的技法与二里岗基本一致,其出土的青铜器明显具有二里岗特征,文化的传承表明这里是商王朝的控制范围,是商代中晚期一座重要城邑。江西吴城遗址的发现,彻底颠覆了"商文化止于长江北岸"的结论,证明中原商文化在商王朝中期已经越过长江进入鄱阳湖,并扩展到赣江流域的中部,从某种意义上说,吴城遗址是中国长江以南最早跨入文明门槛地区之

---

① 苏秉琦《给饶惠元先生复信》,《南方文物》2004 年第 2 期。

一。学者们惊奇地发现,赣鄱地区的通衢地位早在商王朝时期便已确立,具有南北沟通和长江中下游各种文化会聚与交流的重要作用。秦统一中国,调兵50万,兵分五路征战岭南,据《淮南子·人间训》载,"一军守余汗之水";"一军守南野之界",余汗(今江西余干)紧邻鄱阳湖与赣江之间;南野(今赣南大余,古称大庾)与广东南雄接壤,秦军沿赣江而上,经大庾突破梅岭山隘进入岭南地区,统一祖国的南疆。秦王朝征服岭南后在大庾梅岭设"横浦关",就是今天我们熟悉的著名的"梅关",这些重大历史事件的演绎,与早期赣江中游商代吴城文化的确立,无疑有着"潜在"的千丝万缕的联系。苏秉琦先生试将我国上古文化划分为6大区域,其中一大区域是"以鄱阳湖——珠江三角洲一线为全轴的南方(包括东南沿海、岭南、西南几省)地区"。这种划分的主导思想与他把吴城遗址说成是"打开岭南地区古文化与中原关系……的一把钥匙"是一致的。

二、新干大洋洲商墓的出土

　　吴城遗址面积达4平方公里,为我们呈现出一座完整的城市规模,值得注意的是,遗址发掘有青铜铸造和陶器制作的作坊遗存,但出土的青铜器有限,仅见

新干大洋洲商墓出土时情景

数件青铜器皿及青铜矛、剑等。20世纪80年代末,在新干县大洋洲乡程家村,距吴城遗址20公里的赣江东岸发现了一座大型商墓,出土的文物仅青铜器就达

475 件,其数量的众多,品种的齐全以及铸造的精良令世人瞩目。尤其是系列的各类青铜器物的发现,填补了吴城遗址青铜器无序之不足,成为吴城青铜文化一个有机的最重要的组成部分。李学勤指出:"新干商墓的重要性在于以往大家为传统观念所束缚,把古代的南方设想为蛮荒落后,近年一系列考古发现,逐渐揭开了事实的真相,使南方的古文明史重现其应有的光辉。商代吴城文化分布的赣中、赣西北是具有相当高文化水准的地区,与中原王朝有密切的文化交通关系,这不但改变了我们对这一地区古文明的理解,也把南方以至整个商代文明的图景在很大程度上改变了。"①李学勤先生从宏观角度考察新干商墓,提出了"南方以至整个商代文明的图景在很大程度上改变"的问题,它深化了人们长期以来对中国南方古代文明发展进程的认识,意义深远。李伯谦则从另一角度对吴城遗址和新干大洋洲商墓进行了分析,明确指出:"真正能够证明长江下游地区正式进入文明阶段的是在江西省发现的以清江县吴城遗址为代表的吴城文化,这是一支受中原文化强烈影响的土著青铜文化。"②李伯谦先生是把赣中的吴城文化作为"长江下游地区正式进入文明阶段"的一个重要标志来认识的。联系到李学勤先生提出的"文化交通关系"这个命题,就是说,河洛文化与赣鄱文化的交流始终存在着一种默契,它们充分利用"交通"的便利,通过这座特殊的"通衢桥梁",使商文化不断向南扩散才成为一种可能。由此我们深刻感觉到:商周王朝以雄厚的文化态势一旦跨过长江进入赣鄱地区时,我国众多大师级的考古学家们以其独有的睿智,预感到中华民族"多元一体"的文化格局终于在这里找到了他们企盼已久的理论依据。

三、赣北瑞昌铜岭矿冶遗址的发掘

　　20 世纪 80 年代后期,在赣北瑞昌夏畈乡铜岭发掘出一座大型商周铜矿采炼遗址,揭露采矿面积达 1800 平方米,冶炼区面积有 600 平方米,仅冶炼铜矿所废弃的矿渣就有约 30 万吨。这是目前中国发现时代最早的一处矿山。彭适凡说:"瑞昌铜岭采矿遗址的起迄年代,据现有各方面资料分析,大体始采于商代

---

① 李学勤《发现新干商墓的重大意义》,《中国文物报》1990 年 11 月 29 日。

② 李伯谦《长江流域文明的进程》,《考古与文物》1997 年第 4 期。

中期,发展于西周,盛采于春秋,延及至战国,前后连续开采达千余年。"①从中看出,其遗存的时代不仅很早,而且延续的时间也很长,其保存的完整和内涵的丰富,都是世所罕见的。瑞昌铜岭商周矿冶遗址的发掘,说明以下几个问题:

首先,商王朝的中心城市附近地区铜资源比较缺乏,开采的多为一些浅表的"鸡窝矿",而其青铜的冶炼铸造业却十分发达,这样便出现一个难以回避的矛盾,即:大量的冶金资源从哪里来?于是,湖北大冶和安徽铜陵长江中下游一线,便成为商王朝注意的对象。瑞昌铜岭遗址的发掘,使人们惊奇地发现,长江以南的赣北瑞昌,恰恰处于湖北黄石至安徽芜湖的长江中下游的铜矿带,就是说,在这条铜矿带上,不仅多了一位重要的新的成员,而且还是长江中下游开发铜矿的"领头羊"。赣鄱地区随着铜矿原料的解决和大量青铜器的出土,为江西青铜文化的发达,找到了令人信服的依据。重要的是,赣江中游作为北南通衢"中转站"式的这一地理走势,为青铜文化继续向南扩展奠定了坚实基础。

江西瑞昌铜岭商周时期矿冶遗址

其次,"商代中期"对于赣鄱地区来说,是个非常重要的时期,据考证,吴城遗址起始于这一时期,新干大洋洲商墓出土的青铜器,起始年代也是这一时期,

---

① 彭适凡、刘诗中《关于瑞昌商周铜矿遗存与古扬越人》,《江西文物》1990 年第 3 期。

而商王朝的向外迅速扩张,也出现在这一时段。我们开始注意商代中期武丁向南扩展的目的究竟是什么。卜辞中说的武丁"立事于南",其中心内容就是武丁对南方的征战用兵,并以胜利者班师北返的姿态宣告"南征"的结束。张永山说:"这样我们就完整地解释了商王武丁'立事于南'的卜辞,它确凿地证实商王朝对江汉地区用兵,或联合这里的方国征讨其他部族或方国,取得了胜利,保障了南方输往北方铜路的畅通。"①因此,诸多学者认为吴城遗址是商王朝的一个重要方国,是很有道理的。

再次,随着商王朝武丁南征攫取铜矿资源,并将其势力范围扩散至赣鄱地区的同时,进步发达的商文化也必然会给这一地区土著文化以强烈的影响,尤其是河洛先进的泥范铸造技术,加速了吴城文化青铜铸造技艺的成熟与发展。这种实际情况,说明吴城方国民众不仅在瑞昌铜岭掌握了先进的采铜技术,而且还不断改进和提高自己的冶铜和铸铜的技术水平。新干大洋洲商墓出土的青铜器,集中代表了吴城方国的青铜冶铸的水平。当下的鄱阳湖东北,作为亚洲最大的铜矿基地德兴,其铜矿储量约占全国的三分之一。同一地区的贵溪,则拥有现代化程度很高的铜矿冶炼技术。江西铜文化的历史贯穿于三千余年的漫长岁月,至今仍然熠熠生辉,这不是偶然的吻合,它显示了鄱阳湖平原矿脉地质构造内部运动的必然规律。在黄河流域华夏族先民奋发开拓中原大地的时候,江西先民也同样在赣鄱流域这块土地上辛勤劳作,用智慧的汗水创造了光彩夺目的青铜文化,在中华文明史上书写了浓墨重彩的篇章。

四、西周"应"国之器与周公在赣北置监

1955 年,在余干县黄金埠乡出土了一件西周青铜甗,青铜甗的内壁有"应监作宝尊彝"铭文,故又称"应监甗"。郭沫若认为:"此甗,据其花纹形制与铭文字体看来,乃西周初期之器,作器者自称'应监',监可能是应侯或应公之名,也可能是中央派往应国的监国者。"②这是郭沫若先生在青铜甗出土 5 年后作出的一个判断,为后人继续研究奠定了很好的基础。无论"应监"是应侯之名,或是"中

---

① 张永山《武丁南征与江南"铜路"》,《南方文物》1994 年第 1 期。
② 郭沫若《释应监甗》,《考古学报》1960 年第 1 期。

央派往应国的监国者",有一点是可以肯定的:它是一个受封于中央王朝的方国政权,说明最迟到西周中期,西周王朝的政治版图已到达江西境内。

应监铜甗及内壁铭文拓本

余干位于鄱阳湖畔,是江西一个很古老的县,《淮南子·人间训》所载秦始皇"征伐岭南"时,"一军守余汗之水",所指的就是这里。余干汉代称"余汗",刘宋时改"汗"为"干",从西周青铜甗的出土表明这里是赣鄱流域最早被开拓的地区之一。唐代诗人刘长卿《登余干古县城》诗云:"孤城上与白云齐,万古荒凉楚水西。官舍已空秋草绿,女墙犹在夜乌啼。平江渺渺来人远,落日亭亭向客低。沙鸟不知陵谷变,朝飞暮去弋阳溪。"诗句描述了余干老城的古意风貌,"孤城白云"、"万古荒凉",说明余干这座名城到了唐代,虽然遗迹犹存,但早已荒凉凋落了。而黄金埠却一直保持着它繁忙的通衢地位,当时这里以产铜著称于世,故称"黄金埠",弋阳溪流经于此,直至新中国成立初期,这条水陆通道仍在发挥其积极作用,表明余干黄金埠地理位置自古以来就是个重要的战略要地。

改革开放后,有关西周青铜甗的讨论又热络起来,李学勤提出了新的看法,认为:应监甗铭中的"应",并非姬姓应国之"应","应监"也不一定是姬姓应国的监,"如果甗铭的'应'在江西北部,当时属于边远,周公定东夷之后,在其地置监,则颇合情理"[1]。李学勤先生的这个见解,是从当时"周公定东夷之后"的政

---

①　李学勤《应监甗新解》,《江西历史文物》1987 年第 1 期。

治形势进行缜密分析而得出的结论。这就说明,赣鄱地区与中原的关系已由先前的单纯文化交往关系,向接受西周王朝表示身份地位的礼制转化,其关系的密切程度使之在政治文化的层面发生质的变化。

第三节　赣鄱青铜器物的类型与文化特征

所谓"青铜器",是指在纯铜中添加锡、铅,形成二元或三元的一种合金,由于地域的不同,其青铜合金的成分也不尽相同。中国科技大学彭子成《铜岭诸古矿铜料去向的初步研究》、中国科学院自然科学史研究所苏荣誉《新干商代大墓青铜器合金成分》等,他们对瑞昌铜岭和新干商墓青铜器成分进行了测试,其结果青铜合金的成分均为铜、锡、铅三元合金,一般比例纯铜量在73%左右,锡量在20%左右,铅量在10%左右。这种合金含量与河洛地区郑州二里岗、安阳殷墟以及湖北黄陂盘龙城的青铜器合金成分一致,就是说,赣鄱瑞昌铜岭和新干商墓青铜的合金比例完全属于中国青铜时代三元一体典型的合金体系。彭适凡说:"最迟从商代中期起,由于中原先进冶铸技术的传入,使吴城的工匠们开始懂得在纯铜中加入一定的锡后,就可以改变金属性能的道理,特别到商代晚期,吴城方国的青铜文化面貌大为改观,即以新干青铜器群为代表的第二类青铜工艺,完全可以和中原殷商王朝出土的青铜器相媲美。"[1]河洛与赣鄱青铜文化的交流是深刻的,这种交流不仅促使赣鄱青铜文化能追步安阳殷墟青铜文化,而且极大推动了南方整个长江流域青铜铸造业的发展与繁荣。

一、赣鄱青铜器物的类型

在吴城文化新干商墓出土的475件青铜器中,分礼器、乐器、兵器、农业用具以及神杂器等5大类,它们生动体现了正如李伯谦先生所说,是一支"受中原文化强烈影响的土著青铜文化"。我们依据彭适凡先生《江西新干商代青铜礼器的造型与装饰艺术》、裴明相先生《江西商代铜器与二里岗商文化》的论述观点,

① 彭适凡《江西通史·先秦卷》第167页,江西人民出版社,2008年。

以及河洛文化研究书系《洛阳出土青铜器》画册相比较,大致将赣鄱青铜器物的类型分为以下三大类:

第一类,器物的造型与结构与中原河洛完全一样,即所谓的"中原型",或称"殷商型",也可称之为"河洛型"。以新干商墓"扁夔足鼎"为例,敞口,斜折沿,立耳,浅腹,圜底,三扁平足作夔形,腹部饰以角雷纹兼目纹,上下界以联珠纹。其腿部呈扁平似夔形状,是河洛地区扁足鼎常见的一种形式,在商代早期的器物中就有发现。洛阳出土商代著名的"子申父已鼎",敞口,折半沿,立耳,浅腹,圜底,三扁平足作鸟形,腹部饰以角云纹组成的蝉纹。它们之间除三扁平足上的形状和纹饰有所不同外,两者完全一模

商代扁足鼎

一样。再看新干商墓"柱足圆腹鼎",口微敛,斜折沿,立耳稍外撇,立耳成曲槽形,深腹,圜底,腹壁上部饰以兽面纹。洛阳出土的"兽面纹鼎",也是口微敛,斜折沿,立耳稍外撇,深腹,圜底,腹壁上部饰以兽面纹。这两件作品不仅完全一模一样,而且连纹饰也几乎一致。若要指出它们之间的不同之处,那就是时间有点差异,前者为商代晚期,后者则是西周早期,从某种意义上说,反而能说明王朝的更替并未影响到青铜文化的承续与稳步发展。

第二类,器物的造型和结构基本来自中原河洛,但新添加有一些土著文化元素,即所谓"融合型",熊传新先生称"混合型",邹厚本先生则称之为"地方化了的中原型"。诸如虎耳方鼎、柱足圆腹鼎、兽面纹贯耳壶、兽面纹方鼎、假腹豆、立鹿大膚等。此类不仅数量最多,而且形制样式也最为丰富。以新干商墓"虎耳方鼎"为例,斜折沿,方唇,外槽式双直耳,耳上端各饰一卧虎,方腹,平底,四只圆柱状空足,上粗下细,外侧耳槽内有一道圆拱形凸棱,腹四壁和角部位分别饰有四组兽面纹。其形制与纹饰基本和郑州二里岗出土方鼎相似,最显著的区别在于,新干商墓方鼎的鼎耳上部饰有伏虎,足上浮雕有羊首纹,而郑州二里岗和安阳殷墟的大量方鼎立耳上部,都是没有饰物的。再看新干商墓"假腹豆",

器制为上下通体圆形,中下部束腰收腹,呈弧线形,上部略大托以豆盘。豆盘内饰目雷纹与涡纹,目纹系一种独眼怪异动物的变体,构图简练。通体满饰细线花纹;腹和圈足饰以兽面纹,圈足中部饰以弦纹和十字镂孔。据裴明相考证,假腹豆系模仿郑州二里岗时期的陶豆铸成,其豆盘和圈足常饰以弦纹或饕餮纹,而新干商墓"假腹豆"器身的纹饰更为复杂精细一些。再看"立鹿大甗",这是一种蒸饭用器,全器分为上下两个部分,上体似一小型无足圆鼎,用以盛米,下部为泡鼓状四柱圆足,用以煮水,称为"鬲"。甗上部两侧立

商代立耳虎饰方鼎

耳稍向外撇,立耳上各立一只小鹿,上体器身三圈紧贴兽面纹,下体四足外侧各塑凸出夔形鼻、眉、嘴、眼,器身则遍饰兽面纹。与洛阳出土的西周大甗比较,其不同之处在于:下部的"鬲"均为三足,其上部立耳也无任何雕塑装饰,纹饰也更简练。

第三类,器物造型的结构与样式与中原河洛完全不同,在郑州二里岗和安阳殷墟中从未出现过,即所谓"土著型",也称"本土型",叫它"自创型"也完全可以。这部分器物较少,但最值得我们注意与探寻。其突出者,莫过于"提梁三足卣",它的器身形制非常特别,犹如一个鱼篓形状的陶罐,三只椭圆形空心锥足外撇,显得格外醒目,绳索状提梁,有盖,颈和整个腹部满饰由较宽的平线条构成的兽面纹。它在河洛"三代"全部的青铜器中找不出一件类似的器物,因此没有可比性。我们仔细比对《洛阳出土青铜器》中的卣和壶,卣类仅和"申父乙梁卣"稍微有点相似,但它却没有三足;在大量的壶类

商代提梁三足卣

中,仅发现一件"提梁壶"有三足,但整个器形为扁平状,又有壶嘴,距离更远。彭适凡先生"无奈"地说:"我们姑且将其定名为卣。"再看青铜乐器中的"镈",这是一种单独悬挂的大钟。椭圆形平口,器身呈梯形,中央有长方孔与腔通,上立环纽,舞部横向两端连接扉棱处各伏一鸟,其中一鸟已残,尖喙,突目,长颈,敛翅,短尾。它与钟似同一类,据《周礼注疏》载:"乐作击编钟,不言镈,镈与钟同类,大小异耳。既击钟,明亦击镈。"①这种称作"镈"的乐器,它最早出现在河洛地区是西周的中、晚期,而新干商墓青铜器"镈"的发现,则说明"镈"早在商代中、晚期便已出现了,成为该类乐器目前时代最早的。彭适凡认为:"这种乐器系南方古代居民所独创,尔后才流传到中原,至西周中、晚期才开始流传开来。"②这个信息非常重要,它再一次印证人类文化的交流,决不是"单一输出,被动接受"模式,而是具有一种"你中有我,我中有你"的生命蕴涵的互动。

二、赣鄱青铜器物的艺术特性

《中国美学史》有言:"大量遗存到现在的殷周以来的青铜器艺术,其成就之辉煌,获得了全世界的公认,就像古希腊的雕塑艺术获得了全世界的公认一样。它不但以形体的巨大,技艺的精巧引起人们的赞叹,而且还非常强烈地体现了它们所产生的那一历史时代的审美意识和审美理想,具有超出于一般工艺品的高度艺术价值。"③这里有两点值得注意:一是商周时期青铜器艺术可与古希腊雕塑比肩,为全世界公认,如果说,古希腊雕塑始终是一种自觉艺术行为的话,那么,青铜器的创作者则充其量是个铜器匠人而已,他们绝对不会想到,在其手中拿捏的具有实用功能的青铜器皿,却具有如此无法估量的艺术价值而举世瞩目,这就是全世界公认的所谓"神奇"之处。二是青铜器作为当时的一种艺术样式,体现了"那一历史时代的审美意识和审美理想"的最高水准,就是说,早在中国的美学观点远未建立之前,民间劳作的审美实践,便以卓越的智慧和超凡的想象力,铸造了世所罕见的物质文明和精神文明,从而形成中国实践式的独特的审美系统。青铜器不仅创造了人类历史上不可磨灭的具有永恒魅力的审美,而且在

①　汉·郑玄注《周礼注疏》卷二十四,载《传世藏书·经库》第 349 页,海南国际出版中心,1995 年。
②　彭适凡《江西新干商代青铜礼器的造型与装饰艺术》,《南方文物》1993 年第 2 期。
③　李泽厚、刘纲纪《中国美术史》第一卷第 69 页,中国社会科学出版社,1984 年。

诸多先秦典籍中也间接地有关于它"美"的记载,尤其孔子关于"礼乐"的描述,对于其特殊功能从审美角度给予了充分肯定。

随着"三代"疆土的扩张和"族"的宗法的分封,青铜文化得到迅速和有效的传播,我们再次提到湖北黄陂盘龙城,它在商王朝时期所起的作用是巨大的,就是说,以其为中心的鄂豫皖的大片区域,从大量出土的青铜器皿看,其组合、形制、纹饰风格,均强烈显示出与中原商文化相同的面貌。而当中原河洛青铜文化一旦越过长江南下鄱阳湖,并溯赣江而上时,情况便发生了根本性变化。新干大洋洲商墓的出土,极大丰富了"三代"青铜文化的内涵以及人们对商代青铜文化全貌的认识。虽然新干商墓出土的绝大部分礼器造型源自中原河洛地区的商殷文化或先周文化,但我们从艺术角度分析,明显感觉到这些土著工匠们在铸造青铜礼器的同时,或者说在模仿商王朝器型的同时,的确渗入了自己的独特见解和审美意识。我们将赣鄱青铜文化和河洛青铜文化作一简略比较,探讨一下它们之间在艺术特性方面的某些不同。

据《春秋左传》载:宣公三年,楚子伐陆浑之后来到周朝疆域洛阳,定王遣周大夫王孙满慰劳楚子,楚子抓住这个机会问鼎之大小、轻重,意欲逼周而取之。周大夫王孙满回答说:"在德不在鼎,昔夏之方有德也,远方图物,贡金九牧,铸鼎象物,百物而为之备,使民知神奸。螭魅魍魉莫能逢之,用能协于上下,以承天休。"[①]这则故事的中心思想是劝诱楚子"在德不在鼎"的道理,而"铸鼎象物"的先决条件就是大德的具备。因为夏之有德,天下九州献金铸鼎,将饕餮之图纹雕刻于青铜大鼎之上,以便让民众知道"螭魅魍魉",即山神兽形,水神怪物而趋避之,《论衡·儒增》:"安能入山泽不逢恶物,辟除神奸乎?"所言就是这个意思。应该说,这条史料记载了当时在大鼎之上雕刻饕餮图纹的真正目的,所谓"饕餮",乃传说中的一种凶恶贪食的野兽,青铜器物上多用其头部形状做装饰,故称"饕餮纹",这应是中国雕塑绘画理论"功能说"的最早源头。

中原河洛商周青铜器物的艺术特性,多显古拙、粗犷、厚重、遒劲、狞厉与崇高。以器物造型为例,郑州二里岗商代前期大型方鼎通高 100 厘米;安阳殷墟出

---

① 周·左丘明传、晋·杜预注、唐·孔颖达疏《春秋左传注疏》,《传世藏书·经库》第 385 页,海南国际出版中心,1995 年。

土的商代晚期司母戊鼎,则高达133厘米,重达875公斤,这在世界上也是绝无仅有的。这种巨大的具有崇高感的器物,在赣鄱青铜器物造型中从未出现,以新干商墓"立耳虎饰方鼎"为例,其高98厘米,并包括立耳上面雕塑的卧虎装饰的高度在内,这是目前赣鄱青铜器物中最高的一个高度。因此,它的美学原则并不追求狞厉与崇高,而更多的是突出其秀逸明丽的阴柔之美。注重器物整体的装饰性,在"卧虎方鼎"的立耳上雕塑立虎,在"立鹿大甗"的立耳上雕塑立鹿,在"扁獶足鼎"立耳上雕塑凤鸟等,其中,令人不可思议的是"双尾虎鸟",在双尾虎的背脊上竟驮伏着一只小鸟,双尾虎俯首帖耳,小鸟却悠然自得,静态中尤显神奇。再看新干商墓出土的"方卣",圆口外敞,有盖,长颈,腹部方形,底部一矮圈为足。肩两侧铸有铆钉,连接环形扁平状提梁。方腹造型成一带十字形的透空槽穴,外形呈双底层状,方腹内部则是通向四壁的十字形管道,它的作用既可用炭火在双层底之间加温,也可浸入沸水中烫酒,这种精妙绝伦的高超技艺令人叹为观止,成为目前一件世所罕见的器物。诸如此类,在中原河洛青铜器物中都是难得一见的,它突出了南方土著工匠们构思精巧和雕饰细腻的艺术天性,从而更具观赏性。

　　赣鄱青铜器物的纹饰图案,无疑是从中原河洛青铜器物中传承脱胎而来,但与中原河洛的粗犷苍劲的艺术样式又有明显的不同,加入了不少本土的艺术元素。无论何种纹饰,其线条的铺垫布置尤显纤巧细腻,突出一种南方独有的秀美的审美情趣。以兽面纹(旧称"饕餮纹")为例,它淡化了中原狞厉凶狠的饕餮纹饰,在简练的同时常在兽面纹四周配饰一种圆圈图案,使兽面纹不仅不狞厉凶狠,而且还显示出某种亲切可爱的艺术因子,有点像当下孩子们的"虎娃娃"玩具,裴明相先生把它称之为"大洋洲式兽面纹"。① 它如夔、龙、鹿、蛇、虎、羊、鸟、鱼、蝉、龟、蛙等动物纹饰,都具自己的艺术特性,不仅采用阴刻、阳刻、浮雕式等雕刻手法,而且刀法细腻,线条流畅,变化无穷。其中,又以大量的几何纹饰最具特色,诸如云雷、方格、卷云、勾连、直条、连珠、曲折、蕉叶、圆窝、三角、鳞状、燕尾等纹饰,尤其是燕尾纹,其前部是一种三角形,尾部分开成双翼形,整个形状很像燕子的尾巴,故称"燕尾纹",这种纹饰在中原河洛地区的青铜器物中,甚至于南

---

① 裴明相《江西商代铜器与二里岗商文化》,《南方文物》1994年第2期。

方其他地区的青铜器物均未曾出现,它是赣鄱地区的特产,真可谓"只此一家,别无分店"。赣鄱青铜器物几何纹饰受本土原始陶器装饰纹饰的影响很大,在赣北瑞昌铜岭商周矿冶遗址中,出土了大批的陶器,其器身纹饰极其丰富,诸如绳纹、堆纹、云雷纹、方格纹、回字纹、米字纹、交叉纹、横绳纹、竖绳纹、粗绳纹等。值得注意的是,在吴城遗址中,铜冶炼作坊和制陶作坊是紧邻在同一个区域内,我们甚至可以大胆想象,在刚脱离新石器晚期而进入文明门槛,分工还处于粗放时期的土著工匠们,他们不仅须熟练掌握青铜冶炼技艺,而且还要懂得陶器制作的程序,这无疑对于丰富青铜器物的图案纹饰的表现力起了决定性作用。综上所述,我们不难看出,赣鄱青铜器物对先进的中原文化不是完全生搬硬套的,而是通过对青铜器皿的铸造全过程,不断地凝聚着越族土著民众的智慧和创造力,不同程度地表现出他们的心理情感、社会观念及其信仰崇拜和审美意识,从而具有一种深厚的地域文化的艺术特性。

三、赣鄱青铜文化的历史启示

在地域文化研究中,由于年代久远,历史的遗迹模糊不清,加之资料的缺乏和传说的凌乱,我们往往有时会迷失其中而具有很大的局限性。"荒蛮之地"作为赣鄱地区的一种"代名词",或一个象征性的符号,就是在这样一种含混不清的状态中生成的,它几乎成了在吴城遗址和新干商墓发现之前人们的一种普遍共识。从青铜文化这一视角来考察河洛与赣鄱文化的交流与互动,是件很有意思的事情,三千余年前的赣鄱地区,恰恰是因为青铜文明带给了这一地区清晰、明亮与鲜活的记忆,同时也给我们带来不少岁月沧桑的历史启示。

首先,彭适凡说:"大洋洲墓地随葬青铜礼器以炊煮器为主的情况,和商殷墓葬中随葬青铜礼器以酒器为主的情况形成鲜明对比,前者似可称'重食的组合',后者郭宝钧称之为'重酒的组合'。……必须指出的是,大洋洲随葬铜礼器以鼎为核心的'重食的组合',不仅有别于商殷以觚、爵为核心的'重酒的组合',而且与西周流行的以爵、觯和鼎、簋为核心的'重食的组合'也不尽相同,因为在大洋洲的随葬铜礼器中,爵、觯、簋都未发现。"[①]为什么新干商墓青铜礼器结构

---

① 彭适凡《江西通史·先秦卷》第134～135页,江西人民出版社,2008年。

以"炊煮器为主"？它似乎涉及南方远古时期独有的生活习性的问题。我们认为,它与饮茶文化有着千丝万缕的联系。茶的食用是在原始人采集经济时期的历史背景和知性积累的情况下发生的,当原始人发明了煮烧食物的加工方法,原始茶便应运而生了。煮烧食物必用陶器,西晋郭璞《尔雅注》云:"叶可煮作羹饮";傅咸《教示》云:"作茶粥",从而透露出原始茶为粥羹状的某种信息,即:原始茶是用稻米等淀粉食物和某些动植物为原料,加水配以作料煮烧而成的可以充饥的粥羹状食物。饮茶文化的发生区域的另一个重要原因是地理环境,它必须是地处炎热潮湿地带的居民区域。鄱阳湖古称"彭蠡泽",这里丛林密布,沼泽连片,古越人所谓"断发纹身",是此种特定自然环境使然。《淮南子·人间训》记载了这么一件事:秦统一全国后,随即开始了征服岭南的军事行动,来到赣鄱地域,"与越人战……越人皆入丛薄中,与禽兽处,莫肯为秦虏"。所谓"丛薄",《辞源》释为"聚木曰丛,深草曰薄",即草木丛生,禽兽出没的地方。在这种险恶的环境中,原始茶被派上了用场,它不仅可以疗饥,而且还能除瘴、祛湿与健身。因此,陈珲先生所说的"饮茶文化创始于中国古越人"[1]的论断是正确的。无独有偶,早在河洛地区龙山文化和夏文化时期,赣鄱区域出土的大批陶器中,以炊煮器的陶鼎和陶罐是其主要成分,占了绝大多数。当回头再重读彭适凡先生关于新干商墓青铜礼器"以炊煮器为主"这段话时,我们似乎已找到其中答案,这就是三千余年前的赣鄱地区为什么不"重酒"而"重食",同时与西周流行的"重食"结构也不尽相同的奥秘所在。

其次,从地理走势观察,赣鄱地区处于南北交通的中心位置,随着吴城遗址和新干商墓的发现,赣鄱地区南北的通衢地位已被考古学界一致认定。徐长青说:"我们以前曾不止一次地提到,赣鄱地区,至少从距今约六千年开始,就是南北和长江中下游各种文化交会、碰撞、融合的桥梁地区,夏时期如此,商代更是这样。"[2]这段话是徐长青等先生在《江西夏文化遗存的发现与研究》一文中提出的,大量的陶器实物考证和图表,提出了龙山文化期和二里头夏文化及殷商文化早期对赣鄱地区文化的影响,并作了深刻表述。这样便颠覆了我们过去的一个

---

① 参见陈珲《饮茶文化创始于中国古越人》,《民族研究》1992 年第 2 期。

② 徐长青、翁松龄、李家和《江西夏文化遗存的发现与研究》,《南方文物》1994 年第 2 期。

传统观念,即南北真正的文化交流是从西晋"八王之乱"的"北民南移"开始的,因为有了大规模的族群迁徙(这点固然重要),才有了大规模的文化交流,事实是,夏商周"三代"并未出现大规模族群迁徙,而与赣鄱地区文化的交流却已初露端倪了。春秋战国时期的南北交流,虽然被人为地隔断,但从总体看,赣鄱地区的确是作为沟通南北文化交流的核心位置并贯穿于它整个的历史进程的。因此,赣鄱青铜文化带给我们的历史启示是深刻的。赣鄱地区从新石器晚期开始所进行的南北文化交流贯穿于数千年的历史,为中华民族"多元一体"文化格局的最终形成,发挥了它的不可替代的巨大作用。

再次,吴城文化先民究竟是赣鄱地区土著越族人,还是长江下游的东夷部族? 区家发说:"我们认为吴城文化是原居住在长江下游的东夷部族,北上逐鹿中原,与华夏各族共同缔造夏商王朝及青铜文化后,他们的一部分后裔,带着政经任务和先进的商文化返回故里所建立的文化。"[①]区家发先生提出的这个观点由以下三个理由支撑:一是吴城文化与殷商王朝盛衰相始终,此变彼亦变,随着殷商王朝的衰落,江西的青铜文化亦随之中落;二是吴城文化有自己的地域,又有丰富的铜矿资源,足以富国强兵,如果吴城文化的政治经济靠自己的力量建立,那么不管中原如何变幻,仍可继续发展下去;三是新石器晚期,正当踏入文明社会门槛的良渚文化忽然在其家乡消失了,于是出现"北上逐鹿中原"说,这支先越文化来到中原参与了青铜文明的创造,然后来到赣鄱地区定居,成为东夷越文化的前导。这里有必要根据考古、史料以及地理环境的实际情况进行简略探讨一下:第一,吴城文化在殷商王朝衰亡后并未"此变彼亦变",前面曾设"西周'应'之器与周公在赣北置监"专目对这个问题作了说明,就是说,殷商王朝灭亡后,赣鄱地区吴城文化不仅未随之消亡,而且随着周公在赣北的置监,反而进一步从政治文化上强化了吴城文化的延续。第二,吴城文化衰落的真正原因,是历史进入春秋战国时期,诸侯并起,群雄争霸,割据一方所致。赣鄱地区为什么不能立国,这是由于它处于南北重要的通衢位置和长江流域中游东西的交汇处所决定的。自三国周瑜的火烧赤壁,至近代曾国藩的湖口会战,在鄱阳湖演绎的气势恢弘的战争场面不下数百次,而吴楚的疆域正是以鄱阳湖平原的东西为界,它

---

①　(香港)区家发《吴城文化渊源蠡测》,《南方文物》1994 年第 1 期。

们之间连续不断的拉据战亦即是在这一区域进行,所谓"吴头楚尾",正是这一特定历史环境的真实写照,这个问题我们将在下一章节集中讨论。第三,吴城文化确切地说,是"衰落"而不是消亡。用英国历史学家汤因比的话说,是"生长期的终止",由于政治形势和客观环境的改变,吴城文化不得不"沉寂"或者说是"潜伏"下来,以图后来的发展。汤因比说:"有些文明史的最丰富、生动而辉煌的成就是可以发生在它的衰落时期以后,而且甚至是必然出现在其以后的。"①赣鄱文化的整个历史发展过程证明了这一点。

---

① （英）汤因比《历史研究》中册第38页,上海人民出版社,1986年。

第三章　春秋战国时期赣鄱文化的重塑

　　商周时期,赣鄱地区的青铜文化呈现出一种高水平的文明。然而当历史跨入春秋战国的门槛,便似乎沉寂下来而"销声匿迹",这让人们始料不及和百思不得其解。每当大家谈及这段历史便似有一种迷茫感,几乎成了一个不解之谜。正是在这样一种"扑朔迷离"的情境之下,有的学者提出"赣鄱地区的吴城文化不是本土文化"的论点,在这个论点的支撑下,提出"北上逐鹿中原说",认为吴城文化是原居住在长江下游的东夷部族,北上逐鹿中原,与华夏各族共同缔造夏商王朝及青铜文化后,他们的一部分后裔返回江南所建立的一种文化。根据这一观点的推测,吴城文化在赣鄱地区消失后,它似乎又回到长江下游的东夷部族始发地,而赣鄱地区留下的这个"真空",则"被较为落后的万年类型土著文化所取代"①。这一观点的提出无疑不失为一种学术的思考,但问题在于:一种文化的"消失",不是"此变彼亦变"的单一现象,而是社会环境与自然环境在特定的历史时期,事物变化的多元性以及由此带来的不确定性所产生的一种复杂现象。梳理历史,尤其是有关特殊历史时期的来龙去脉,是地域文化研究的任务之一。本章的设立,就是为探讨这一问题而进行的一种尝试。

---

　　①　(香港)区家发《吴城文化渊源蠡测》,《南方文物》1994 年第 1 期。

第一节　河洛地区东周政治势力的重组

一、东周政治解体是"分封"的必然结果

西周时期,实行分封制,河南有封国50多个,是中国境内各大区域封国最多的一个地域。西周末年的周幽王昏庸无道,国家衰败,诸侯国日益强盛,轻视王室。申侯乘机联合戎狄灭西周,拥立被废的王太子宜臼(申侯外孙)为王,迁都洛邑,史称东周。这是一次历史性的错误,迁都后其王室只有伊河、洛河流域地区,已成为名义上的周王。西周时期统一的疆域随着诸侯国的不断攻战和互相兼并,正处在动荡与重新组合的形势中。美国学者伊佩霞指出:

> 西周的分封制存在一种先天性的危险,那就是地方诸侯可能变得强大起来,不再听从周天子的指挥。世代的交替,使亲族间维持忠诚的纽带日益松弛,诸侯坐大的这种危险变成了现实。……周天子的长子被扶上王位后,为了安全起见,把都城从渭河流域东迁到了现在的洛阳,其位置在黄河以南,处在中部平原心脏地带。中兴的周王室再也没能完全恢复它对其封国的控制,中国也进入了一个长期缺乏中央集权的时期。①

这里有两点值得注意:一是它直截了当地提出"分封制存在一种先天性的危险",而且这一危险是先天的而不是后天的,也就是说,这是一个不可弥补的缺憾,它成了东周解体的总源。中国历史上所谓"春秋战国时代",就是在这样一个特殊背景下产生的。这是怎样一个王权旁落的时代,可以《春秋左传》卷二,隐公三年(公元前720年)的"周、郑交恶"为例。郑武公、庄公父子同为平王卿士,即所谓王卿的执政者,他们共同扶助着周的政事。但平王对同样在朝廷仕政的虢国的西虢公也很厚待,并想分政于虢,引起郑武公父子的怨恨。为了增强"互信",周、郑决定交换人质,王子狐质于郑,郑公子忽质于周。平王死后,周人

---

① (美)伊佩霞《剑桥插图中国史》第24页,山东画报出版社,2002年。

按其生前意愿,将政分与西虢公。于是周、郑交恶。四月,郑派祭足率师取温(今河南境内黄河以北地区)未熟之麦;秋,又取成周(今洛阳东郊一带)未熟之禾,郑国不把周王放在眼中的那种蛮横霸道的形象跃然纸上。再举《春秋左传》卷二十一,宣公三年(公元前606年)的"楚子问鼎"为例,其"逼周"的架式更是一种毫无掩饰的赤裸裸的拙劣行为。楚子攻伐陆浑取得胜利,来到周都洛阳,周定王派遣大夫王孙满慰劳,楚子出口便询问周鼎的大小和轻重,意思就是逼周献鼎而将天下取而代之。周大夫王孙满侃侃而谈,说明"在德不在鼎"的道理,并历数"夏之有德"而铸鼎的经过,最后说:"……桀有昏德,鼎迁于商,载祀六百。商纣暴虐,鼎迁于周。……周德虽衰,天命未改。鼎之轻重,未可问也。"周大夫的义正词严,促使楚子的气焰有所收敛,但楚国坐大的那种目空一切不可一世、急切觊觎王位的心情却被揭示得淋漓尽致。

二是"亲族间维系忠诚的纽带日益松驰",所谓"春秋无义战",指的也是这个意思。因此,可以说这是一个"礼坏乐崩"的时代,所谓"礼坏乐崩",是指为维护君臣上下等级秩序而建立的一套典章制度、礼仪教化遭到极大的破坏。《论语·季氏》云:"孔子曰:邦分崩离析,而不能守也。……天下有道,则礼乐征伐,自天子出;天下无道,则礼乐征伐,自诸侯出。"《正义》注:"礼乐征伐,不待天子赐命,而诸侯辄擅行之,或更国有异政,僭上无等,虽极霸疆,要为无道之天下矣。"①孔子认为,尧、舜、禹及汤及西周所发动的战争都是一种"自天子出"的"天下有道"的"正义"战争;而春秋战国时期的战争则大多为"非正义",因为它的征伐乃"自诸侯出",孔子认定这是一种"天下无道"的战争。齐自桓公称霸,晋自文公称霸,鲁自季友专政,等等,僭越礼制犯上恃强凌弱,发号施令,《论语·八佾》载:"孔子谓季氏:八佾舞于庭,是可忍也,孰不可忍也!"孔子时代,鲁国由孟孙、仲孙、季孙三家权臣把持,为所欲为,根本不把国君放在眼里。"八佾",是古代的一种舞蹈奏乐,一行由八人组成,称"一佾",六十四人构成八行,是谓"八佾",只有天子才能用它。而季氏则"八佾舞于庭",在自己家中按天子的规格进行娱乐消遣,这种违反礼制的行为是孔子所不能容忍的,他已强烈感觉到季氏篡国野心气息的存在。上述事例,均为孔子亲历亲见,因此,可以说《论语》的许多

---

① 《论语》卷十九《季氏第十六》,《诸子集成》第1册,中华书局,1954年。

话,都是孔子考察历史后所得出的结论。

二、中华文明思想能量的一次大释放

这样一个在政治上分崩离析、在道德上又危机四伏的时代,东周的王权自然被边缘化而导致区域性强国之间的争夺。但从另一方面看,诸侯之间的博弈所表现出的激烈的残酷性,却有利于社会、科技和经济的发展。白寿彝《中国通史》说:"周王室所分封的许多诸侯国,主要居于黄河流域的中、下游。这些国家一般都具有比较先进的生产力和比较发达的文化,而且已是奴隶社会阶段,它们在古代文献中,称为中国、华夏、中夏等不同名称。"①这段话从发展的角度肯定了春秋战国时期中原地区的社会进步,它印证了以下两点:一是由于各诸侯国都肩负着图霸的历史使命,于是千方百计企图自己的国家强盛起来,就必须促进本国的各项改革以利经济发展。它集中表现在铁器的制造,兵器的改良,步兵的强盛,货币的流通以及土地私有制的出现等。二是虽然中原地区四分五裂,诸侯纷争不断,但在古代文献中均被称为"中国"、"华夏"、"中夏"等名称,就是说,春秋战国时期的"四分五裂"只是一种表象,从人群血统构成看,却是一脉相通、血缘相依的,因此,"国"与"国"之间决不等同于森严壁垒,恰恰相反它们无论是商品流通或是人才互动都是自由的,保持着一种社会最大化的有机联系。中国历史分合不计其数,就是在当下也仍然存在着这种分割现象,但无论历史怎样分合变化,其中有一点是肯定的,即:"华夏民族"这一概念却始终保持着它同根同种的延续性,是绝对不会动摇的。

更重要的是,这种频繁的社会流动,促使了文化的创新与发展,新的思想层出不穷,不同的学术流派大量涌现,从而开创了一个百家争鸣、学术繁荣的时代。儒家思想的出现,是中国历史的一件大事,它锁定了中华民族文化"心魂"的一种永恒的基调。《论语》全篇的中心思想概括起来就是一个"仁"字,孔子无数次反复谈到它,"仁"成为儒家思想的核心,所谓"仁",即是"德"和"爱",是人的一种内在的"情"的具体体现。它是人的内在心灵和文化心理结构的重塑。《论语·卫灵公》说:"人能弘道,非道弘人。"就是说,任何事物无不由人所决定,人心

---

① 白寿彝《中国通史·总序》第 24 页,上海人民出版社,1994 年。

所指,事物皆活,道心所存,精神不朽。一味"待道弘人",只能是不劳而获者的痴人说梦。《论语·阳货》又说:"好仁不好学,其蔽也愚",即是说,如果不注重学习并善于运用,那么再好的美德也有可能转化为愚蠢。孔子毕生倡导并实践"仁爱",所谓"克己复礼",就是希望诸侯国克制自己对于土地和权力的欲求而恢复至高至善的周礼。但在那个弱肉强食的时代,这个主张是不可能得到诸侯们的支持的,孔子并不灰心,带着他的学生周游列国,到处游说讲学,宣传其思想主张。也正因如此,我们才了解到孔子为什么那样向往尧、舜、禹、汤及周公时代的真正原因。孔子盛年时有志于推行周公之道,鉴于当时社会崩溃的可怕,他渴望社会能恢复到周公那种社会安定、秩序井然的"黄金时代",所以这种抱负与愿景常使他梦寐之间遇见周公。至晚年,这个理想彻底破灭了,孔子说:"甚矣吾衰也,吾不复梦见周公久矣。"即便如此,孔子仍坚持"知其不可为而为之",提出"述而不作,信而好古"。"述"就是叙述或记述的意思,孔子在这里自谦地表白:我只做了一些记叙的传承工作,由于"信而好古",从而自觉挑起继承、整理、保护以及延续中华民族传统文化的重任。这正是孔子的伟大之处和人格魅力所在。其他如道家的"法自然"、墨家的"兼爱"、法家的"霸王之业",等等,各家学派无一不是站在不同角度,通过现实社会的生活感受而提出各自不同的观点与主张以及解决社会问题的办法。百家争鸣的结果,深刻印痕下学派创始人用他们丰富的思想创造力,成就了一种特别重要的精神遗产。这是一次中华文明思想能量的大释放,是一次中华文化结构的重大调整,它不仅奠定了东周时期中华文明思想的基础,而且为构建华夏民族文化心理结构的历史进程和有序发展,起到一种不可替代的作用。这是其他地域文化所不能担当的。

第二节　赣鄱地区由中心向边缘转化

一、西周在南方的分封与吴楚的崛起

吴国的建立与西周建国前泰伯王位"三让",有着直接关系。据《史记·吴太伯世家》卷三十一载:古公亶父有子三:长子泰伯,次子仲雍,三子季历。"皆周太王之子,季历贤,而有圣子昌,太王欲立季历以及昌,于是泰伯、仲雍二人乃

奔荆蛮,文身断发,示不可用,以避季历。季历果立,是为王季,而昌为文王。泰伯之奔荆蛮,自号勾吴。荆蛮义之,从而归之千余家,立为吴泰伯。"《正义》注云:"泰伯少弟季历生文昌,有圣德,泰伯知其必有天下,故欲传国于季历。以太王病,托采药于吴越,不返。太王薨而季历立,一让也;季历薨而文王立,二让也;文王薨而武王立,遂有天下,三让也。"周朝以仁政融和立国,其核心价值即是泰伯的"三让"精神。故《论语·泰伯》卷九云:"泰伯,其可谓至德也已矣。三以天下让,民无得而称焉。"吴泰伯是孔子所标榜的一位至高圣人,这种仁爱环宇、至德无名的崇高品格,折射出中华民族传统文化在美德实践中的一种承诺与践行。南怀瑾说:

> 泰伯是什么人呢? 我们现在说中国文化,如果严格地说应该是周代文化。是周公把过去的中国文化,集其大成;而孔子是将周公集其大成的中国文化加以整理。所以中国文化,也就是尧、舜、禹、汤、文王、武王、周公、孔子所传承的文化总称。①

　　南怀瑾先生这段话所以重要,是因为他以"泰伯是什么人"这个具体的事物起句,引起他对于整个"中国文化"的思考,语言简洁而内涵丰富。周代文化的本质特征概括为一个字,就是"仁",而泰伯明显具备了这种文化的因子,这与孔子毕生所追求的理想也是一致的,孔子所以"述而不作,信而好古",其源即在此。从这个意义上说,中国文化即周代文化是无可厚非的,因为它的内质已具备了指导民族文化不断前进的基本思想。吴文化的起点很高,这是因为泰伯以"三以天下让"的精神和孔子所赞扬的至圣品格,来到南方的荆蛮之地,开创吴国,说明他以谦让的风范和宽阔的胸怀融于荆蛮习俗之中,并将黄河流域较具优势的礼仪和生产技术加以糅合,带领荆蛮民众开创新的事业,使其文化价值提升了一大步。自周武王克殷立国后,即遍访泰伯、仲雍后裔,得知周章在吴,因而追封,自此,西周初年作为天子在南方分封的第一个国家——吴,由此诞生。

　　楚国的建立乃是西周成王的直接分封所致。《史记·楚世家》卷载:"楚之

---

① 南怀瑾《论语别裁》上册第 370 页,复旦大学出版社,2007 年。

先祖出自帝颛顼高阳。高阳者,黄帝之孙,昌意之子。……周文王之时,季连之苗裔曰鬻熊。鬻熊子事文王,早卒。(又历五世至熊绎)熊绎当周成王之时,……封熊绎于楚蛮,封以子男之田,姓芈氏,居丹阳。"《舆地志》云:"秭归县东有丹阳城,周回八里,熊绎始封也。"《左传·昭公十二年》载:楚大夫子革对楚灵王说:"昔我先王熊绎,辟在荆山。筚路蓝缕,以处草莽,跋涉山林,以事天子。唯是桃弧、棘矢,以共御王事。"①这是楚国分封后在荒野的山林披荆斩棘、艰苦奋斗创业的历史,可与越王勾践为复国而"卧薪尝胆"相媲美,向为后人称道。熊绎分封后来到长江岸边,一无所有,仅存的就是他们挟带着的中原河洛的文化因子,这种文化优势成为他们不断开拓进取,所向披靡,终成霸业的精神支柱。

二、"瓯脱"现象使赣鄱地区边缘化

春秋战国时期是中国的大动荡时期,也是其政治、军事、文化重新大洗牌大重组的重要阶段。在南方存在着东部江浙地区的吴、越两国和西部的楚国,而赣鄱地区正处于这三个诸侯国的交接地带,成为它们互相角逐、激烈争夺的地区。在这样一个动荡不定的时刻,江西地理形势发生了破坏性的变化,开始由中心集聚向边缘分散的转移,出现一种"瓯脱"现象。"瓯脱"一词读来陌生,但对于认识赣鄱地区春秋战国时期由盛转衰的衍变却很重要。《江西通志稿》说:

> 历虞夏、商、周,江西未有封国,春秋则为吴、越、楚三国之边境,实与瓯脱无异。战国全属楚疆,而亦荒而不治。②

吴宗慈先生在民国时期主编这部《江西通志稿》时,商周吴城遗址和新干商墓还未发现,这一阶段赣鄱流域文化形态认识相对浮浅,故说"历虞夏、商、周,江西未有封国",从考古实践经验看,推论这一区域当时处于一种空白地带是没有错的。紧接着的"春秋则为吴、越、楚三国之边境,实与瓯脱无异"这句话非常重要,它真实地勾勒了当时江西的地理走势,告诉人们:这一时期这一地区成了

---

① 周·左丘明《春秋左传》卷四十五,《传世藏书·经库·十三经注疏》第818页,海南国际新闻出版中心,2005年。

② 吴宗慈主编《江西通志稿·江西教育史》第23册,民国版线装本。

吴、越、楚的边境所在，与"瓯脱"没什么两样。最后特别强调，"战国全属楚疆，而亦荒而不治"。就是说，春秋时，赣鄱流域为三国各个不同时期的边境，到了战国，即便赣鄱流域全部归楚，也是没有得到足够重视而"荒而不治"。换句话说，赣鄱流域即使处于楚国单独统治之下，也和"瓯脱"没什么区别。因此，我们首先要弄清楚"瓯脱"一词的含意，它源于《史记·匈奴列传》：

> 是时东胡疆盛，闻冒顿杀父自立，乃使使谓冒顿，欲得头曼时有千里马，冒顿问群臣，群臣皆曰："千里马匈奴宝马也，勿与。"冒顿曰："奈何！与人邻国而爱一马乎？"遂与之千里马。居顷之，东胡以为冒顿畏之，乃使使谓冒顿，欲得单于一阏氏，冒顿复问左右，左右皆怒曰："东胡无道乃求阏氏，请击之。"冒顿曰："奈何！与人邻国爱一女子乎？"遂取所爱阏氏予东胡。东胡王愈益骄，西侵与匈奴间有弃地莫居千余里，各居其边为瓯脱。东胡使使谓冒顿曰："匈奴所与我界瓯脱外弃地，匈奴非能至也，吾欲有之。"冒顿问群臣，群臣或曰，此弃地予之亦可，勿予亦可。於是冒顿大怒曰："地者国之本也，奈何予之？诸言予之者皆斩之。"冒顿上马，令国中有后者斩，遂东袭击东胡。东胡初轻冒顿不为备，及冒顿以兵至，击大破，灭东胡王。①

这段史料有很强连贯性，难以割爱，只有全录于此。它形象而生动地勾勒了匈奴冒顿单于立国初始忍辱负重，击灭东胡的过程，宝马和爱妾都可以不要，但作为国之根本的"瓯脱"却决不能放弃。"瓯脱"，也许是北部边境少数民族地区一种特有的语言，《集解》注："界上屯守处"；《索隐》注："瓯脱，土穴也"；《正义》注："境上斥堠之室为瓯脱也"。由此可以看出，"瓯脱"，实指边境屯戍或守望的地方，是荒漠边陲的一个专用代名词。

谭其骧先生在分析春秋战国时期江西地域形势时曾说："自鄱阳湖迤西迤北之地，在楚怀王初年若不在楚国版图之内，便当系楚、越两国的瓯脱之地。"②这里又一次提到"瓯脱"，而且这种"瓯脱"还具有一种不稳定性。有一种说法，

---

①　汉·司马迁《史记·匈奴列传》卷一百一十，上海中华书局线装本。
②　谭其骧《鄂君启节铭文释地》，载《中华文史论丛》1962 年第 2 辑。

叫做"吴头楚尾",宋代黄庭坚《山谷琴趣外篇·谒金门戏赠知命》词:"山又水,行尽吴头楚尾";朱熹《铅山立春》诗:"雪拥山腰洞口,春回楚尾吴头。"诗词所反映的,只是后世人们对这一特殊的地理位置在春秋战国时期的一种形象化的大致的称呼,而实际上,赣鄱地域作为"瓯脱"地区被重复性争夺可谓司空见惯,清代顾栋高用"犬牙交错"来形容这种战争的残酷性和复杂性更为贴切。

自公元前770至公元前221年,历时550余年的春秋战国,诸侯并起,各据一方,自立为王,常年混战不止。长江中下游地区被吴、越、楚分别纳入其势力范围,尤其是赣鄱地区,作为吴、越、楚疆域,拉锯不断,此起彼伏。军事上的你攻我退,政治上的此消彼长,使之没有一个国家在这一地区形成"独霸天下"的格局,它们从来没有在严格意义上把这一地区作为自己的国土加以捍卫与整治,它们看重的,更多的是军事上的需要。《史记·楚世家》载:"楚昭王七年(公元前509年),楚使子常伐吴,吴大败楚于豫章。"《正义》注:"豫章,今洪州也。"又楚昭王十二年(公元前504年),"吴复伐楚,取番"。《括地志》云:"番,饶州鄱阳县,春秋时为楚东境。"《史记·伍子胥列传》载:"阖庐使太子夫差将兵伐楚,取番"。《集解》注:"番,又音婆";《索引》注:"番,盖鄱阳也"。在这种情形下,赣鄱地区被彻底边缘化是其必然的趋势。

三、赣鄱文明在历史动荡中淡出

在地域文化研究中,尤其是南方早期的地域文化,我们发现不少是事实上的"停滞"文明,诸如四川广汉三星堆文化、江西樟树吴城文化和浙江余杭良渚文化等,这些"停滞"文明都具有一个共同的特征,即它们都解决了文明起源的问题,可是没有解决其生长与发展的问题。虽然它们文明起源的丰富内涵足以惊世骇俗,但其成长过程却遭到客观的某种不可抗拒力量的制约,由此出现两种情形:一是数度迁徙或流散,促使最后固有的文化因子归于零,从而加速这种"停滞"走向衰亡;二是由于本土文化虽然受到外来的强力制约,但却没有出现大规模移动现象,其最深层次的文化内核,仍然"潜伏"在这块原初稳定现在却是混乱的土地上,使这种"停滞"进入一段相当长的"沉寂"时期,以图今后的发展。赣鄱文化的历史进程属于这后一种文化现象。它在历史动荡时期被迫淡出,但淡出不等于消亡。邵鸿《江西通史·先秦卷·导论》说:

　　吴、越和楚在江西确立统治,自然要建立相应的政治和军事中心,但数量很少,只有番、艾和上赣等几个地名见诸文字。因此诸国在赣的统治,必然只是一种点状的控制。对居住于江西广大地域上的土著人来说,在逐渐从属于外来统治者统治的同时,实际上仍然有着广阔的生存和保持传统的空间。①

　　所谓"点状的控制",非常形象地概括了春秋战国时期赣鄱地区的政治环境。早在商、西周时代,赣鄱流域从未封国,但又决非"荒而不治",恰恰相反,西周王朝对这个地区是极其重视的,前面我们对吴、楚的封国已作简略说明,吴国是"追封"的形式;楚国也是因为由芈氏所出的季连乃楚之先祖,是个典型的贵族血统,周成王封熊绎至偏远荒野的巴东,其目的也是防祸于未然。而赣鄱地区在周王朝的眼里是很重要的,它是北南最重要的通道和走廊,所以赣鄱流域一定要掌握在朝廷手中,于是,在此仅设几个监国,诸如余干的应监之国、艾城的艾监之国等。后来楚不断向东扩张,湖南中部和江西西部几乎为楚人所据,这是周天子所始料不及的。故清人高士奇说:"楚为鬻熊之裔,国於荆山,至熊通始大,吞灭小国,僭称王号,天子使人赐胙曰:'镇尔南方,无侵中国'。未尝比於冠带诸侯之列也。"②此时的楚国,连周天子也感到恐惧了,"镇尔南方,无侵中国",意思是你在南方想怎么样都行,只是不要到我中原河洛来。随着吴、楚的日益强大,这些所谓的西周王朝的监国,不久便失去其存在的价值而烟消云散了。在这种特殊的历史背景下,赣鄱文明从巅峰跌入谷底,由中心转向边缘;"瓯脱"现象又使其得天独厚的地理优势淡出人们视野而步履艰难。但反过来,恰又是这种消极的"瓯脱"现象,使得赣鄱广大区域的越族和土著民众,"有着广阔的生存和保持传统的空间"。

---

① 彭适凡《江西通史·先秦卷》第 19 页,江西人民出版社,2008 年。
② 清·高士奇《左传纪事本末》第 3 册第 659 页,中华书局,1979 年。

第三节   赣鄱文化与吴越楚文化的交流

　　赣鄱流域的"瓯脱"现象是历史的存在,吴越楚三国在这一地区战争频繁,所展开的异常激烈的争夺也是当时实际,但它有着鲜明的阶段性,就是说,它们的争夺战并未常态化,其中的间歇期总是很长。从周平王迁都洛阳的公元前770年算起,至秦灭齐统一全国的公元前221年止,在这550年的漫长岁月里,其激烈战争时段是很短的,西周末和东周初,随着周天子的失势,吴楚不断吞灭周边小国,逐渐强大起来,但其政治势力仍局限于本土范围,此时的赣境相安无事,没有太大变化。春秋中期,吴楚势力已达赣鄱流域,以鄱阳湖平原为其标志,赣东北属吴,赣西北属楚,所谓"吴头楚尾",是以赣北这一特定地区的政治归属而言,并不包括赣鄱全境。到了春秋晚期,自周敬王十六年(公元前504年),吴王阖闾"伐楚取番"之后,赣江中下游广大地区全为吴国所控制。随着吴国的野心勃勃,其战略重点向北方中原转移,周元王三年(公元前473年),越王勾践灭吴,吞并了吴国的全部国土,赣境的北部和南部,甚至赣西的一些地方都纳入了越国的势力范围。战国初期,越国又犯了吴国"北上争霸"的错误,楚国趁势收回了自春秋末年失于吴国,后又归属越国的一部分赣鄱属地。《正义》云:"战国时永、郴、衡、岳、鄂、江、洪、饶并是东南境,属楚也。袁、吉、虔、抚、歙、宣并越西境,属越也。"①这大概是楚越两国这一阶段的政治形势。至战国中期,楚威王彻底将越消灭,赣鄱全境最后归楚。从这简略叙述中,我们也能明了吴越楚三国在赣鄱地区争霸的阶段性,即某一诸侯国一旦掌握"瓯脱"的主动权后,便会带来一段较长时间的宁静状态。其结果是在客观上为赣鄱文化与吴越楚文化的交流提供了一个很好的平台。

一、吴越文化对赣鄱文化的影响

　　吴、楚在赣鄱地区的势力范围,一般说法是鄱阳湖以西属楚,以东属吴,即所

---

　　①　汉·司马迁《史记·越王勾践世家》卷四十一,上海中华书局线装本。

谓的"吴头楚尾"。因此,赣东北地区属于"吴头"的核心地区,这里活跃着一支庞大的"干越"民族。彭适凡说:

> 从全省各地发现的古遗址和古墓葬资料看……都出土有具有明显古越民族文化特征的遗物,其中最有代表性的遗物就是几何形印纹陶器和原始瓷器,它是越文化与楚文化及中原其他诸侯国文化最重要的区别之处。这说明东周时期江西的土著民族依然是古越民族,而且,依然延续商周以来的传统,赣江流域的两岸及以西为扬越,赣江以东包括赣东北、赣东地区则为干越。①

这段话再一次证明即便是在春秋战国的历史动荡时期,支撑赣鄱文化的这支古越民族的许多优秀的文化因子,仍然活跃在本土各地,没有流失和遭遇到毁灭性打击。即使干越民族后来被吴越吞并,在深刻接受吴越文化影响的同时,也仍然保持着自己固有的文化特征。

为了叙述方便,我们把视线集中在鄱阳湖以东的贵溪县龙虎山的仙水岩这一地区上,春秋战国时期这里曾长期是吴越的属地。在仙水岩洞穴之中,有十数座春秋战国时期悬棺葬,出土有一大批极有价值的文物。现在我们选择其中与赣鄱文化影响极为深远的几项作简略分析:先说纺织品。悬棺中的纺织品极为丰富,有绢、苎、麻、葛和印花织品,同时,还出土了一批纺织器材,这些器材相当完善,它基本拥有纺织过程中所需的全套机件,非常珍贵。纺织品中又以苎麻布最为突出,彭适凡说:"《唐六典》记载唐代时的泉州、建州、闽州、洪州、饶州、江州、袁州都是出产苎、麻的著名产地。这虽是唐时的情况,但也说明其苎、麻种植历史由来已久。在龙虎山悬棺葬发现的大麻布和土黄苎麻布,经有关专家鉴定就是当时盛产的大麻和苎麻。"②距今两千余年古老的苎麻生产对后世产生了极为深远的影响。据清同治《会昌县志·风俗》载:"地无丝纩,产仅苎葛,故妇女皆以绩麻为职。居每当冬令,扫室布席,呼偶课工,至夜分方息。所谓一月得四

---

① 彭适凡《江西通史·先秦卷》第 245 页,江西人民出版社,2008 年。
② 彭适凡《江西通史·先秦卷》第 264 页,江西人民出版社,2008 年。

十五日也。春夏之间缫车轧轧,比户皆然。"苎麻布是麻布类中质量最好的,赣鄱俗称"夏布",质薄轻巧,凉爽吸汗,是最受赣民欢迎的一种夏季布料。明代嘉靖年间江西交纳朝廷的夏布为 12 万匹,清代则有专以夏布贸易而形成叫做"夏布墟"的专业市场,诸如宜黄县棠荫镇、万载县株潭镇、临川县李渡镇等,都是赣地最著名的夏布生产基地。可见,苎麻在赣鄱流域的生产源远流长。

再说在悬棺出土的陪葬物品中,有两把十三弦琴。吴越文化特别强调弦琴在其音乐中的地位,"我国弹琴乐器,古琴为最,南宋都城临安,'浙派'琴家风靡一时;明代又以严天池为代表的常熟'虞山派'琴家,独领风骚数百年"①。明张岱《陶庵梦忆》记述尤其丰富,卷一《吴中绝技》、卷二《绍兴琴派》、卷八《范与兰》等,对于吴越偏爱弦琴之俗以及演奏艺人的高超技艺,均有细腻而生动的描述。这对赣鄱后世的影响极深,从而形成全国三大琴派鼎足之势,这就是京师派、两浙派和江西派。江西琴派起于宋代的欧阳修,他有一篇记叙自己学琴和有关琴的功用的文章:

> 余尝有幽忧之疾,退而闲居,不能治也。既而学琴于友人孙道滋,受宫声数引,久而乐之,不知疾之在其体也。……夫琴之为技小矣。及其至也,大者为宫,细者为羽,操弦骤作忽然变之。急者凄凉以促,缓者舒然以和。如崩崖裂石,高山出泉而风雨夜至也;如怨妇、寡妇之叹息,雌雄雍雍止相鸣也。其幽深思远,则舜与文王、孔子之遗音;悲愁感奋,则伯奇、孤子、屈原、忠臣之所叹也。②

琴可以调节人的心境,陶冶人的情操以及提炼人的品格,虽然"夫琴之为技小矣",但欧阳修却"受宫声数引,久而乐之",从他对弦琴的理解而言,以然极为深刻了。其《三琴记》,更是一篇识琴的行家里手。自欧阳修之后,江西琴派可谓代有人出。南宋诗词作家、音乐家姜夔,除对古典音律有很深研究外,其对古琴的弹奏也非常精通,《琴瑟考古图》和《七弦琴图说》是姜夔关于古琴理论研究

---

①　《吴文化丛书》第 677 页,江苏人民出版社,1996 年。
②　宋·欧阳修《送杨寘序》,《欧阳文忠公文集·居士集》卷四十二。

的专著,对于后世研究中古时期古琴的样式和演奏形式及手法均有很高的价值。明初宁王朱权也是一位琴家,其《琴阮启蒙》是一部古琴演奏的普及专著。其他如黄庭坚的"唐琴"、朱熹的"朱熹琴"、文天祥的"蕉雨琴"等,由此可以看出,江西琴派的中坚人物多由一批对社会有着特殊贡献的文人士大夫组成。

在贵溪仙水岩崖墓中还出土了一件木扁鼓,扁鼓直径26.8厘米,高6.5厘米,鼓框呈圆弧状,施绘黑漆,上下边框各有两排竹钉,用于紧绷鼓皮。这是距今两千余年前在赣鄱流域发现鼓的第一件实例,成为赣鄱鼓文化的源头。此后鼓作为一种文化现象频繁出现在赣鄱社会生活的各个层面。首先,鼓与赣鄱古傩。以南丰石邮傩为例,其傩祭由8人组成,年纪最长者为主事,称"大伯"。木扁鼓由大伯执掌,演傩的一切行动皆听从鼓的"指令"。轻重缓急,铿锵婉转,变幻莫测,随着击鼓声调的不同而发出各种舞蹈姿态的变化。坐傩原始形态的历史源远流长,我们没有理由不把它和在赣鄱地区春秋战国时期出现的木扁鼓联系起来。其次,鼓与赣鄱农耕。名目繁多,诸如春鼓、禾鼓、田鼓、耘鼓等,以武宁县禾鼓为例,所谓"禾鼓",就是击鼓种禾。种禾时,几十人一字排开,整齐划一,鼓匠师傅需要掌握几百首山歌,以应酬劳作时出现的变化。打鼓歌重视整体观念,种禾时,谁个落伍,鼓匠就把鼓敲到他面前,催他赶上。大多数时间处于不紧不慢的有序状态,只有在种禾即将结束还有少量空余田块未种时,才把打鼓歌变成催鼓歌,以造成一种气势突击完成。第三,鼓与弋阳腔的诞生。贵溪邻县为弋阳,元末明初,就是在这里,诞生了一支著名的戏曲声腔——弋阳腔。它的音乐伴奏非常特殊,没有弦乐,其主奏乐器是以鼓为音乐表现特征的。周育德说:

> 弋阳腔"其节以鼓"的伴奏方式,由来已久。至迟在宋代,江西的"戏场"上已经以大鼓伴奏了。北宋时,王安石有一首诗,写其家乡的农具《耘鼓》诗云:"逢逢戏场声,壤壤战时伍。"当时戏场上所用以击节的就是农家耘田时敲打的大鼓。江西人老早已接受了这种"其节以鼓"的伴奏方式。①

把赣鄱地区长期的劳作实践与这一区域诞生的戏曲艺术的表现形式联系起

---

① 周育德《中国戏曲文化》第142页,中国友谊出版公司,1995年。

来,是很有见地的。事实上,在赣东北的弋阳、贵溪等地区有关喜好鼓的风俗是源远流长的,清康熙版《贵溪县志·艺文》有首《迎神》诗云:"月有光兮风有翔,坎坎击鼓辰之良。"而清同治《弋阳县志·音乐》载:"士大夫家始用金鼓,间阎好事者踵效之。"所谓"间阎",指古代平民居住区,就是说,士大夫有购置金鼓的奢好,而一般平民百姓亦纷纷仿效。值得注意的是,这条史料是列在"音乐"一类的,它说明人们喜爱鼓的目的,多半是以击奏鼓点而自娱。弋阳早在宋代鼓文化就很发达,杨万里有《过弋阳观竞渡》诗:"急鼓繁钲动地呼,碧琉璃上雨龙趋。"明代夏言《舟发弋阳》诗:"沙嘴渔舠阁,城头戍鼓闻。"李东阳《弋阳晴雨》诗:"席坐拥书满,船更听鼓齐。"①由此可见,弋阳鼓文化的发达,对弋阳腔以鼓为其音乐的主要的表现特征,影响是深刻的。

二、荆楚文化对赣鄱文化的渗透

《元和郡县志》载:"洪州,春秋时楚之东境。"《文献通考》也载:"洪州,春秋属楚。"到了战国中期楚灭越,赣鄱全境归楚。数百年的政治统治,其文化的渗透是深刻的,以南昌新建县"昌邑"战国时期楚墓为例,其墓为土坑竖穴,有圹壁,出土陶鼎、陶敦、陶壶等,另有豆、罐、钵、勺、青铜剑、戈、矛等,与湖北楚墓出土的墓葬几乎没有区别,在赣西所出土的墓葬中,不仅大多为楚墓,而且墓葬式样与葬品也基本一致。其巫风特盛,据清同治《会昌县志》载:"病者医稍不瘳,多请巫人至家,于夜间张挂神像,主人肃衣冠,焚香拜祷。巫者扮女装,神前跳跃,鸣锣吹角。所唱不知何辞,彻旦始歇,名曰'坐夜'。"

农耕文明在这一时期有较大发展,集中表现在新干县界埠乡袁家村于1975年发现的战国粮仓遗址。这是一座大型的粮仓结构,长61.5米,宽11米,仓内地面有4条非常清晰的纵向地沟,各沟相距1.4米,纵沟中发现两把铁斧,由此也见证赣鄱地区此时的铁器使用已趋于成熟。彭适凡说:"粮仓地面纵横开沟的目的,显然是为了加强室内地下空气的流通,防止稻谷受潮发霉变质,很符合科学原理,这是两千三四百年前赣地民族在保管贮藏粮食方面的一项重要创造发

① 《弋阳县志·艺文》第548页,南海出版公司,1991年。

明。"①重要的是,这座粮仓建在赣江中游西岸,这说明楚灭越后,赣鄱流域作为漕运输送的中心地位又开始凸显出来,它为秦的统一大业做了初步准备。

　　而楚风最浓者,莫过于赣鄱流域的龙舟竞渡,丰沛的水资源,为这一楚俗在赣境得到发扬光大,其形式不一,花样繁多,又能根据本地习俗创新突破。以地处鄱阳湖滨的鄱阳县为例:每当新船下水,都要披红挂彩,焚香点烛,燃放鞭炮,举行祭祀活动,这几乎成了鄱阳县渔民千百年来一个约定俗成的习尚。农历五月初五的端午,鄱阳湖沿湖都要举行盛大的龙舟活动,其最具特色的表现形式有以下三种。1."彩舟"。端午临近,湖滨村民把龙船从头至尾装饰一番,其船尾斜竖一杆,杆上系一条又长又宽的飘带,将自家姓氏书于飘带之上。由舵手领唱,一唱众和,去沿湖各村表演。龙船未到,唱和之声先至,船未靠岸,某某姓氏的飘带便映入眼帘,于是,渔歌互答,鞭炮齐鸣,船岸欢呼一片。2."竞渡"。面对浩瀚的鄱阳湖,其竞渡的场面广阔而豪放,竞渡者伴唱以《龙船歌》,歌声震天,场面恢弘。其竞渡的最大特点是不以胜负论英雄,无论赛前赛后和胜者负者,个个都是好样的。龙舟所过之处,沿湖村民,齐声喝彩,燃放鞭炮,摆设果品,迎接勇士。而每条龙舟的竞渡者们则以歌声答谢,俗称"打彩莲子",又称"谢莲"。3."楼船"。船体由两至三条大船合并而成,船上搭楼台三层,雇请戏班演唱,节目短小,内容喜庆。船前后左右,均让乐手围桌而坐,演奏吹打音乐,俗称"串堂锣鼓",由于湖面宽阔,吹打音乐之声十里八里之外都能听见,蔚为大观。

　　在赣鄱民俗中,像上述如此独特的文化形态只是其中的一个例证,不仅为其他地域文化所绝无仅有,而且表现形式也极为丰富多样,从而具有自己的文化特征。春秋战国时期,鄱阳湖平原历来是吴楚争夺激烈的地区,受吴楚文化的影响无疑是深刻的,但不等于赣鄱流域受了吴越楚文化的染指,就必须把这种文化形态列入吴越文化或者楚文化的文化范畴,那种以春秋战国时期诸侯列国的文化形态来决定中国地域文化未来的文化走势是不可取的。

---

① 彭适凡《江西通史·先秦卷》第257页,江西人民出版社,2008年。

第四节　赣鄱多元融合文化形态的形成

一、以"选择"为杠杆的文化形态

"瓯脱"现象的存在,为赣鄱地区扬越和干越这两支土著民族的亲合,以及日后文化的发展提供一个较为宽松、自为及随意的自然环境创造了有利条件。秦朝的统一,尤其是汉代豫章郡的设置,使得赣鄱文化的最后形成有了一个相对稳定的地区载体。这个载体的出现较之齐鲁、燕赵、秦晋、荆楚、吴越等晚了几个世纪,从而决定了江西在日后的历程中,有着对中央更为强烈的依附和对中原河洛文化更为密切的联系,表现出了超乎寻常的以"选择"为杠杆的文化形态。

在当前的地域文化研究中,往往有把其地域扩大的现象,甚至扩大到不太适当的地步。《荆楚文化志·地域》曾这样描述荆楚文化所囊括的地域:"东界:北起湖口,绕鄱阳湖平原东侧,沿黄山余脉,过怀玉山,经武夷山,南至南岭山地东段。其西为豫章郡,治今江西南昌市。……南界:从东到西,曲曲弯弯,悉以南岭山地为界。东段有大庾岭的小梅关,西段有湘桂夹道,都是岭南、岭北的交通咽喉。"①这样,就把江西全境囊括进荆楚地域之中,成了荆楚文化的附庸。其唯一根据是《史记·货殖列传》的一段话:"衡山、九江、豫章、长沙,是南楚也,其俗大类西楚。"自公元前335年楚灭越,到公元前223年秦灭楚,楚国独霸江南总共132年,因此,司马迁称"豫章"为"南楚"是符合实际的。不独赣人,就是江浙的吴人和越人,也曾被楚国统治达132年之久,亦曾被称为"荆蛮"的。所以,仅凭一条在特定历史时期记载的史料,便把江西的地域文化整个纳入荆楚文化是不妥的,也是不够科学的。事实上,赣鄱流域在春秋战国时期的东西交流中,不仅受楚文化,同样也受到吴越文化的辐射,而且在楚亡后,楚文化在赣境的影响有逐渐淡化的趋势。以民俗信仰"敬鬼神"为例,楚俗尚鬼,自古为然,而信鬼尚巫,则是赣鄱地区社会生活中一种普遍的民俗现象,但同时也有一种排斥与破除巫鬼恶俗的力量存在。《夷坚志》载有这么一件事:江西临川人陈俞,豪侠好义,

---

①　张正明、刘玉堂《荆楚文化志》第4页,上海人民出版社,1998年。

从京师下第归,看望伯姊。值全家病疫,正闭门等死,陈俞推门而进,见屋内所奉神像、香火甚肃,知道这是恶巫作祟:

> 俞为姊言:"凡疫疠所起,本以蒸郁熏梁而得之,安可复加闭塞,不通内外!"即取所携苏合香丸十余枚,煎汤一大锅。先自饮一杯,然后请姊及家人长少各饮之。以余汤遍洒房壁。撤去巫具,端坐以俟之。巫入,讶门开而具撤,作色甚怒。俞奋身出,掀髯瞪视,叱之曰:"汝何物人,敢至此?此家子弟皆幼,病者满屋。汝以邪术玄惑,使之弥旬弗愈,用意安在?是直欲为盗耳!"顾仆缚之,巫犹哓哓辩析。将致之官,始引咎请罪。俞释其缚,使自状其过,乞从私责。于是鞭之三十,尽焚其器具而逐之。邻里骇愕,争前非诮,俞笑不答。翌日,姊一家脱然,诮者乃服。①

这是一个非常动人、非常感人的故事。敢于破除迷信,不信邪巫,以严谨的科学态度拯救了其姊一家人,这在 800 余年前巫风盛行的赣鄱大地,是一次对"传统"的彻底颠覆,没有远见卓识的胆气魄力是断难如此的。再看江西乐安县流坑村《董氏大宗祠祠规》,这是唐代由河南迁徙而来的董氏仕宦精英治村治族的基本方略,影响极为深远。《祠规》计有 14 条,现仅录第 13 条:

> 禁邪巫:楚俗尚鬼,自古为然。妇女识见庸下,犹喜媚神徼福,不知人家之败,未有不由于此。盖鬼道胜,人道衰,理则然也。又况禁止师巫邪术,律有明条,敢故违耶?今后族中除禳火祈年、祷疾拔丧、费不甚重者,姑顺人情行之。此外如修炼超荐,颂经忏罪,咒咀等事,一切禁戒。②

这对当时社会诸事听信于巫、鬼的恶俗陋习是一种有力批判。而这些行为恰恰与孔子的思想意识是一致的,《论语》卷七《雍也》云:"务民之义,敬鬼神而远之,可谓知矣。"意思是想尽办法为民众做有益的事情,至于鬼神尊敬却应疏

---

① 宋·洪迈《夷坚志》补卷第二"陈俞治巫"条,《传世藏书·子库·小说》第 1 册第 623 页,海南国际新闻出版中心,2005 年。

② 周鸾书主编《千古一村》第 361 页,江西人民出版社,1997 年。

远它们,这才叫做智慧。卷十四《先进》又云:"未能事人,焉能事鬼?"人类"事鬼神"的历史从未断绝,而在两千余年前的孔子竟发出如此震撼千古的话语,至今仍有着不可替代的积极意义。上述例证说明赣鄱文化在吸收吴楚文化的同时,不是一成不变而是有自己的思考和选择的,从而形成自己独有的文化形态。

二、赣鄱文化在曲折中新的探索

如果说,春秋战国时期赣鄱文化进程是一种以东、西横向交流为主流流向,受吴楚文化影响很深的话,那么,自秦灭楚统一六国后,这种流向便出现了新的变化,即由原来的横向交流朝着以北、南纵向交流为主流流向的转移,开始了与中原河洛文化的长期对话与交流。如果我们把历史追溯到商周的青铜文明时代,这似乎又让河洛文化与赣鄱文化的交流回到原点,但这个原点和原始形态的"亦步亦趋"式的有着本质区别。这是一种更高层面的交流,其最大特征就是"你中有我,我中有你",这种互相渗透与影响,大大丰富了各自文化的内涵。

这种交流甚至在春秋战国北南隔绝时期也未停止过,《史记·仲尼弟子列传》和《论语·雍也》记叙了有关澹台灭明的事迹:春秋晚期,孔丘弟子澹台灭明,字子羽,武城(今山东费县西南)人。因状貌丑陋,"孔子以为材薄,既已受业而退修行",可见孔子对子羽是不很重视的。但他品行端正,并不以孔子的轻视而动摇他求学的意志。有一次,子游做武城地方官,孔子问他,你发现什么人才?子游回答说:"有澹台灭明者,行不由径,非公事,未尝至于偃之室也。"意思是这位澹台灭明,做事从不搞旁门左道,不是公事,是从来不到我的办公处的。康有为对此是很赞赏的,说:"非公事不至,则陈民间利病而无干谒请托之私。"这是一位维护社会正义,秉公而行的典型形象,在两千多年前能如此实在不易。后来澹台灭明遍游海内,传播孔子的学术思想。此前在黄河中游河南延津西北至滑县一带活动,后来"南游至江,从弟子三百人,设予去就,名施乎诸侯。孔子闻之,曰:'吾以言取人,失之宰予;以貌取人,失之子羽'"[①]。最后来到江西南昌,据《汉书·儒林传》载:"仲尼既殁,七十子之徒游诸侯,大者为卿相,小者友教士大夫,或隐而不见……澹台子羽居楚。"这里所说的"楚"实指南昌,《通典》载:

---

① 汉·司马迁《史记·仲民弟子及列传》,中华书局,1972 年。

"洪州,春秋战国时并属楚。"澹台灭明在南昌留下了许多遗迹:他曾驻足的钟陵县更名"进贤县",而由进贤县进入南昌城区的永和门则改名"澹台门"。死后葬南昌东湖以东的原总持寺的后面(今南昌二中校园内);唐代末年南平王钟传为其树碑立亭;南宋高宗绍兴年间中转运使高述题"鲁澹台子羽墓",又在其墓碑旁建澹台祠,宋江西转运使程大昌撰《澹台祠友教堂记》。王直,江西泰和人,明永乐二年(1404年)进士,写有《咏澹台灭明墓》诗:"高风千载动延津,还有孤魂楚水滨。微雨落花空白日,东风啼鸟自青春。城隅故老看园树,亭下游人着青草。喜遇圣时崇庙祠,诸生何幸挹清尘。"明正德六年(1511年),李梦阳任江西提学副使,也有《题澹台墓》诗云:"子游昔宰邑,邑有澹台公。非公不见宰,不径垂无穷。身殁埋豫章,豫章乃城中。长松何廖廖,石墓坚且崇。旧馆昼常阴,古松多悲风。九九拥墓藤,垂垂网户虫。喧寂本异感,慨恍当何同。道伸故难灭,瞻睇摇晴虹。"这两首诗极其生动而形象地描述了澹台灭明墓的地理位置、规模经营与周围环境,是赣鄱文化不可或缺的重要一环,也是春秋战国时期赣鄱文化在沉寂中的一个亮点。

唐代王勃《秋日登洪府滕王阁饯别序》开篇对鄱阳湖平原地势作了概括:"豫章故郡,洪都新府,星分翼轸,地接衡庐。襟三江而带五湖,控蛮荆而引瓯越。"这种优越的地理形胜,在春秋战国时期却成为一种极其沉重的负担,只有到了秦灭六国统一中国,随着西晋的北民南移,尤其是隋唐之后才逐渐显露出来,在艰难中已拥有多元因素的赣鄱文化开始发出异样的光彩而为世人瞩目。

第四章   河洛农耕文明与赣鄱农耕文明

第一节   河洛地区农耕文明的形态

中华民族是个典型的农耕民族。作为一个高度发达的文明古国,其悠久的文化特质,莫过于在漫长历史进程中形成的高度发达的农耕文明。从理论上说,长江流域较之黄河流域更适合农耕的全面发展,但农耕文明雄厚的人文传统与物质基础,偏出现在黄河流域的河洛地区,成为中国农耕文明的始源之地。陈文华说:"最早进入文明时代的,并不是在今天看来自然条件优越、最适合发展农业的长江中下游地区,而是在自然条件相对较差的黄土高原地区,因生产力的迅速发展,人口增加,出现了阶级,诞生了国家组织,从而先后建立起夏、商、西周政权,黄土高原成为当时全国最为发达的农业中心区。"①这是中国历史进程的一个实际情况,在对地域文化农耕文明的思考中应作如是观。

一、有关炎黄二帝农耕的传说

炎帝是上古传说中的英雄,是人类集体智慧的一种"历史式"的具体显示,因其创始农耕,教民种植,被尊为"神农"。炎帝神农氏大约生活在氏族社会的原始农耕时代,即母系氏族社会向父系氏族社会转变时期。《管子·轻重戊》

---

① 陈文华《中国古代农业文明史》第 8 页,江西科技出版社,2005 年。

载:"神农作树五谷淇山之阳,九州之民,乃知谷食,而天下化之。"①"淇山",即今河南辉县西北,该地属于黄河中下游中原地区,是远古农业发源地。"神农作树五谷淇山之阳",是说神农在淇山的南面劈开草莽试种野生的各种谷物,以便提供民众食用,天下民众因之尊炎帝为"神农"。《周书》说:"神农之时,天雨粟,神农遂耕而种之。作陶,冶斤斧,为耒耜、锄、耨,以垦草莽,然后五谷兴助,百果藏实。"这里的神农不仅"耕而种之",还更进一步烧制陶器,冶炼农具,以图更多的收获。在中原河洛地区有关炎帝神农氏农耕的动人传说极多,《淮南子·齐俗训》载:"神农之法曰,丈夫丁壮而不耕,天下有受其饥者;妇人当年而不织,天下有受其寒者。故身自耕,妻亲织,以为天下先,其导民也。"这种身体力行的示范精神是非常崇高的。《淮南子·修务训》又载神农和尧舜禹汤等先圣们是如何身先士卒,为民忧劳的:"神农乃始教民播种五谷,相土地,宜燥湿,肥饶高下,尝百草之滋味,水泉之甘苦,令民知所辟就。……神农憔悴……则圣人之忧劳百姓甚矣。"②神农氏及华夏民族先圣们的这种为氏族大众献身的伟大精神,凸显出一种悲剧式的崇高感。由此可证,河洛地区早在史前时期即是中国农耕文明的中心区域,也是农业经济基础最为雄厚的地区,华夏民族之所以世代以农为本,视其为生命之源,就因为"神农"的这种精神起着巨大的支撑作用。甚至后世农本思想无论怎样阐述与说教,人们都要把它追溯到"神农"这个源头上,《氾胜之书》云:"神农之教,虽有石城汤池,带甲百万,而无粟者,弗能守也。夫谷帛实天下之命。"③在远古还未实践"石城汤池"的时代,炎帝是不会这样说教的,而是人们借助"神农教之"强调农耕的重要性。

黄帝战胜炎帝后,便取而代之,大大拓展与深化了农耕的内涵,《史记·五帝本记》载:"黄帝者,姓公孙,名曰轩辕。……顺天地之纪,幽明之占,死生之说,存亡之难。时播百谷草木,淳化鸟兽虫蛾,劳其心力耳目,节用水火材物。"《正义》注:"存亡犹生死也,黄帝之前,未有衣裳屋宇。及黄帝造屋宇,制衣服,营殡葬,万民故免存亡之难。"④初民之时,人类面对的最大威胁就是"存亡之

① 《管子》卷二十四《轻重戊》第八十四,《诸子集成》第5册第414页,中华书局,1954年。
② 汉·刘安《淮南子》卷十九《修务训》,《诸子集成》第7册第331页,中华书局,1954年。
③ 汉·氾胜之《氾胜之书·杂项》,《传世藏书·子库·科技》,海南国际新闻出版中心,2005年。
④ 汉·司马迁《史记·五帝本纪》卷一,《传世藏书·史库·二十六史》第1册,海南国际新闻出版中心,2005年。

难"，黄帝所日夜思考的也就是这个问题。"时播百谷草木"的"时"极其重要，就是说，黄帝能够观察自然规律的变化而顺时而动，这样播下的"百谷草木"才能茂盛。同时，造屋制衣殡葬，解决人类最基本的生存条件，死后则以某种仪式下葬，俗称"入土为安"，以表达人们心理的慰藉，人类后来所谓的"衣食住行"均导源于此。这即是华夏民族确认黄帝为"始祖"的一种"集体意识"。

二、《周易》关于"时"的农本思想

中国农本思想产生于周。此前，便有上古时期"尧谨授时，禹勤沟洫，稷播嘉种"的传说，它揭示了在奴隶社会奴隶主关心农业的一种美德。《周易》是初民对四季更替、万物盛衰、天道周旋等自然律动的从"时"的维度上的直观掌握，其思想带有以"时"度物的直观经验性，而它正是农的核心性观念。植物生长盛衰的时间性，决定了农的思想的时间性，从这个意义看，《周易》正是一部农耕的哲学著作。"时"，上古时期的人们多指天时，天时所指的就是四时，而四时即是农业之时。孔子说："道千乘之国，敬事而信，节用而爱人，使民以时。"杨伯峻注："古代以农业为主，'使民以时'即是《孟子·梁惠王》上的'不违农时'。"①它深刻反映了"农时"观念在社会生活中的重要性，从而形成了中国古代以"时"度物的基本思想。

周代对"农时"特别重视，《礼记》是"十三经"重要经书之一，其《礼记·月令》即以四卷的篇幅，按月根据政令安排周天子及臣民的农事活动，它的服务对象虽然是设在朝廷，但《月令》的农事安排却是与物候和节气紧密联系在一起的，因此，它在民众生活中具有特别重要的意义。《吕氏春秋·十二月纪》云："《月令》者，包天地阴阳之事，然天地有上下之形，阴阳有生成之理，日月有运行之度，星辰有次舍之常。"就是说，它是根据自然现象的规律而制定的，即使今天看来，它与黄河流域中下游地区农业生产的具体情况也还是大体相符的。《礼记·月令》卷十四"孟春三月"载："是月也，天气下降，地气上腾，天地和同，草木萌动。命布农事，命田舍东郊，皆修封疆，审端径术。善相丘陵、阪险、原湿，土地所宜，五谷所殖，以教导民，必躬亲之。"卷十五"仲春之月"载："是月也，耕者少

---

① 李泽厚《论语今读》第 34 页，安徽文艺出版社，1998 年。

舍,乃修阖扇,寝庙必备。毋作大事,以妨农之事。"郑玄注:"大事,兵役之属",意思是告诫朝廷,这段时间不能征兵与打仗,以免妨碍农事。又卷十六"孟秋之月"载:"是月也,家乃登谷。"诸如此类,不一而举,《月令》完全是在长期的观察自然变化的实践的基础上,对于有关农事的科学总结,不仅符合客观实际,而且应视为商周时代农业气象学方面的一大成就,是商周农业文明的一个里程碑,也是农本思想产生的一个重要标志。后世有关"农时"的论述更为深入,东汉崔寔《四民月令》,后魏贾思勰《齐民要术》,唐末韩鄂《四时纂要》等,从而为我国农本思想体系的最终形成奠定了坚实基础。

这一切,足以说明中国是世界上最早进入农业文明的重要国家之一。也正因如此,中原民众在向南方大规模迁徙的过程中,一个最了不起的功绩,就是带去了中原华夏民族农耕文明的实践理论和先进的生产技术。

第二节　赣鄱地区农耕文明的形态

一、赣鄱流域新石器早期的原始农耕

20 世纪 90 年代中叶,由北京大学、江西考古研究所、美国安德沃考古研究基金会联合组成的"中美农业考古队",两次对江西万年县仙人洞和吊桶环遗址进行了考古取样与发掘。通过植硅石和孢粉分析等科学检测,在这里发现了一万二千年前野生稻植硅石标本和九千年前栽培稻植硅石标本。表明早在旧石器晚期和新石器早期,临近鄱阳湖区域的万年仙人洞、吊桶环,便已经有了稻作农业发展的萌芽。稻是一年生的禾本科草本作物,喜温暖、潮湿,是我国长江流域及其以南的最主要粮食作物。栽培稻是从野生稻驯化来的。驯化的时间约在 1 万多年前。考古学家在江西省万年县仙人洞和吊桶环遗址旧石器时代晚期或新石器时代早期的文化层中,发现了野生稻人工干预的痕迹,说明当时人们不但已经采集野生稻作为食物,而且可能已尝试人工种植。同时也说明早期人类生活,多数分布在沼泽或平原与低矮丘陵的交接地带,那里不仅有多种生态系统的食物资源,而且是普通野生稻生长之地,为水稻的培植提供了先决条件。

稻作文化的发生,与水文化息息相关。随着越来越多农业考古的发现,人们

万年仙人洞遗址外景

不约而同把眼光集中在长江中下游的洞庭湖、鄱阳湖和太湖地区,这里具有丰富的地下水资源,支撑着稻作起源理论的阐述。张佩琪认为:

> 水稻起源地除了遗存还有其他各种条件:第一气候和雨水适宜;第二要有很好的洞穴居址;第三要有水饮和有栽培水稻的余地;第四要有足够供应的自然食物;第五要有野生稻;第六要有有关的驯稻遗存;第七要有有能力的驯稻人。驯稻之地,必须具备这些条件,少一条都算是证据不足的。如果说中国北方人文起源地只能是北京周口店的话,那么长江流域的水稻起源地就只能是江西万年仙人洞了。①

这段话揭示了赣鄱流域在中国乃至世界稻作起源的研究中具有不可忽视的作用,同时,也确立了江西农耕文明起源的历史地位。这一事实说明,从原始社会石器时代,到文明社会的夏、商、周三代,鄱阳湖平原已经是农耕文明开发区,不仅有了居民聚落,而且原始种植业也已越过萌芽阶段。但鄱阳湖平原的农耕

---

① 张佩琪《论中国的驯稻——江西万年仙人洞是水稻起源地》,《农业考古》1998 年第 1 期。

文明自进入春秋战国时期,在很长的一个历史阶段却似乎止步不前,甚至销声匿迹了,究其原因,大约有以下几点:首先,赣鄱地区从整体看仍处于"荒蛮服地"。当时,鄱阳湖流域农耕文明开发,仅局限于几个点,而在江西全境大的范围内,从整体而言仍未能得到开发,《史记·货殖列传》描述的"江南卑湿,丈夫早夭……地广人稀,饭稻羹鱼,或火耕水耨",当是那一时期赣鄱流域的真实写照。其次,战争把鄱阳湖流域农耕文明抑制在萌芽状态。周代分封诸侯,列国遍地,延至春秋战国,争霸竞强,兴灭纷纭,而江西境内却不见王霸盘踞,鄱阳湖平原归属不定,成了远离政治、经济、文化中心而无人问津的荒漠之地。再次,"瓯脱"现象促使鄱阳湖平原"边缘化"。春秋战国时期,吴越楚三国在严格意义上从来没有把这一地区作为自己的国土加以捍卫与整治,除了它们军事将领为了战争而光顾这一地区外,其他一概无闻。遂使鄱阳湖平原的农耕文明"沉寂"数百年之久。所谓"沉寂",含有整体"潜伏"的意思,直到历史跨入"北民南移"的大潮进程之时,赣鄱流域的这种"潜意识"才最终被激活,"沉寂"才彻底被打破。陈文华指出:

> 气候温暖,土壤肥沃,雨量充足,灌溉便利的长江中下游地区,是发展农业的理想地区,尽管早在七八千年前就开始栽培水稻,并且创造了在当时来说是颇为发达的原始农业文明,但却一直落在黄河流域的后面,迟迟未能跨进文明社会的门槛,直到西汉时期,其农业还停留在"火耕水耨"的水平。只有到了唐宋以后,长江流域才后来居上,成为全国农业最发达的地区。[1]

这是赣鄱流域,甚至整个长江流域农耕文明发展的一个特殊情况。由此可以看出,没有人文农本思想基础和早期农耕实践积累,即便原始农耕文明萌芽历史非常久远,也是很难健康成长的。而当历史迎来南北文化大交流大融合的时候,江南农耕文明才开始进入历史"快车道",真正挑起养活我们民族的生活重担。

---

[1]　陈文华《中国古代农业文明史》第9页,江西科技出版社,2005年。

二、商周时期鄱阳湖平原农耕状态

商周时期赣鄱地区灿烂的青铜时代,反映在农耕文明的水平上也是非同一般的。这一时期出土的青铜农具计有 25 件,诸如镈、铲、耒耜、锸、铚、犁铧等,其中有些农具上雕刻有各种纹饰,似乎侧重用于农事祭祀典礼,但仍以实用农具居多。仅以青铜犁铧为证,姜彬说:

> 以农耕主要工具的犁为例,最著名的当数江西新干县大洋洲乡晚商大墓出土的铜犁了。据报道,铜犁已具备后来犁形状与结构,这是我国关于商代金属犁的出土的首例报道。大洋洲乡出土的还有铲、锸、耒耜等多种耕作农具,证明晚商时期青铜农具在我国南方稻作文化中的地位,已非同一般。[①]

它说明商周时期赣鄱地区已经开始使用金属犁铧进行耕作,使我们对这一区域的农耕技术,有了一个新的认识。据杨升南先生介绍:陆懋德曾收藏了一件青铜犁铧,并于 1949 年写了一篇《中国发现之上古铜犁考》,登载《燕京学报》上,该件铜犁出土于河南陕西之间,犁头作三角形,正面铸有简单饕餮纹饰。新干商墓青铜犁铧纹饰亦为简单兽面勾连纹,二者形状几乎一致,它从一个侧面透露出南北农耕文明交流的某种信息。

在南北农耕文明交流中,还有一个特别值得注意的现象,就是中原河洛农业考古对裴李岗、仰韶、龙山等新石器时代文化遗址的发掘,发现黄河流域的先民早就是以粟、高粱和稻米为食,并发现了稻作农业的遗迹。这是个很重要的信息,以往人们多把黄河流域新石器时代的原始农业定为传统的粟作农业区,而稻作农业在这个区域几乎是个空白。魏兴涛说:"三门峡南交口仰韶中期水稻籽实的发现……表明在仰韶时代的中期阶段,黄河流域的除种植以粟类为代表的旱地作物外,在北纬 35 度一线的黄河以南地区地理条件适宜的平原或山前河谷

临水地带,也曾较广泛地种植水稻。"①但实际上,小麦和水稻并不是中原河洛固有的农耕作物,而是由外来引进,据学者考证,小麦是距今四千五百年前从欧亚草原地带由西向东传递至中原,而水稻则是在距今五千余年前从长江流域由南向北传至中原河洛,唐宋时期小麦和水稻又广泛回传江南。由此看来,三门峡南交口仰韶中期水稻谷粒的发现,很可能即是长江流域北传的结果,因为早在万余年前的新石器早期,赣鄱地区便开始将野生稻驯化成人工栽培稻,是原始先民以稻作农业为最主要经济的活动地区。反过来,这又为后来的北民南移,把各项先进的水稻农耕技术传播江南提供了条件。从农耕文明这一视角看,它生动印证了河洛与赣鄱早在夏商周,甚至更早的新石器时期,其文化的交流便初露端倪,甚至似乎还具有一点"互动"的文化性质。

三、春秋战国时期鄱阳湖平原农耕状态

春秋中晚期,我国农耕文明发生了一次质的飞跃,这就是从青铜冶炼技术向铁器的的冶铸技术转化,这为农业生产工具的改进和大面积的农田耕作提供了良好的条件。赣鄱地区开始发现冶铁铸造技术是在春秋晚期,但出土的实物极少,据1963年江西省博物馆《江西九江县沙河街遗址发掘报告》载,在其磨盘墩遗址出土两件铁器残片;1956年江西上高县塔下村出土了44枚铁镞等,仅此而已。但民间却广泛流传一则传说:春秋越国勾践时期,越国铸剑师欧冶子,奉命铸剑,他从浙东出发一路西行,来到赣东北地区的江西弋阳龟峰,这里森林茂密,山奇水秀,周围既有质地优良的铁矿石,又有茂盛的节连子树,它是烧制木炭用于冶炼铁矿的最好燃料。这里信江的弋阳溪,又称"葛溪",水质清纯,锻造淬火效果极佳,于是欧冶子决定在这里定居铸剑。几年后,欧冶子铸制了一批宝剑,他从中精选了5把,分别取名为"湛卢"、"巨阙"、"胜邪"、"鱼肠"、"纯钩",献给越王。楚王风闻即派楚国的一位铸剑师前来求教,二人又铸成"龙渊"、"隶阿"、"工布"等三剑,这些剑现今收藏于中国国家历史博物馆中。传说虽然不足凭信,但它多少从一个侧面看出此时赣鄱流域铁器冶炼的状况。唐代张祜有《弋

---

① 魏兴涛、孔昭宸、刘长江《三门峡南交口遗址仰韶文化稻作遗存的发现及意义》,《农业考古》2000年第3期。

阳馆》诗:"一叶飘然下弋阳,残云昏日树苍苍。葛溪漫淬干将剑,却是猿声断客肠。"又据《太平寰宇记》载:"葛溪水,源出上饶县灵山,过当县李诚乡,在县西二里。昔欧冶子居其侧,以此水淬剑。"①民间传说与史料记载是很吻合的。到了战国中晚期,赣鄱地区铁器已开始普遍使用,陆续出土的诸如铁斧、铁锛、铁锄、铁镰等,不仅数量逐渐增多,而且地域的分布也很广泛。

第三节　北民南移与赣鄱地区的农业发展

一、声势浩大的"北民南移"

真正意义上的北民南移导源于西晋的"永嘉之乱"。据罗香林《广东民族概论》所述,今之广东汉民族由广府族、福老族、客家族和越族4支组成,除越族为南方土著外,其他3支皆由中原汉人举族南下而成。"就中洞庭一路,即为广府族所取的南徙大道。……鄱阳湖一路,则为客家族向南迁徙的路线,大约永嘉乱后,司、兖、豫三州流人,多数徙入江南。此等江南民族,其后逐渐向今日江西的东北和福建的西北南迁。……福老族,人数与客家相仿,他们的第一老家,当在长江以北,第二老家,则为福建。"②这段话有两点值得注意:一是客家族的南迁路线经鄱阳湖南下;二是西晋"永嘉之乱"时期,客家族渡过长江,进入鄱阳湖后,在江西九江、湖口一带即滞留住前行的脚步,对赣北人口的增加及社会经济发展具有一定影响。

到了唐代,北民南移已形成规模,尤其是天宝十四年(755年)肇始的"安史之乱"最为明显,而且多以家族为单位举行大规模迁徙。仅举以下几例:

1. 江西浔阳陈氏家族(今九江德安县车桥镇义门陈村)。据《义门陈氏宗谱》载,其祖籍今河南淮阳,为避天下大乱,由中原南迁,唐开元十九年(731年)辗转来到这里,至北宋嘉祐八年(1063年),历时332年,人口达3900余人。

2. 江西赣南宁都孙氏家族。据《宁都城南发富春孙氏族谱》载,孙氏始祖孙

---

①　宋·乐史《太平寰宇记》卷一百〇七《江南西道五·信州》,中华书局,2007年。

②　罗香林《广东民族概论》,民国18年6月版《民俗》第63期。

俐,居河南陈留,唐中和三年(883年),因黄巢之乱,以材选为百将,引兵游于闽越江右间,遂居虔化(宁都)县,以功封东平侯。孙俐墓坐落在宁都城南马家坑,孙中山即这支族系后裔。

3. 江西乐安牛田乡流坑村董氏家族。据《董氏族谱·流坑村图述》载,唐末,为避"五季乱",由河南辗转来到乐安流坑,"是地隋唐以前,悉为荒壤,山家野叟,结草为庐"。可知唐之流坑,乃为棘茅遍野的荒蛮之地,董氏族人在此繁衍生息已有千余年的历史。

北民南移不仅为江西农业经济发展提供了一定数量的劳动人手,而且也带来了相对先进的生产工具和技术,例如江西一带在此时即开始了普遍的修筑陂塘,改造滩涂农事活动。同时兴建不少圩田,圩田又称"围田",即农人在低洼的地区四周筑起坚固的圩岸,把河水或湖水隔开。圩内有河渠,多余的水通过水渠排泄出去。圩岸上有闸门,旱天引水灌田,雨天闭闸防涝。从而促使良田千顷与种植水稻的景象十分盛行,并带动了各种经济作物的种植,茶、橘、桑、麻等经营开发有了大的发展,有些土地紧缺的地区,甚至城郊边际的土地也被利用垦殖。随着全国经济重心开始由北向南的转移,江西自中唐以后作为重要的产粮区处在这一发展的前列。

如果说,唐代的江西,北民南移还未形成汹涌澎湃之势,有不少地区还是"棘茅荒壤"没有被开垦的话,那么,到了宋代的江西,北民南移高潮迭起,波澜壮阔。我们从《旧唐书》卷四十,志二十《地理三》和《宋史》卷八十八,志第四十一《地理四》,抽出饶州、洪州、吉州及虔州4地的人口户数作一比较:

唐玄宗天宝年间(742~756年)　　北宋徽宋崇宁年间(1102~1106年)

饶州:户40899;口244350　　户181300;口336845

洪州:户55530;口353231　　户261150;口532446

吉州:户37752;口237032　　户335710;口957256

虔州:户37647;口275410　　户272432;口702127

其人口的增加是惊人的,尤其是赣中和赣南的发展极其迅速,说明宋代的江西,其全境已得到全面开发。据周銮书考证,江西两宋时期著名文人,其先祖亦多由北方迁移而来。欧阳修的祖先是渤海人,唐朝时其后人欧阳琮任吉州刺史,遂定居吉安；胡铨先祖河南，在西晋"永嘉之乱"时逃至江南，后曾孙胡霸任吉州刺史，全家迁居吉州城东，即今青原山区值夏镇；周必大祖籍河南，他的《墓志铭》说"世居郑州管城县，祖秦公通判吉州，遇乱不能北归，因家焉"；杨万里先祖杨承休亦为河洛地区，唐代以刑部员外郎出使吴越，至六世杨辂仕南唐，迁吉水县澄塘村。从各《府志》《县志》看，诸如刘、李、张、罗、杨、周、陈、胡、曾、彭、黄、郭、吴、欧阳等姓氏，均为北民南移的大宗。他们在赣鄱大地子孙繁衍，人口竟成十倍、数十倍地增长。

二、东晋陶渊明式的田园耕作

由于南北地域环境的不同，其文化习俗及人的心境喜好也有较大差别。陈文华认为："所谓南北，大体上是指长江流域（特别是中下游）和黄河流域两大区域。这两大区域的地理条件、民族血统、生产方式和历史进程都不大相同，因而导致其居民的心理特点、性格特征呈现明显的差异。"[1]文天祥《湖口》诗"南人撑快桨，北客坐危樯"，就很形象地说明了这个问题。因此，我们可以这样说，北民南移，在带来先进的农耕技术，并促进赣鄱地区的经济文化迅速发展的同时，由于自然条件的不同，他们并未扩展原有的旱地农业和畜牧业，而是因地制宜，和南方民众共同发展水田农作。在这个群体之中，有相当一部分知识界文人，他们学识渊博，既熟悉诸子百家，精通老庄，又痛感社会的动乱和政治的黑暗，于是迫使他们舍弃官场，走向山林，隐居农村，在相对稳定的社会环境中，过着纵情山水的田园生活。著名的例子莫过于"浔阳三隐"。周续之，字道祖，雁门广武（今山西代县）人，因先世避乱南下，至鄱阳湖畔定居在豫章建昌（今江西永修），豫州刺史刘毅征其

渊明小像

陶渊明像

---

①　陈文华《中国古代农业文明史》第37页，江西科技出版社，2005年。

为抚军参军、太常博士,并辞不就,后入庐山东林寺,师事慧远,潜心佛法,过着清淡的隐居生活;刘遗民,字仲思,彭城(今江苏徐州)人,东晋安帝元兴二年(403年),率全家来到庐山西林寺的涧北,过着隐居生活长达12年,精研佛事,与东林寺高僧慧远等人共同组建白莲社。

在"浔阳三隐"中,陶渊明走的是另一条路,如果说,周续之、刘遗民的隐居以"佛事"为归宗,那么陶渊明的隐居则完全以"农耕"为归宿。陶渊明也有佛缘,"虎溪三笑"这个典故,记载的正是陶渊明和慧远法师与道家陆修静三人交往的事迹,说明陶渊明与佛、道的亲密关系。但陶渊明隐居的最终意旨却在田园耕作,它创始了士人"耕读并重"的田园模式,开启了"以耕伴读"的一代新风。陶渊明写下了许多与农事耕作有关的诗篇,其最脍炙人口的要算《归田园居》五首,其第一首云:"少无适俗韵,性本爱丘山。……开荒南野际,守拙归园田。方宅十余亩,草屋八九间。榆柳荫后檐,桃李罗堂前。暖暖远人村,依依墟里烟。狗吠深巷中,鸡鸣桑树巅。"它以简朴的笔调生动描述了简陋的草屋、周围的田地树木、远处隐现的村落、依依的炊烟、狗吠深巷、鸡鸣桑树。勾画出一幅充满诗情画意的美丽的田园风光图,字里行间流露出诗人离开官场归隐田园后无比喜悦的心情。第二首:"时复墟曲中,披草共来往。相见无杂言,但道桑麻长。"这种与农民的交往是坦诚而真挚的,表达了诗人对家乡农事丰歉和农民生活的极大关怀之情。其第三首:"种豆南山下,草盛豆苗稀。晨兴理荒秽,带月荷锄归。道狭草木长,夕露沾我衣。衣沾不足惜,但使愿无违。"早晨扛着锄头下地锄却田里的杂草,直到天黑月亮出来才扛着锄头回家,晚上野草的露水打湿了衣裳,但他毫不在意,因为归隐田园就是他本来的意愿。诗中既表现了参加劳动的喜悦,也体现了劳动的艰辛,诗人这种躬耕自资的精神弥足珍贵。中国士人与大自然的关系十分亲近,总是想办法在大自然中安顿自己的身境与心境,但对大自然的理解却有很大不同。陶渊明的不同之处,便是他与大自然没有距离。在中国文化史上,陶渊明是第一位心境与物境高度合一的人。苏轼一生仰慕陶渊明,在苏轼写给苏辙的信中说:"吾于诗人无所甚好,独好渊明之诗。渊明作诗不多,然其诗质而实绮,癯而实腴,自曹、刘、鲍、谢、李、杜诸人,皆莫及也。吾前后和其诗凡百数十篇,至其得意,自谓不甚愧渊明。……然吾于渊明,岂独好其诗也哉!

如其为人,实有感焉。"①说明苏轼在感悟追慕的同时,也曾身体力行仿效陶渊明,他的《东坡八首》即是亲耕农事的名篇,纪昀评曰:"八章皆出入陶杜之间,而参以本色,不摹古而气象自古。"②由此可见,陶渊明人格魅力及其影响力是巨大的,他的农耕实践和田园诗篇深刻影响着历代许多的士人。从这一意义上说,田园诗实是农业文明的产物。

三、唐代鄱阳湖平原的农耕模式

唐玄宗天宝十二年(755年)的"安史之乱",促使继西晋"永嘉之乱"后所形成的第二次大规模"北民南移"的群体运动,如果说,"永嘉之乱"的南迁多滞留于赣北的九江、瑞昌、湖口一线的话,那么,"安史之乱"的南迁则不断向赣东北和赣西北以及赣中的腹地进行。据清雍正《江西通志》卷五十七载:"唐德宗贞元元年(785年),李兼自鄂岳移镇江西,属淮西,乱后编户荡析,兼至抚之,三年归者增籍五千人。"又据《舆地纪胜》卷二十一载:裴倩任信州(今江西上饶)刺史时,"复其庸亡五千家,辟其农耕二万亩"。他们的到来,不仅带来了较先进的农耕生产工具和生产技艺,重要的是使许多湖滨沼泽和丘陵山地得到大面积开发,使江西在中唐以后开始成为全国重要的产粮区之一。唐宪宗元和十年(815年),诗人白居易贬谪江州(今江西九江)司马,写下一系列咏叹赣鄱地域的诗歌,《首夏》诗:"浔阳多美酒,可使杯不燥。溢鱼贱如泥,烹炙无昏早。朝饭山下寺,暮醉湖中岛。何必归故乡?兹焉可终老。"

这是白居易初至九江的第一个夏季,湖光山色和美味鲜鱼使诗人萌生在此"终老"的念头。《孟夏思渭村旧居寄舍弟》诗:"九江地卑湿,四月天炎燠。苦雨初入梅,瘴云稍含毒。泥秧水畦稻,灰种畲田粟。"所谓"畲田",说明当时民众已掌握育秧移栽技术,赣鄱地区一年两熟的栽种法,起码在唐代中期,已得到逐步推广。故白居易说:"江西七郡,列邑数十,土沃人庶,今之奥区,财赋孔殷,国用所系。"③由此看出,唐代中期以后鄱阳湖平原已得到深度开发,并开始显现其富庶之地的巨大优势。最有说服力的例子,莫过于在《全唐诗》、《千家诗》均有记

---

① 宋·苏辙《子瞻和陶渊明诗集引》,《苏辙集·栾城后集》卷二十一。
② 宋·苏轼(纪昀评点)《苏诗精华》第6页,中华书局印行,民国版。
③ 唐·白居易《除裴堪江西观察史制》,《白居易集》卷三十八。

载的唐代诗人王驾的一首诗："鹅湖山下稻粱肥,豚栅鸡栖半掩扉。桑柘影斜春社散,家家扶得醉人归。"此诗对地处赣东北地区的铅山县鹅湖乡一带的"春社",作了极其生动的描写。社日,为祭祀土地神社公的日子,在各种宗教的祭祀活动中,"社祭"恐怕是最随意最洒脱最自为的一种。江西的祭俗是一年两次,叫做"春社"和"秋社",而乡间最重"春社"。春社的主要内容是酒,因此"社酒"即是春社的专用名词。铅山县鹅湖乡的里人欢聚"社日"形式可谓丰富多彩,社日当天亲朋好友来访,少数几人临时聚合游神、集饮、酣歌者,谓之"散社";农人以这一天所浸的稻种为最先熟者,必邀里人子弟前来欢饮,叫做"社酒";乡间士大夫文人则载酒联吟,自亭午至傍晚,称之为"开社";新葬者培植墓土,具酒祭奠,俗语"醮社"。无论何种形式,均要祭祀神酒,少长咸集,宾朋畅饮。其间,有一项必不可少的活动,这就是乡间民众齐集社坛祈祭,此时,规约正人等宣告以乡约,然后方聚饮而返。透过这一浓烈的民俗活动,我们看到赣鄱地区农耕的兴盛,人们在辛苦耕作之余,借助社祭这一形式而自娱自乐。因为有酒,便有了"家家扶得醉人归"的动人景象,往往表现出极度的欢乐而进入一种放浪忘我的境界。

第四节　两宋以来赣鄱流域农耕的飞速发展

一、丘陵山地的全面开发

赣鄱地区的耕地至宋代已得到全面开发。江西是我国江南丘陵的重要组成部分,地貌以山地丘陵为主。遍布于省境周围的边缘山地,构成省际的天然界线和分水岭,而位于边缘山地内侧的广大地区,低山、丘陵、岗阜交错其中,著名的吉泰、赣州、信丰、兴国、瑞金、南丰和弋阳等诸多盆地即坐落于此。当位于赣境北部的鄱阳湖平原早在晋代以前便已有相当规模开发的时候,而赣中和赣南还处在荆棘载途,荒疏于野之中。随着北民举族不断向赣鄱流域的中南部迁徙,宋代江西耕地的开发,已遍及全省,王安石《临川先生文集》卷二十七《歌元丰五首》诗第一首:"水满陂塘谷满篝,漫移蔬果亦多收。神林处处传箫鼓,共赛元丰第二秋。"又《春郊》诗云:"青秧漫漫出初齐,鸡犬遥闻路却迷。但见山花流出水,哪知不是武陵溪。"黄庭坚北宋神宗元丰五年(1082年)任泰和知县,于诗歌中对农耕也有直接描述,《次韵知命入青原山口》诗:"坑路羊肠绕,稻田棋局方。林间塔余寸,风外竹斜行。"又《和元翁》诗:"……开泉浸稻双涧水,煨笋充盘春竹林。"①赣鄱流域丰富的水资源促使这一地区的水稻耕种特别发达,大片的土壤结构被合理利用,尤其是赣中吉泰盆地的耕地已得到深度开发。

宜春仰山梯田

到了南宋,随着人口的急剧增加和耕地的不断扩大,向偏远山区要田成了必然趋势,杨万里在《江西道院集》有《过白沙竹枝歌》六首,其第一首云:"穿崖绝嶂入云天,乌鹊才飞半壁间。远渚长汀草如织,牛羊须上最高山。"其二:"田亩浑无寸尺强,真成水国更山乡。夹江黄去堤堤粟,一望青来谷谷桑。"其三:"绝怜山崦两三家,不种香粳只种麻。耕遍沿堤锄遍岭,都来能得几生涯?"杨万里在路过信州永丰(今江西广丰县)一带时,有《过石磨岭,岭皆创为田,直至其顶》诗:"翠带千环束翠峦,青梯万级搭青天。长淮见说田生棘,此地都将岭作田!"②由于这个原因,"梯田"便应运而生,南宋诗人范成大的《骖鸾录》,记载了自己由临安去广西桂林,途经袁州(今江西宜春),在仰山所看见到的梯田:"闻仰山之胜久矣,去城虽远,今日特往游之。二十五里先至孚忠庙……出庙三十里至仰

①　宋·黄庭坚《去岁和元翁重到双涧寺》,《黄庭坚集·山谷外集》卷七。
②　宋·杨万里《杨万里集·诚斋集》卷十三,《西归集》。

山,缘山腹乔松之磴甚危。岭坂上皆禾田,层层而上至顶,名梯田。"可见开山岭为田在南宋时期的赣鄱地区已成一种普遍现象。与此同时,稻作的种植也更注重技术性与科学性,南宋理学家陆九渊曾别出心裁地将农耕与治学联系起来,他说:

> 吾家治田,每用长大镢头,两次锄至二尺许。深一尺半许外,方容秧一头。久旱时,田肉深,独得不旱。以他处禾穗数之,每穗谷多不过八九十粒,少者三五十粒而已。以此中禾穗数之,每穗少者尚百二十粒,多者至二百余粒。每一亩所收,比他处一亩不啻数倍。盖深耕易耨之法如此,凡事独不然乎?①

这段话是想借用深耕来说明治学"行万里路,读万卷书"的重要性和必要性,只有这样的治学才能使学问深厚。陆九渊在此并未刻意推广深耕经验,但客观上却真实总结了其家乡抚州金溪县农耕的实践经验,它从一个侧面深刻反映出宋代江西农耕文明的进步与发达。

南宋孝宗淳熙七年(1180年),陆游曾从武夷山进入江西信州,在抚州临川一带小住,对农事特别注意,观察也很细心,写下不少诗篇,《山中作》:"朱墨纷纷讼满庭,半年初得试山行。烧香扫地病良已,饮水饭蔬身顿轻。日落三通传浴鼓,雨余千耦看农耕。"由山上往下俯看,虽然已近傍晚,但无数乡农仍在大片农田中辛勤耕耘。《金溪道中》:"云暗苦竹市,雨来乌石冈。驾犁双牸健,煮茧一村香。"我们注意到,这里已开始用两条健牛进行深耕了。《丰城村落小憩》:"平郊极目冬耕遍,小妇篸花晚饷归。"这种村落小景是诗人最愿企盼的,因此以"小妇篸花晚饷归"予以衬托,从而构成了一幅江南独有的冬耕图。《秋旱方甚,七月二十八夜忽雨,喜而有作》:"嘉谷如焚稗草青,沉忧耿耿欲忘生。钧天九奏箫韶乐,未抵虚檐泻雨声。"一场及时雨救活了亿万"嘉谷",此时的雨声,比天上的"韶乐"还要动听百倍,诗人对农事的关注以及以农事为忧乐的心理活动揭示得非常深刻感人。随着南宋王朝的建立,北方种植的小麦也开始在赣鄱流域大面

---

① 宋·陆九渊《象山语录·上》第50页,上海古籍出版社,2000年。

积广泛种植,由于大批北方民众迁居江南,小麦需求量急剧增加,因此大大促进了麦粟的种植。仍然是诗人陆游在抚州临川一带看到的景物,《遣兴》诗云:"小麦登场雨熟梅,闭门病眼每慵开。"小麦收获了,梅子也熟了,我这位慵懒的诗人也该活跃起来了。《小憩前平院戏书触目》:"稻秧正青白鹭下,桑葚烂紫黄鹏鸣。村墟卖茶已成市,林薄打麦惟闻声。泥行扶犁叱新犊,野馌烧笋炊香粳。十年此乐发梦想,忽然到眼难为情。"[1]这是怎样一幅美妙的"农耕行乐图",诗人多年的一个梦想一旦出现在眼前,兴奋得反而有点不太适应了,关键是"林薄打麦惟闻声",说明小麦种植在江西和水稻种植一样,已经非常普遍了。再看杨万里的诗,《过杨村》:"红红白白花临水,碧碧黄黄麦际天。正尔清和还在道,为谁辛苦不归田?"又《三月三日雨作遣闷十绝句》:"平田涨绿村村麦,嫩水浮红岸岸花。"又《过南荡》:"秧才束发幼相依,麦已掀髯喜可知。"又《雨后田间杂纪》:"行到深村麦更深,放低小轿过桑阴。"[2]由此可见,赣鄱地区小麦种植的范围十分广阔,几乎不亚于水稻种植。庄绰《鸡肋篇》云:

> 建炎之后,江、浙、湖、湘、闽、广,西北流寓之人遍满。绍兴初,麦一斛至万二千钱,农获其利,倍于种稻。而佃户输租,只有秋课。而种麦之利,独归客户。於是竞种春稼,极目不灭淮北。[3]

这条史料之所以重要,是因为它可以和南宋诗歌互映而具有实证意义。江南大面积种植小麦的这种现象,不仅与北民南移有着最直接联系,成为江南及赣鄱流域农耕文明在传统农作物基础上一个新的突破,而且在饮食实践中,也已成为江南民众喜爱的主要口粮之一,南北饮食文化的互动,在这里得到具体而生动的体现。

二、理论专集《禾谱》与《农具谱》

位于赣中的泰和县,是赣鄱农耕文明最为注目的地方。据《史记·秦始皇

---

① 宋·陆游《剑南诗稿》卷十二,《陆游集》第 1 册,中华书局,1976 年。
② 宋·杨万里《杨万里集·诚斋集》卷二十四,《江西道院集》。
③ 宋·庄绰《鸡肋篇》卷上第 36 页,中华书局,1983 年。

本纪》载,早在秦代"分天下以为三十六郡",其中九江郡的江西部分,当时只有两个郡县,一个是番阳(今鄱阳东北),另一个就是庐陵(今泰和西北)。在泰和距县城 3 公里的赣江南岸,考古发现一座完整的汉代庐陵(白口)古城遗址,这里曾是汉代郡县治所,是江西迄今发现的规模最大和保存最为完好的汉代城址。由此可见,从秦汉时期行政区划分布来看,赣北鄱阳湖平原的番阳和赣中吉泰盆地的庐陵,是江西当时人口最为集中的区域,也是赣鄱流域水稻农业最为发达地区。北宋时期在这里出现了一位稻作农业理论家——曾安止,字移忠,号屠龙翁,泰和人,北宋熙宁九年(1076 年)进士。历官洪州丰城主簿、知江州彭泽县,在鄱阳湖地区的官宦生涯,为其观察和研究江西水稻品种及栽培方法提供了便利。双目失明后,弃官归乡,潜心农事,著《禾谱》5 卷、《车说》1 卷、《屠龙集》若干卷等。《禾谱》是我国历史上第一部水稻品种专志和带总结性的理论著作。记录了赣鄱流域及吉泰盆地水稻品种达 50 余个,这还仅是全书的一部分,其散失的佚卷还不包括在内。曾安止《禾谱序》云:"近时士大夫之好事者,尝集牡丹、荔枝与茶之品,为经及谱,以夸于世肆。予以为农者,政之所先,而稻之品亦不一,惜其未有能集之者。"这种"农为政先"的重农思想,促使曾安止下定决心为水稻作"家谱",这是曾安止一个很了不起的思想境界,为北宋时期江西稻作农业的实践总结和健康发展,留下了一份极为难得的资料。

《禾谱》的问世影响深远,它对赣鄱地区农耕文明进入科学总结阶段作出了杰出贡献。历史的巧合往往就在人们的无意之中发生。宋哲宗绍圣元年(1094年),苏轼被贬谪往岭南惠州,南行途经吉州泰和县,有缘得见曾安止所著的《禾谱》,高兴之余,写了一篇《秧马歌》,其序云:

　　过庐陵,见宣德郎致仕曾君安止,出所作《禾谱》。文既温雅,事亦详实,惜其有所缺,不谱农器也。予昔游武昌,见农夫皆骑秧马。以榆枣为腹,欲其滑。以楸桐为背,欲其轻。腹如小舟,昂其首尾。背如覆瓦,以便两髀,雀跃于泥中。系束藁其首以缚秧,日行千畦。较之伛偻而作者,劳佚相绝。《史记》禹乘四载,泥行乘橇。解者曰:"橇行如箕,擿行泥上,岂秧马之类乎?"作《秧马歌》一首,附于《禾谱》之末云。①

秧马是北宋时期田农在水稻秧田中拔秧时乘坐的工具,因田农拔秧时跨在它的身上在秧田中滑行,因此称其为"秧马"。在《秧马歌》中,苏轼运用诙谐幽默的笔触详尽叙述了"秧马"的样式与性能:"……我有桐马手自提,头尻轩昂腹胁低。背如复瓦去角圭,以我两足为四蹄。耸跃滑汰如凫鹥,纤纤束藁亦可赍。何用繁缨与月题,挈从畦东走畦西。山城欲闭闻鼓鼙,忽作的卢跃檀溪。归来挂壁从高栖,了无刍秣饥不啼……"这种科技含量较高的农器得到苏轼有力的宣扬与推广,苏轼一个最关键的举措,是把《秧马歌》附于《禾谱》末尾,才有了后来《农器谱》的问世。从某种意义上说,《秧马歌》实首开文人重视农器的先河。

南宋,曾安止的侄孙,时任耒阳县令的曾之谨,受苏轼《秧马歌》的启示,为弥补其伯公曾安止《禾谱》的不足,在任上以"追求东坡作歌之意",撰写《农器谱》3卷,后又作《农器续谱》2卷。成书后,曾之谨将《禾谱》、《农器谱》配套寄给陆游,陆游对曾之谨的行动很是激赏,并写下《耒阳令曾君寄禾谱、农器谱二书求诗》,诗云:

> 欧阳公谱西都花,蔡公亦记北苑茶。
> 农功最大置不录,如弃六艺崇百家。
> 曾侯奋笔谱多稼,儋州读罢深咨嗟。
> 一篇《秧马》传海内,农器名数方萌芽。
> 令君继之笔何健,古今一一辨等差。
> 我今八十归抱耒,两篇入手喜莫涯。
> 神农之学未可废,坐使末俗惭浮华。②

这是一首"褒神农,重稼耕"的光辉篇章。欧阳修在汴梁时曾著《洛阳牡丹谱》;蔡襄在泉州亦写过《荔枝谱》和《茶录》,曾安止《禾谱序》所说的"近时士大

---

① 宋·苏轼《苏诗精华》第21页,中华书局印行,民国版。
② 宋·陆游《剑南诗稿》卷六十七,《陆游集》第4册,中华书局,1976年。

夫之好事者,尝集牡丹、荔枝与茶之品,为经及谱,以夸于世肆"这段话,即是针对欧阳、蔡襄二公于农事有所轻视而含蓄地提出了批评。陆游在诗的开篇便直接点出了这两件事,以此表示对曾安止看法的赞同。曾之谨《农器谱》内容十分丰富,涉及农事用具的各个层面,分为:耕作的犁具,除草的锄具,翻土的铲具,收割的镰具,装稻的车具,遮日挡雨的衣具,盛粮的筐具,粮食加工的舂具,烧饭的炊具,计粮的量具,储粮的仓廪等十大农器分类。它们既各司其职,具有独立性;又连环相扣,相互依存,形成一个较完整的农耕器具体系。在《农器谱》前面有周平园的一篇序云:"绍圣初元,苏文忠公轼南迁,过泰和,邑人宣德郎致仕曾公安止献所著《禾谱》,文忠美其温雅详实,为作《秧马歌》,又惜不谱农器。时曾公已丧明,不暇为也。后百余年,其侄孙耒阳令之谨始续成之。凡耒耜、耨镈、车斗、蓑笠、铚刈、筅簀、杵臼、斗斛、釜甑、仓庾、厥类为十,附以杂记,勒成三卷,皆考之经传,参合今制,无不备者,是可补伯祖之书,成苏公之志矣。"[①]序文介绍了《禾谱》与《农器谱》成书始末,由于《农器谱》现已散佚,全貌无从知晓,仅从序的简略中,我们多少知道这些自成系统的农器,实在具备近代农业文明的诸多特征。

三、赣鄱地区与"天下粮仓"

如果说,宋代吴中有"苏湖熟,天下足"的谚语,明清荆湘又有"湖广熟,天下足"的俗称的话,那么,地处吴中与荆湘之间的赣鄱流域,则自古被称为"天下粮仓"。赣鄱流域在两宋时期的漕粮征收巨大,沈括《梦溪笔谈》云:"发运司岁供京师米,以六百万石为额。淮南一百三十万石,江南东路九十九万一千一百石,江南西路一百二十万八千九百石,荆湖南路六十五万石,荆湖北路三十五万石,两浙一百五十万石,通余羡岁入六百二十万石。"[②]这条史料具体记载了北宋时期在每年发往京师的谷米中,江南东、西两路为最多,达二百二十万余石,而作为赣鄱流域的江南西路(此时的赣东北地区隶属江南东路,并不包括在江南西路之内),在这一总数中约占其五分之一强。到了南宋,其产量以成倍计,江西崇

---

① 元·马端临《文献通考》卷二百十八,《经籍考》四十五。

② 宋·沈括《梦溪笔谈·官政》卷十二,《传世藏书·子库·文史笔记》第 1 册,海南国际新闻出版中心,2005 年。

仁人吴曾《能改斋漫录》就说:"本朝取米于东南者为多。然以今日计,诸路共六百万石,而江西居三分之一,则江西所出尤多。"①因此,赣鄱流域古称"天下粮仓",其最大的特征就在于漕粮征收的巨大。许怀林在谈及北宋时期的经济优势和粮食产量与漕粮征收的状况时说:

> 漕粮重赋,是江西农民作出的重大贡献,同时又是从未脱却的沉重负担。它映现了江西粮食农业旺盛,稻米产量巨大的境况。重负与旺盛,相互激荡,使江西作为国家的农业基地,非常牢固地确立下来,持久发展不衰。②

这段话非常深刻地揭示了古代江西农业生产兴旺,粮食丰足的本质特征与内涵,可以说,这是一个矛盾的统一体,由于这种矛盾的"相互激荡",加上地理环境与自然生态环境等有利因素的调节作用,使得赣鄱流域的粮食产量在江南地区始终处于前列。

明清时期,朝廷在向江西的夏秋赋粮的征收中,仍在高位运

宋应星《天工开物》书影

行,这说明江西农耕文明依旧保持着发达的机能和强劲的势头。这期间赣鄱农耕结构发生很大变化,一是稻谷品种的增多,计有近百种,有的直接标注它的"原籍"产地,诸如陕西糯、云南早、淮南禾、池州粘,等等,这些远隔千里之外的品种传入江西,并在赣鄱流域扎根,说明当时人口流动的频繁和农耕信息传递的便捷。二是随着大量高产粮食诸如玉米、番薯、土豆等的引进,与早期宋代引进的小麦、粟米、黄豆等一道,组成了一支庞大的耐旱耐瘠的"杂粮大军",江西是个山区众多丘陵无数的内陆省份,它实际解决了崇山峻岭民众的食粮问题。赣

---

① 宋·吴曾《能改斋漫录》卷十三,上海古籍出版社,1979年。
② 许怀林《江西通史·北宋卷》第87页,江西人民出版社,2008年。

鄱农耕文明正是在这样一个特定的历史背景下开始了持续发展的新的进程,其突破性的表现,是有关全面总结农耕实践经验的理论著作《天工开物》的问世。宋应星,字长庚,江西奉新人。生于明神宗万历十五年(1587年),卒于清圣祖康熙五年(1666年)。他是明末清初赣鄱地区出现的一位杰出的科学家。《天工开物》从五谷、纺织、染色、农具、制盐、制糖、陶埏、冶铸、舟车、锤锻、燔石、食油、杀青、五金、兵器、丹青、发酵、珠玉等18个大类,分别对原料品种、用量、产地、工具及工艺过程进行详尽的记述,尤其重视"乃粒"和"粹精"。《乃粒》论述水稻、小麦等十几种粮食作物的栽培技术,特别详细介绍了以江西为代表的南方水稻栽培技术。《粹精》叙述稻、麦等的收割、脱粒和磨粉等农作物加工技术和工具,对于加工稻谷用的风车、水碓、石碾、土垄和制面粉的磨、碾等工具,以大量配图形式作形象化说明,尤其是江西水磨,以水力为能源,通过主轴带动各机件,具有灌田、脱粒和磨面三种功能,这种农用机械的运用,在当时已达世界先进水平。故宋应星被视为东方古代科技史代表人物而备受推崇,著名科技史学家李约瑟称《天工开物》为"17世纪中国工艺百科全书"。宋应星《天工开物》序云:

> 年来著书一种,名曰《天工开物卷》。伤哉贫也! 欲购奇考证,而乏洛下之资;欲招致同人,商略赝真,而缺陈思之馆。随其孤陋见闻,藏诸方寸而写之,岂有当哉? ……卷分前后,乃"贵五谷而贱金玉"之义。……丐大业文人,弃掷案头! 此书于功名进取毫不相关也。①

宋应星是位很了不起的人物。序言思想深邃,观点鲜明,值得我们高度注意。《天工开物》是我国历史上第一部从专门的科学技术角度,对明代及之前的农业和手工业积累起来的技术经验作了较完整和系统的概括与总结,而这样一部具有划时代的煌煌巨著,竟是作者在资料匮乏,物质条件极度拮据的情况下,于简陋的斗室中完成的,作者所需付出多少常人难以忍受的磨难是可想而知的。作者著书目的明确,它无丝毫奴颜媚骨的意思,决不投"大业文人"所好,他们把它"弃掷案头"是必然的,因为这部书本来就是与"功名进取"背道而驰的。核心

---

① 明·宋应星《天工开物·序》,中华书局,1959年。

还是"贵五谷而贱金玉"这句话,可谓掷地有声。它高扬了以农为本的人文精神,体现了华夏民族"神农重稼"的传统思想在新的形势下的接续与发展。河洛农耕文明与赣鄱农耕文明,正是在这种互动中得到了有效延续。

第五章　河洛与赣鄱佛教的衍化

佛教传入中国,这是中华文明的一件大事。它不仅极大丰富了中华民族传统文化的内涵,而且还潜移默化地影响着我国民众的思维定势、生活信仰、民风民俗及诸多审美意识。自秦　统,河洛与赣鄱的文化交流又复启动,并且具有一种鲜明的"永久性"的特征,就是说,在其后的 2 千余年的历史进程中,虽然朝代更迭,政治形势多次出现南北对峙现象,但这种交流与互动却从未中断,春秋战国时期那种罕见的"文化阻隔"再未出现。在这一进程中,河洛与赣鄱的交流从文化层面看,最早接触的应该是从佛教开始。佛教的中国化,从佛教踏上华夏土地之初便已开始,这其中有个渐进的过程,而佛教中国化最后完成,则与六祖慧能首创禅宗有直接关系。虽然佛教在其发展中曾遍及中国南北的各个区域,而且名目繁多,各擅其长,但是从佛教中国化这一衍化过程比较集中的地区来看,表现最为深刻的则莫过于河洛与赣鄱佛教的互渗与转折。

第一节　佛教传入河洛与佛教南下赣鄱

一、佛教与洛阳白马寺

在河洛文化中,佛教是其一项重要的文化事象,因为河洛地区是佛教的引进、孕育与扩散的起始之地。两千年前,一个偶然的事件,东汉的明帝刘庄,夜宿南宫做了一个梦,导致永平七年(64 年)中郎将蔡暗、博士弟子秦景等一行 18人,前往天竺寻访佛法。至大月氏国(今阿富汗境至中亚地带),适遇宣法传教的印度高僧摄摩腾、竺法兰,两位高僧在汉使的邀请下,于永平十年(67年)用白马驮着佛经和佛像回到洛阳。汉明帝亲自出城迎接,以很高的礼遇待之。虽然佛教传入中土有种种说法,但东汉永平时佛教正式传入河洛的这一观点,得到学术界和佛教界的基本认同。在纪念白马寺建寺一千九百二十五周年的日子里,一位居士精绘《永平求法图》,用艺术的形式生动而形象地再现了这一重要的历史时刻,摄摩腾、竺法兰也就成为中国佛教的开山始祖。二位高僧进入洛阳城,暂住鸿胪寺,这是一所负责外交事务的官署。翌年,即永平十一年(68年),汉明帝下令在洛阳城西,雍门外三里御道北兴建精舍,因铭记白马驮经之功,又因二位高僧曾暂住鸿胪寺,这座兴建的僧院便称"白马寺",它也就成了我国佛教的"释源祖庭"。有趣的是,"寺"这个词在印度佛教术语中是没有的,它是汉文中一个固有的名词,与汉代接待外使机构的名称有关,从此在华夏大地上,"寺"便成了佛教的专用名词。它给我们透露了一个信息,即:佛教东渡,从其踏上东土的那一刻起,便融入了华夏的某种文化元素。

洛阳白马寺大雄殿

洛阳白马寺的建筑特征以古朴精巧见长,一切体现出它的源头性和原始性。与后来规模宏阔、气势轩昂的大雄宝殿相比,白马寺大雄殿似乎显得相形见绌,但就是这样一座小殿,却蕴藏着多少世所罕见的珍宝! 仅殿门上方的"大雄殿"

匾额,即透露其源头性的某些信息,在韩国的佛寺中,其大殿匾额均刻有汉字
"大雄殿"三字,中国游人多会提出同一个疑问:怎么掉了一个"宝"字? 其实,这
就是韩国寺院直接源于河洛佛教的力证。白马寺院内的两侧为摄摩腾、竺法兰
的坟墓,表明了汉民族对这两位异域高僧的永久怀念。清凉台是他们禅居和译
经之所,被称为"中国第一译经道场",所译的第一部经书是《佛说四十二章经》,
如今这部经书的刻石仍嵌于毗卢阁内后壁西部,《四十二章经》的最大特点是从
内容到形式都模仿了中国的儒家经典《孝经》。印度佛教崇尚"无我论","我"
是一种恒常不变的实体的存在,"无我"则相对于"我"而言,它没有恒常没有实
体没有存在,一切事物都是因缘合成,若即若离。既然"无我",哪来"孝行",因
此在印度佛教理论中是不提"孝"这个字的。《佛说四十二章经》则处处与"孝"
相联系,何也? 原因只有一个,即佛教初次传入东方,担心汉人不能接受,所以最
初的译名为《父母恩难报经》,以求从意识上拉近与汉人的联系。杨海中说:

> 用中国人固有的儒家知识、伦理观念,阐释佛家之说,以便使人们在不
> 知不觉而又感亲切的氛围中获得"自觉",这就是佛家译经者的智慧。……
> 山东泰安有一著名的普照寺,寺院内筛月亭石柱上阴刻对联一副:"列泉种
> 竹开三径,援释归儒近五贤",特录为证。①

这段话说明这样一个道理:任何一种文化的流传,由此及彼或由彼及此,要
想根植于这方土地,就必须有个适应本土的道德观念和生活习尚的问题。摄摩
腾、竺法兰两位印度高僧运用他们超凡的智慧开始了佛教中国化的最初尝试。

二、河洛佛教文化的特点

佛教自东汉进入东土,数百年来在河洛地区大兴,业已形成以下特点:

首先,佛教几乎成为皇室上层社会的"专利"。那些王公大臣贵族们对佛教
表现出一种前所未有的巨大热情,因有雄厚的经济基础作支撑,施舍邸第为佛寺
成为一时的风尚,他们认为只要崇佛施佛,来世仍可享受荣华富贵。至北魏时

---

① 杨海中《图说河洛文化》第 231 页,河南人民出版社,2007 年。

期,洛阳城内外有寺院多达 1367 所,其势如雨后春笋,杨衒之《洛阳伽蓝记》云:

> 逮皇魏受图,光宅嵩洛,笃信弥繁,法教逾盛。王侯贵臣,弃象马如脱屣;庶士豪家,舍资财若遗迹。于是招提栉比,宝塔骈罗。争写天上之姿,竞模山中之影。金刹与灵台比高,广殿共阿房等壮。①

梵幢鳞次,金碧辉煌,争奇斗艳,洛阳几成佛国世界。寺院几乎为皇帝、皇亲、国戚、大臣、阉官所立或舍宅而建。瑶光寺,是座尼寺,北魏世宗宣武帝所立,"尼房五百余间……椒房嫔御,学道之所,掖庭美人,并在其中";永宁寺,北魏孝明帝熙平元年(516 年)灵太后胡氏所建,"僧房楼观一千余间,雕梁粉壁,青缫绮疏,难得而言。栝柏松椿,扶疏拂檐,丛竹香草,布护阶墀。……外国所献经像,皆在此寺。寺院墙皆施短椽,以瓦覆之,若今宫墙也。四面各开一门。南门楼三重,通三道,去地二十丈,形制似今端门。拱门有四力士,四狮子,饰以金银,加之珠玉,装严焕炳,世所未见";其他如建中寺,尚书令乐平王尔朱世隆所立;明悬尼寺,彭城武宣王勰所立;正始寺,百官等所立;平等寺,广平武穆王怀舍宅所立;高阳王寺,高阳王雍舍宅以为寺;景乐寺,太傅清河文献王元怿所建,元怿是孝文帝元宏的儿子,孝武帝元修的弟弟。这是一所尼寺,"常设女乐,歌声绕梁,舞袖徐转丝管寥亮,谐妙入神"。这是假借佛教之名而行歌台舞榭之实的一个特例,已开唐代玄宗"梨园"之先声。其建筑的奢华程度以及各寺的不同特色,均超出人们的一般想象。

其次,早期的译经处在一种与中国传统文化的磨合时期。这一阶段的译经者多为异域僧人,虽然翻译的经书还较艰涩,但在翻译中还是能吸收某些老子和庄子的思想,用一些意义相近的文词予以表达,从而形成早期的译经特色。就在摄摩腾、竺法兰在白马寺传法 80 余年后,又有一位安息(今伊朗)高僧安世高来到洛阳,伫足白马寺。安清,字世高,为安息国王正后的太子。"幼以孝行见称,加又志业聪敏,克意好学,外国典籍及七曜五行医方异术,乃至鸟兽之声,无不综达。"王薨,安世高继嗣大位,但他深感做国王是件很痛苦的事,于是,"行服既

---

① 北魏·杨衒之《洛阳伽蓝记·序》,《传世藏书·佛典》,海南国际新闻出版中心,1995 年。

毕,遂让国与叔,出家修道"。并"游方弘化,遍历诸国",于东汉桓帝建和元年
(147年)来到洛阳。安世高在白马寺很快便掌握了汉语,开始了佛教经典的翻
译工作。自东汉恒帝建和二年(148年)至灵帝建宁末年(172年),毕20余年的
光阴与精力,翻译《安般守意》、《阴持入》、大小《十二门》、《百六十品》、《道地
经》等39部,文字流畅,质而不野,穷理尽性,赢得许多信众的青睐。"天竺国自
称书为天书,语为天语,音训诡蹇,与汉殊异,先后传译,多致谬滥,唯高所出,为
群译之首。"①安世高成为真正的中国译经汉化过程的开先河者。

再次,雕像石刻艺术的深度影响。正是在这样的历史背景下,佛教的兴盛达
到极致,当寺院的建筑再也不能满足贵族们心理上的追求时,便开始向城郭以外
的自然山石寻求刺激。北魏文成帝和平元年(460年),山西大同云冈石窟拉开
了修造的序幕;不久北魏孝文帝太和十九年(495年),洛阳龙门石窟也开始了它
漫长而辉煌的历程。美国历史学家伊佩霞说:

> 佛教对中国的视觉艺术尤其是雕塑与绘画,有极其重要的影响。……
> 早期石窟雕塑和绘画大多描绘历史上的佛祖释迦牟尼的生活经历,佛像一
> 般表现他正在面无表情地坐禅。它们有鲜明的印度人特征,尤其是长耳垂
> 和隆起的头盖骨。与此相反,一旁的观音却貌如凡人,佩带臂环耳环,站姿
> 不同,公元6世纪,中国艺术家表现佛祖观音的手法日臻完善,其体态更苗
> 条,造型更生动,反映了中国世俗绘画所崇尚的风格。②

这说明中国初期的石雕艺术处于一种模仿阶段,而雕刻观世音菩萨时却能
随心所欲,光彩照人,这是因为它没有任何参照物,完全由河洛雕刻家们根据自
己的想象力进行再创造。唐代,佛教在隋代护佛的基础上得以大兴,武则天接续
北魏时期的龙门石窟大造佛像,使石窟的雕刻更为系统化、世俗化和个性化。尤
其是奉先寺的开凿和卢舍那大佛雕刻的完成,早已越过初期的模仿阶段,把中国
化的纯正的石窟造像艺术推向一个新的境界与高峰,由此中国的石刻艺术进入

---

① 梁·慧皎《高僧传》卷一《安世高》,《传世藏书·佛典》第805页。
② (美)伊佩霞《剑桥插图中国史》第74页,山东画报出版社,2002年。

历史上最为炫耀时期,对后世中国精湛的雕刻艺术产生深远影响。

三、东汉建宁时期佛教南下赣鄱

安世高于白马寺潜心译经 20 余年,至东汉
灵帝末年,河洛地区社会纷扰,战乱不断,他提
出"振锡江南"的意愿,为佛教南传迈出了实质
的一步。安世高说:"我当过庐山,度昔同学。"
所以他南下的第一站即赣鄱地区的浔阳、庐山
及豫章等地。宫亭湖即江西鄱阳湖的古称,最
早指位于庐山脚下星子县一带的水面。北魏郦
道元《水经注·庐江水》云:"(庐)山下又有神
庙,号曰宫亭庙。山庙甚神,能分风劈流。住舟
遣使,行旅之人,过必敬祀,而后得去。"当安世

安世高像

高一行来到宫亭湖庙时,身为蟒蛇的宫亭庙神请安世高入庙,并告诉安世高说:
"吾昔外国与子俱出家学道,好行布施,而性多瞋怒,今为宫亭庙神,周回千里,
并吾所治,以布施故,珍玩甚丰,以瞋恚故,堕此神报。今见同学,悲欣可言。寿
尽旦夕,而丑形长大,若于此舍命,秽污江湖,当度山西泽中。此身灭后,恐堕地
狱,吾有绢千匹,并杂宝物,可为立法营塔,使生善处也。"①于是,安世高为其身
为同学的蟒蛇超度,将其化身为少年而去。这个故事说明两个问题:一是佛教典
型的因果报应思想在这里得到深刻反映;二是此前在中原的佛教活动仅限于佛
经原典的翻译,传播也仅限于宫廷的贵族上层,安世高的南下,明显有与民间下
层以及华夏的其他地域文化接触的痕迹。

安世高带着宫亭湖庙神留下的财物来到豫章(今江西南昌)创建东寺,据
《高僧传》载:"便达豫章,即以财物建立东寺。"清光绪版《江西通志》卷一百二
十一《胜迹略·寺观》也有记载:"大安寺在省城北,初名东寺,西域僧安世高,本
安息国王子,避位来此,遂名大安寺。"安世高在江西留下的足迹,不仅是佛教传
入江西之始,而且也印证佛教由河洛南传赣鄱,留下了河洛与赣鄱佛教互渗的最

初印迹。

第二节　慧远南下与庐山东林寺

一、慧远的佛路历程

慧远的正传法师是道安。释道安,恒山扶柳人,父母早亡,12 岁出家。被师辈轻贱,驱使田舍,劳作勤苦,毫无怨言,斋戒严谨,笃志精进。至邺城(今安阳一带)中寺,师事后赵名僧佛图澄 10 余年,成为佛图澄的高足。晋穆帝永和四年(348 年)佛图澄圆寂后,道安逐渐成为北方佛教领袖,追随者达数千人,影响极大。于是,道安离开邺城,在太行恒山创立寺院,继续"弘赞像法,声甚著闻"。道安曾决定出家和尚不用俗姓,首创以"释"为姓,成为后来僧人一直遵守的不变的定规。

慧远,本姓贾氏,雁门娄烦(今山西原平县崞阳镇)人。冠族世家,幼而好学,13 岁跟随舅舅令狐氏游学于河南许昌、洛阳等地 8 年,"故少为诸生,博综六经,尤善《庄》《老》",就是当地有名的宿儒,也莫不叹服他的才学深致。21 岁时,慧远与弟慧持前往太行恒山,听释道安宣讲《波若经》,倍加叹服,当下兄弟俩便委命受业于道安。据《高僧传》载:"既入乎道,厉然不群,常欲总摄纲维,以大法为己任。"慧远 24 岁开始讲经说法,如遇听众疑难时,慧远多以《庄子》对照类比,使听众明白晓然。道安慨叹说:"使道流东国,其在远乎。"意思是说,佛教传入中国,有谁能像慧远这样如此透彻理解佛的意旨。慧远追随道安 25 年,成为道安最得意的高足和最得力的助手。

慧远像

东晋十六国的北朝,战乱不止,道安带领众徒过着颠沛流离的佛家生活。东晋穆帝永和五年(349年),后赵石虎死,翌年后赵亡,道安率众逃往王屋山(今河南济源)。东晋穆帝升平元年(357年),渡过黄河,进入河南嵩县陆浑山中,以草木充饥坚持修学,值前燕慕容俊军队追赶,遂南下新野(今河南新野)。道安深知这么多的僧众疲于奔命等于送死,便在新野进行分流,让释法汰领一支僧众去扬州;又令释法和带一支僧众赴蜀地,道安与慧远等其余弟子400余人,渡过汉水,在雷雨夜行中到达襄阳。慧远随师在襄阳15载,创建檀溪寺,大富殷实长者及官宦之家纷纷赞助,建塔5层,佛殿僧舍400余间。慧远一方面协助道安整理佛经,一方面精读佛典精思佛理,尤其是"不废俗书"。所谓"俗书",即指儒、道经典。这为慧远日后把儒释道三家合一,并融入佛理之中奠定了坚实基础。

东晋孝武帝宁康元年(373年),前秦符坚久闻道安名,说:"襄阳有释道安是神器,方欲致之,以辅朕躬。"于是遣符丕南攻襄阳,符坚对其臣下说:"朕以十万之师取襄阳,唯得道安一人。"在这种情况下,道安只得约谈各"长德"高徒,吩咐具体事项命其各奔前程,唯独对慧远不说一言。当慧远跪拜询问时,道安说:"如公者岂复相忧",表示了师父对弟子的高度信任。

二、庐山东林寺与净土宗

慧远告别恩师,与弟子数十人南下,先至湖北荆州,暂住上明寺,经过商议拟往广东罗浮山。一个偶然的机遇,冥冥之中命运注定了慧远与庐山结下不解之缘。江西是前往广东必经之路,浔阳则是其第一站,此前,慧远的同门师兄慧永,曾辞别恩师道安来到浔阳庐山西北麓的香炉峰下创建西林寺。晋孝武帝太元六年(381),当慧远一行来到浔阳时,得到慧永的挽留,慧远见庐山林木茂盛,山岭奇峻,足以息心,于是在此驻锡下来。慧永提请江州刺史桓伊为慧远另建一座寺院。太元十一年(386年),伊桓在西林寺的东面为慧远建寺,取名"东林",从此,慧远结束了颠沛流离的僧家生活,据《高僧传》载:"远创造精舍,洞尽山美,却负香炉之峰,傍带瀑布之壑,仍石垒基,即松栽构,清泉环阶,白云满室,复于寺内别置禅林,森树烟凝,石筵苔合,凡在瞻履,皆神清而气肃焉。"[1]绝佳的自然环境,为其潜心于佛事创造了条件,宣讲般若学说,力弘弥陀净土信仰提供了得天

---

① 梁·慧皎《高僧传》卷六《释慧远》,《传世藏书·佛典》第846页。

独厚的条件。在慧远的努力下,终于使庐山逐渐成为全国著名的佛教圣地。慧远驻锡庐山 36 年,做了以下几件事:

首先,潜心著述。据《弘明集》和《广弘明集》载,慧远在庐山期间著述甚富,先后完成《法性论》、《沙门不敬王者论》、《沙门袒服论》、《明报应论》、《三报论》等,以及《念佛三昧诗序》、《大智论钞序》、《阿毗昙心序》、《三法度论序》等序篇和《答恒玄劝罢道书》、《与戴处士书》、《周祖平齐召僧叙废立抗拒事》等许多的往来书信。这些著述条理分明,论辩极强,具有东方文士所特有的气质与风度,给中国佛教的发展,从形式到内容,吹来了一股前所未有的清新的气息。

东林寺全景

其次,重视译经。慧远至庐山,深感南境佛教的单薄与散乱,"初经流江东,多有不备,禅法无闻,律藏残阙。远慨其道缺,乃令弟子法净、法领等,远寻众经。逾越沙雪,旷岁方返",获《华严经》等经典 200 余部,得以传译。慧远在此基础上,更加注意收聚佛典,广集经藏,"虚心侧席,延望远宾,闻其至止,即请入庐岳"。东晋孝武帝太元十六年(391 年),印度高僧伽提婆在洛阳研讲经法,5 年后渡过长江来到浔阳。慧远延请伽提婆至东林寺,重译《阿毗昙心》和《三法度论》。此前,这两部佛经曾由高僧昙摩难提译过,由于昙摩难提不擅汉语,颇多晦涩凝滞,这才有慧远恳请伽提婆重译的举动。于是,"伽提婆乃于般若台手执梵文,口宣晋语(即汉语),去华存实,务尽义本,今之所传,盖其文也"①。慧远为这两部佛经写了序,始开南方毗昙学的端绪。

再次,书信交往。慧远深知北方的佛教远比南方成熟,因此十分注意与北方高僧的联系,保持着佛教理念的一种正常交流与互补。东晋安帝隆安五年,即后秦姚兴弘始三年(401年),姚兴大破后凉吕隆,终于得以迎接鸠摩罗什进入长安。慧远深感欣慰,派弟子释昙邕入关致书通好,昙邕肩负使命,往返于两地10余年,使两位高僧得以建立起深厚的友谊。慧远在给鸠摩罗什复信中,曾做偈一章:"本端竟何从,起灭有无际。一微涉动境,成此颓山势。惑想更相乘,触理自生滞。因缘虽无主,开途非一世。时无悟宗匠,谁将握玄契。来问尚悠悠,相与期暮岁。"在深邃的禅机佛理中寄托着一种纯然的思念之情。慧远的这种情谊,感动着诸多印度僧人,"外国众僧,咸称汉地有大乘开士,每至烧香礼拜,辄东向稽首,献心庐岳。"②慧远是第一位挑起中国佛教南北衍化大任的担当者。

慧远弘法庐山,声名远播,四方僧众慕名而来,座下弟子往来达三千余人,并聚集了一大批长德高僧。一大批"谨律息心之士,绝尘清信之宾",也从全国各地"不期而至,望风遥集",诸如彭城(今江苏徐州)刘遗民、雁门(今山西代县西北)周续之、豫章(今江西南昌)雷次宗、新蔡(今河南上蔡西南)毕颖之、南阳(今河南南阳)宗炳、张莱荣、张季硕等。东晋安帝元兴元年(402年),慧远"延命同志息心贞信之士,百有二十三人,集于庐山之阴,般若台精舍阿弥陀像前,率以香华敬荐而誓焉,惟斯一会之众"。由刘遗民撰写《发愿文》以明心迹,"唯以净土克勤为念"③。他们在精舍无量寿佛像前,建斋立誓,共结莲社。这一举措的实现,被人们推为佛教净土宗的滥觞,释慧远因此被视为净土宗始祖,而庐山东林寺被尊为中国佛教净土宗祖庭。

三、净土宗理论及影响

莲社的成员,除诸多长德高僧外,特别引人注目的是有一批远离官场,抛弃名利,从各地投奔庐山的官僚、学者和名士的积极参与。西晋末年,社会动荡,

---

① 梁·慧皎《高僧传》卷一《僧伽提婆》,《传世藏书·佛典》,第811页。
② 梁·慧皎《高僧传》卷六《释慧远》,《传世藏书·佛典》,第948页。
③ 梁·慧皎《高僧传》卷六《释慧远》,《传世藏书·佛典》,第845页。

"永嘉之乱",使北民南移形成一股巨大潮流,许多读书人和士大夫厌弃仕途,逃避现实,借隐居以终其一生为最佳选择。慧远正是在这样一种特殊背景下与他们交谊结友,组成莲社,创造宗派,遂使净土宗能够突破佛教宗派的樊篱而具有更为广泛的社会意义。这一批"真信之士"有以下三个特点:一是饱腹经纶,熟悉诸子百家,精通老庄哲学,无一不是具有深厚国学底蕴的文人士大夫;二是淡泊名利,雷次宗,年仅20岁便入庐山师事慧远,宋文帝元嘉十五年(438年),被召建康(今江苏南京),开馆于鸡笼山,教授儒学,徒众百余人,文帝"资给甚厚",拜给事中,次宗婉谢不受,还于庐山;三是精研玄理,遵守戒律,坚持信念,积极实践儒、释、道三家的融合。方立天说:

> 他们都发自内心地真诚地相信天国、佛国的存在,而且可以往生。这种要求超脱现实苦难往生净土的愿望,是印度佛教传入中国后征服了在野的知识分子思想的一种表现。①

正因如此,他们才能自觉地紧依于慧远法师周围,同时,也使佛教中国化的进程迈出了实质性的一步。日本学者望月信亨说:"慧远于江西庐山结白莲社,与其徒众精修念佛三昧,为颇著名的事实。此契机之净土教,不但兴盛于当时,且感化远及后代,迄今被遵为中国净土宗之初祖。"②净土宗的出现,在中国佛教史上的确具有一种划时代的意义。可以说,在异域佛教向中国佛教的转化过程中,慧远作出了里程碑式的巨大贡献。

慧远结合中国"灵魂不死"的传统意识,提出"形尽神不灭"的思想,进而创立"三报论",他说:"经说业有三报。一曰现报,二曰生报,三曰后报。现报者,善恶始于此身,即此身受。生报者,来生便受。后报者,或经二生、三生、百生、千生,然后乃受。受之无主,必由于心;心无定司,感事而应。应有迟速,故报有先后。"就是说,报应是有其规律可循的,它是直接从"造孽者"的自身活动中得到的,所谓"善有善报,恶有恶报"即是此理。最后又说:"因兹而言,佛经所以越名

①　方立天《中国佛教与传统文化》第54页,上海人民出版社,1988年。
②　(日)望月信亨《中国净土宗教理史》,释印海译台湾慧日讲堂,1974年。

教,绝九流者,岂不以疏神达要,陶铸灵腑,穷源尽化,镜万象于无象者也。"①为什么说慧远的"三报论"是对印度佛教"神不灭"论的一种深化? 原因就在于他把老庄哲学思想,能娴熟地运用到佛理之中。

慧远在启坛讲经时,特别注重《涅槃经》、《法华经》、《般若经》的宣示,倡导弥陀净土,主张以念佛三昧见佛,以期往生西方极乐世界。慧远恩师道安祈求的是弥勒净土,把往生与现实的世俗联系起来;而慧远的弥陀净土,则是把往生与世俗隔开,祈求一种至善至美的极乐世界。慧远《念佛三昧诗序》说:

> 夫称三昧者何? 专思寂想之谓也。思专则志一不分,想寂则气虚神朗,气虚则智恬其照,神朗则无幽不彻。斯二者是自然之玄符,会一而致用也。……又诸三昧,其名甚众,功高易进,念佛为先。……非耳目之所至,而闻见行焉。于是睹夫渊凝虚镜之体,则悟灵根湛一清明自然。察夫玄音之叩心听,则尘累每消,滞情融朗,非天下之至妙,孰能与此哉?②

这些奇妙的景象在印度佛典中是不能得见的,它完全融入中国文化老庄哲学的元素。老子的"致虚极,守静笃",这是一种"万物无足以挠吾本心"的至高境界。慧远正是把这一"虚静"的功夫运用到"念佛三昧"中,从而达到"睹夫渊凝虚镜之体,则悟灵根湛一清明自然"的人的心灵复归。它丰富了佛教哲学的精髓,拓展了佛教境界的空灵。这是佛教在中国化进程中的一种巨大变化。

慧远的另一重大贡献是开了"唱导"的先河。"唱导者,盖以宣唱法理,开导众心也。"印度佛教初传中国的时候,升座说法是印度高僧们一项最为重要的工作,叙说因果,旁征博引,连类比喻,内容繁杂,加之他们所掌握的汉语深浅不一,信众往往感觉疲惫不堪。正是在这种特定环境中,慧远创造了唱导。由于慧远"唱导"的发明,致使后来法师们在升座说法时,能够充分利用汉语发音的抑扬顿挫,配合形体手势的张弛有度,表现更为丰富多彩,口齿更为伶俐多变,遂使说法技巧更趋艺术化。致使唐代的"变文",宋代的"说唱",乃至于中国戏曲"唱"

---

① 梁·僧祐编《弘明集》卷五,载《传世藏书·佛典》,第408页。
② 唐·释道宣编《广弘明集》卷三十,载《传世藏书·佛典》,第787页。

的表现形态,无一不直接或间接受着"唱导"潜移默化的熏陶与浸润,其影响远远超出宗教自身范畴而具有最广泛的全民的社会意义。

第三节 禅宗在赣鄱的大兴与衍化

一、少林寺与初祖菩提达摩

登封中岳嵩山少林寺,是河洛地区继洛阳白马寺之后,又一座极其重要的著名寺院,它创建于北魏孝文帝太和十九年(495 年),在中国佛教史上,具有特别深远的意义。就在这座寺院创建 32 年之后,菩提达摩来到少林寺,从而使这座寺院最终成为中国禅宗的开基圣地。

菩提达摩,南天竺国香至王第三子,师事第二十七祖般若多罗。般若多罗圆寂后,达摩遵照祖师的临终嘱咐,开始着手东渡的事宜。达摩经过三周的艰难历程,远渡重洋,穿越南海,于梁武帝普通八年(527 年)九月二十一日抵达广州。梁武帝萧衍闻奏,立即遣使迎请,达摩于十月一日至金陵(今南京)。武帝问:"朕即位以来,造寺、写经、度僧不可胜纪,有何功德?"达摩答:"并无功德。"……武帝又问:"如何是真功德?"达摩回答:"净智妙圆,体自空寂。如是功德,不以世求。"武帝问:"如何是圣谛第一义?"达摩答:"廓然无圣。"武帝又问:"对朕者谁?"达摩回答:"不识。"[①]这是禅宗一段著名的机锋犀利的经典对话。此前梁武帝是把自己的行为定位在"功德无量"和"圣人圆满"的,而禅宗的观点恰好相反,认为一个人只有内省,不断坚持自修身心,才能算做"功德",像梁武帝这样不注重自己的身心修炼,其所做的一切仅停留在"积佛"这个表层上,所以达摩的回答只能是"并无功德"。这位皇帝并不醒悟,达摩知道自己所满怀希望的这位皇帝"机缘未契",便不辞而别,"潜回江北",随即来到少林寺。

当时佛教受到宫廷贵族阶层的大力支持,作为封建统治阶级的附庸,尽显奢侈华贵,此种浮华之风遍及南北。菩提达摩的禅法称做"如来禅",在中国叫做"祖师禅"。其禅法以《楞伽经》为主要理论基础,它所宣扬的是世界万物乃"自

---

① 宋·道原《景德传灯录》卷三《菩提达摩》,载《传世藏书·佛典》,第 1234 页。

心所现",不重语言,而在慧念,冥心虚寂,内外俱明,修持以"忘言忘念,无碍正观"为宗。其具体内容概括起来就是"壁观"两字,民间盛传达摩的"面壁九年",并不是九年面壁不动,而是指一种"心如壁立,坚住不移"的入禅的精神状态。众生本具佛性,因后来社会的污染而失去了它,只要凝心壁观,摒除杂念,由定发慧,即可证悟到人们与生俱来的这种佛性。达摩的禅法修炼,无需优越的物质条件,选择的是清苦孤寂的生活,追求的是精神上的无上境界。达摩的到来,为中国佛教注入了一种清新的气息,这种持之以恒的禅法在少林寺独树一帜,赢得广大下层民众的青

达摩面壁修禅图

睐而名声大振,一时雄风崛起,它实际上开启了中国佛教由贵族向民间下移的端倪。据《高僧传》载,达摩的行为与当时潮流格格不入,招致显贵仇视并带来杀身之祸,数度投毒不果。当第 6 次又发现食物中埋下毒药,达摩此时已完成了"传法"二祖慧可的这一终极任务,于是坦然进食,魏文帝大统二年(536 年),达摩端坐圆寂。众徒将遗体葬熊耳山(今河南宜阳)。

二、五祖弘忍与南北禅宗的分野

禅宗一脉的南传,是在三祖僧璨。当二祖慧可传法僧璨时,正值社会动荡,他告诫僧璨:"汝受吾教,宜处深山,未可行化,当有国难。"得到祖师的嘱咐,僧璨南下隐居于舒州皖公山(今安徽天柱山)。不久,北周武帝的"灭佛毁法"即起,僧璨居无定所达 10 余载。有沙弥道信,年仅 14 岁,请求僧璨法师为其解脱,法师问他,谁捆绑你了?道信回答,没有人捆绑我。法师说:既然如此,那你为何要求解脱?于是道信大悟,跟随法师 9 年。隋代统一南北,开始崇佛礼法,社会趋于安定,僧璨带领道信等徒来到吉州(今江西吉安)。道信在吉州受戒,僧璨屡以玄机试之,知其佛缘业已成熟,便传付衣法。四祖道信得衣法后,一心精进,不敢有丝毫懈怠。唐高祖武德七年(624 年),道信来到蕲州黄梅(今湖北黄梅西北),路遇一小儿,问他姓什么,小儿答:"有性,但不是常性。"道信追问姓什么,

小儿答:"佛性。"这位小儿就是道信法师后来将衣法传给他的五祖弘忍。禅宗在民间大力发展传播,到了五祖弘忍已成规模,四方求禅奔赴黄梅者络绎不绝,由是弘忍另建东山寺,即后人称之为"东山法门"。弘忍的弟子众多,遍及全国,并各为一方大师。其中最得意的高足有两位,这就是人们所熟知的神秀和惠能,一北一南,一宗《楞伽经》,以心法内功为旨,倡导"渐悟";一宗《金刚般若经》,以一行三昧、系心一佛为本,首开"顿悟"。从而开创了中国禅宗最为辉煌的时代。

神秀,俗姓李,东京尉氏(今属河南)人。"少览经史,博综多闻",奋志出尘,来到蕲州黄梅东山寺师事弘忍,法师深加器重。神秀强调"拂尘看净",力主渐修,要求打坐"息想",起坐拘束其心,并决心苦节,以砍樵汲水自役而求其道。他忠实继承了一祖达摩、二祖慧可《楞伽经》的精髓,其著名的偈语"时时勤拂拭,莫使有尘埃",正是北宗"渐悟"的灵魂。由于时代的不同及统治集团的需要,神秀违背了始祖们"壁观"苦行的意志而受到初唐上层贵族的追捧。唐高宗上元二年(675年),五祖弘忍圆寂后,神秀离开东山寺,来到江陵(今湖北江陵县)当阳山玉泉寺居住,此时其名声极大,"四海缁徒,向风而靡,道誉馨香,普蒙熏灼"。武则天闻之,诏神秀赴洛阳,轿舆上殿,武则天亲加跪拜礼。"时王公以下,京邑士庶,竞至礼谒,望尘拜伏,日有万计。"①神秀遂有"两京法主,三帝国师"之称。神秀德行很高,其徒众往往讥讽南宗祖师不识一字,无所专长,神秀说:"他得无师之智,深悟上乘,吾不如也。且吾师五祖,亲传衣法,岂徒然哉!吾恨不能远去亲近,虚受国恩。"又请奏武则天,迎请惠能北上洛阳,终因六祖以"先师记吾以岭南有缘,且不可违也"为由而作罢。

惠能,俗姓卢,南海新州(今广东新兴县)人。3岁丧父,母亲守志抚孤,含辛茹苦把他养大成人。家境贫寒的惠能只能以采樵卖柴养母为生。据《景德传灯录》载:一个称无尽藏的尼姑,常读《涅槃经》,惠能听后便为她解说其中的义理,尼姑问他的字,惠能说:"我不识字,义理你尽管问来。"尼姑奇怪问道:"字都不认识,你怎能晓得义理?"惠能回答:"诸佛妙理,非关文字。"惠能的灵性就在这里,神秀给他的评价"无师之智"是非常中肯的。唐高宗咸亨二年(671年),惠

---

① 宋·赞宁《大宋高僧传》卷八《神秀传》,《传世藏书·佛典》,第1002页。

能来到黄梅东山礼拜五祖。弘忍知道惠能从岭南来,便说:"岭南人无佛性。"惠能回答说:"人地虽有南北,佛性岂有东西。"弘忍一听便知他是个利根之人,因此,弘忍最后将衣钵传授惠能并非偶然。惠能的利根佛性及非凡气度使之在荒疏的岭南,造就了中国佛教禅宗的鼎盛与辉煌,广东韶关的南华禅寺,也就成为中国南禅宗派的祖庭。

三、惠能南禅在赣鄱的衍化

惠能得五祖真传,并嘱其南归,说:"汝今好去,努力向南,不宜速行,佛法难起。"就是说,在往南的行程中,一路定会遭遇险恶,必须夜行晓宿方能渡过。事实是惠能在南行途中,遭遇了数百人来抢夺衣钵的凶险。六祖惠能潜回岭南,崇山峻岭中与猎人为伍达 15 年之久。最后在江西邻县广东韶关的曹溪宝林寺(今南华禅寺)驻足,辟为南禅祖庭。创顿悟学说 30 余年,培养弟子数千人,其中以南岳怀让和青原行思弘法最为兴盛。惠能在江西境内匿迹潜行两个月,所谓"雁过留声,人过留名",由于惠能对赣鄱环境的熟悉,在他确立南禅宗祖地位后,每向其弟子示意途径时,往往把眼光投向江西的山川大地。早在初祖菩提达摩传衣法慧可时,曾有一偈:"吾本来兹土,传法救迷情。一花开五叶,结果自然成。"由惠能开创的南禅所发展的五个宗派,都形成于江西,实应了达摩"一花开五叶"的这一预言。方立天说:

> 唐代禅宗带有鼎新的精神,主张不疑不悟,小疑小悟,大疑大悟。禅宗还导化于山区地带,宣扬砍柴挑水,即境开发。山区民情朴质,因此禅宗容易征服人心,在民间得以广泛流传,逐渐成为中唐以来佛教的主流。①

江西山地面积约 6 万平方公里,占全省总面积的 36%;丘陵地带约 7 万平方公里,占全省总面积的 42%。而以赣江、鄱阳湖流域为主导的丰沛的水系灌溉着赣鄱全境,这一自成体系的完备生态,为禅宗的发展提供了得天独厚的最为理想的生存环境。自中唐以来,禅宗在赣鄱大地不断衍化着诸多开宗立派的历

---

① 方立天《中国佛教与传统文化》第 107 页,上海人民出版社,1988 年。

史事迹。

靖安宝峰禅寺马祖道场 龚国光摄

怀让,金州(今陕西安康)人,侍奉六祖 15 年出道后,惠能命其去湖南衡山传法。怀让所以能扬名天下,实在得力于他的得意弟子马祖道一。马祖道一在侍奉怀让 10 余年后离开南岳,由建州(今福建建阳)来到江西鄱阳湖,鄱阳湖古称"彭蠡泽",正应了怀让"遇泽悉皆萌"的偈语。在此之前,六祖惠能曾向怀让说过这么一件事:"向后佛法,从汝边去马驹,蹋杀天下人。厥后江西法嗣布天下,时号马祖。"①

道一,俗姓马,汉州什邡(四川什邡)人,因他单挑南岳道脉,故又称"马祖"。他入赣之初在江西临川、宜黄、赣县等地结茅肇寺,开堂说法,唐代宗大历三年(768 年),道一率众徒移居钟陵开元寺(今江西南昌佑民寺),开法讲经,广弘南禅宗风。由是声名远播,四方信众、学者云集钟陵,此时开元寺的别庵、别堂、别寺多达 18 座,可谓盛极一时。从此,道一以钟陵为据点,北到瑞昌、湖口及庐山,南达赣县、南康,东及贵溪、弋阳,西抵万载、铜鼓等地,其足迹几乎遍及赣鄱的山山水水,肇建寺院几十座。道一在江西弘法的数十年中,始创著名的"洪州禅",

---

① 宋·道原《景德传灯录》卷六《怀让》,《传世藏书·佛典》,第 1013 页。

也称"江西禅"。洪州禅奉《楞伽经》、《金刚般若经》为圭臬,倡导"即心即佛",只要能固神养性,不造不断,自在任运,就能够进入佛的美妙境界。道一反对一切繁杂的宗教仪式,强调"平常心是道",所谓"平常心",就是"无造作,无取舍,无断常,无凡无圣",也就是人们日常生活中的现实之心,只要很好护持,不受污染,这就够了,再也无须别的什么修持。从此,六祖惠能所开创的南禅宗派通过道一在赣鄱的身体力行,繁衍生息,深化发展,从而产生新的宗派。道一的高足怀海在江西创"禅门规式",促使禅宗大兴;道一的弟子灵祐在潭州(今湖南宁乡)沩山和灵祐弟子慧寂在袁州(今江西宜春)仰山创沩仰宗;怀海弟子希运在筠州(今江西高安)黄檗山和其弟子义玄在镇州(今河北正定)临济院创临济宗。怀让一脉对于禅宗在赣鄱的传承立下汗马功劳。

六祖首座弟子行思,安成(今江西安福)人,出道后惠能命其回吉州(今江西吉安)青原山静居寺隐居。行思这一系在江西的繁衍更盛,创下曹洞、云门、法眼三宗,而影响最大的莫过于曹洞宗,实开江西南禅"五宗"的先河。洞山良价是行思一系的四传弟子。良价,俗姓俞,会稽(今浙江绍兴)人。唐文宗大和元年(828年),21岁的良价在河南嵩山少林寺受具足戒,师事云岩昙晟,昙晟俗姓王,钟陵建昌(今南昌永修)人,在昙晟法师指示下,良价来到建昌石门渤潭寺(今江西靖安宝峰寺),也就是马祖道一圆寂的地方修法,复又来到新昌(今江西宜丰)洞山。良价于涉水过河时,看见自己的影子,忽然大悟,立做一偈:"切记从他觅,迢迢与我疏,我今独自往,处处得逢渠。渠今正是我,我今不是渠,应须恁么会,方得契如如。"后来人们在良价悟道的地方架起一座桥,名"逢渠桥",至今保存完好。良价的核心教义是《五位君臣颂》,即用"正"与"偏"这两个概念来说明佛界真如与其派生而来的世界万物的关系。它以五种方法用以开导不同对象:1. 正中偏,是君位,是真如本体;2. 偏中正,是臣位,是万物的事象;3. 正中来,意即君视臣,指唯见事物,不见真如;4. 兼中至,意即臣向君,只见真如,不见事物;5. 兼中到,就是君臣合道,不偏于一执,真如与万事万物的高度融会,达到"混然无内外,和融上下平"的境界。唐懿宗咸通十年(869年),良价圆寂,良价首徒弟子本寂离开洞山,来到江西宜黄曹山,全力弘扬洞山"五位君臣"说,撰写《解释洞山五位显诀》,立为曹洞丛林标准,创始曹洞宗。其影响一直延续到清代中后期,并于明代传至日本。

四、神会与"弘南灭北"

在佛教南北禅宗文化的互渗中,最为突出的要算神会禅师,他不仅身体力行,奋勇忘我,而且表现出一种坚忍不拔的顽强意志和超凡的气势与魄力。释神会,俗姓高,襄阳(今湖北襄阳)人。幼习《五经》及《庄》、《老》,从《后汉书》中知道佛教的事情,后来便辞别双亲在襄阳国昌寺依颢元法师出家。又投荆州玉泉寺从神秀学习禅法,当神秀受武则天召幸时,曾劝其弟子前往岭南。神会在40岁时南渡曹溪师事惠能,成为六祖晚年收下的最得意弟子。神会忠实继承惠能"顿悟"学说,坚持"无念为宗",无念不是不念,而是排斥妄念,持有正念,发现真心,在空寂自性的同时实现自我解脱。

在惠能圆寂几年后,神会于唐玄宗开元十八年(730年)来到洛阳,大力弘扬南宗的"顿悟法门",遭到以"渐悟"为止统北派禅宗的人肆攻击。神会无所畏惧,于开元二十二年(734年)正月十五日,在滑台(今河南滑县)大云寺召开无遮大会,会上神会慷慨陈辞,提出禅宗的真髓是在南宗的"顿悟",惠能是禅宗衣法的真传者,鲜明指出神秀的"禅宗六祖"及其大弟子普寂的"禅宗七祖"的封号是"伪",并非正宗。南宗"顿悟"之说在中原地区逐渐推广开来,但却险遭杀身之祸,受大臣诬奏,被排挤出京,过着颠沛流离居无定所的生活。唐玄宗天宝十四年(755年),安史之乱起,朝廷请神会出面以"度僧"为名,筹措经费,以充军饷,取得很大成功。唐肃宗诏神会入宫供养,并为神会在荷泽寺内建一所禅宇作为弘法之所,从此,惠能所创南禅"顿悟"宗派,终于在北方取得正统地位。[1] 神会所创"荷泽宗",也在洛阳开宗立派。

五、怀海与《百丈清规》

怀海,福建长乐人,唐玄宗天宝初年(742～747年),怀海来到江西,在鄱阳湖畔的南康(今星子县),投马祖道一参学,跟随马祖6年,得到马祖印可。马祖道一门下有弟子千余,其中以百丈怀海最为突出。道一在江西弘法达数十年,其中在江西全境建立禅宗道场和庵寺多达近40余座,耗去他很大的精力。原来,

---

[1] 　宋·赞宁《大宋高僧传》卷八《神会传》,《传世藏书·佛典》,第1003页。

禅宗初创阶段没有自己的居所,生活极其艰苦,要么住在岩洞,要么在山林中搭建茅棚,或寄居于律寺之内,有的则延续印度旧规沿途托钵行讨。道一面对这一状况,发誓建立属于禅宗自己的禅居之所,并统一称做"丛林"。丛林的建立,是马祖道一对禅宗的一大独创,大大推动了佛教中国化的进程。庐山至今兴盛的所谓"五大丛林",就是禅宗印迹的深刻体现。

怀海的功绩,是在马祖"丛林"的基础上,进一步细化和规范化,建立起禅宗独一无二的中国式的管理体系。据《景德传灯录》载,马祖在江西靖安宝峰寺圆寂后,怀海应乡绅的请求,移居新吴(今江西奉新)大雄山,大雄山位于奉新县最西端,与铜鼓、修水两县接壤,这里崇山峻岭,人烟绝迹,峰峦陡立,故又称"百丈山",怀海来到这里,人们称他为"百丈禅师"。唐宪宗元和九年(814年),怀海制定丛林规式,即"禅门规式",世称"百丈清规"。

首先,《百丈清规》提出"别立禅居"。选德高望重者主持禅院,称"长老",居所称"方丈",这样,中国佛教在名称上与印度佛教长期称做"须菩提"作了彻底切割,并延续至今。参学僧众无论高下多少,一律入僧堂居住,"依夏次安排,设长连床……以其坐禅既久,略偃息而已"。其次,建立十务寮舍。各部门设"首领"一人,分管到位,各司其责,例如主管烧饭的称"饭头";主管烧菜的称"菜头",以此类推,有违反禅规者,则由主管于法堂商议,秉公而断。再次,行"普请法","上下均力"。这是《百丈清规》一条带革命性的制度,是禅门规式的核心与灵魂,它明确规定:"禅众劳作",就是说,无论何职司的禅僧,必须参加集体的生产劳动,以求生活的自给自足。百丈山远离城邑,交通艰难,物资匮乏,怀海倡导农禅并举,解决了这一似乎难以解决的矛盾,这是他的过人之处。印度佛教是不准掘土垦荒和参加劳作的,因为土地下面有许多诸如蚯蚓之类生物,截断它们等于是在杀生,这首先就违背了佛教的戒律。而怀海提出的"一日不作,一日不食"的农禅生活,积极倡导修持和劳动相结合的修持模式,是对印度佛教戒律一项重大的改革与突破,是一种带颠覆性的举措,有着相当进步的积极意义,致使"禅门独行,由百丈之始"[①]。

当下,江西全境绝大多数寺院始终不懈地保持着当年《百丈清规》"亦农亦

---

① 宋·道原《景德传灯录》卷六《怀海》,《传世藏书·佛典》,第1272页。

禅"的遗训。以永修县云居山真如禅寺为例,其作息时间大致是:晚上9时3刻打板,10时熄灯;凌晨4时1刻打板起床,4时2刻做早课;5时2刻斋饭。僧众鱼贯而入,在长条木桌前坐定,诵经,桌前两个大碗,一个盛番薯稀饭,一个装菜,菜有两样:一是自种包菜晒干制成的咸菜;二是以自种番薯加工,制成的薯粉条。《百丈清规》载:"斋粥随宜二时均遍者,务于节俭。"我们看见对桌的一位老僧,吃完了,仍用箸将碗沿和碗底刮上几遍,然后用舌舔净将碗反扑在桌前,表示吃饱。《百丈清规》在千百年历代僧众的传承中,仍如此累月经岁坚持不懈,实在感人至深。5时3刻,早斋后的僧众操持各式农具,很快便消失在山林之中;下午4时1刻坐禅,晚上功课。这种"锄头下讨活计"的农禅并举的生存模式,并不因为时代的变化,物质的丰富和交通的便利而有所懈怠,它深刻体现了佛教中国化完成之后,作为中国佛教的义理真蒂与风骨神韵。

永修云居山真如禅寺天王殿及匾额

第四节　禅宗与中华民族传统文化

一、《坛经》的民族文化意识

《坛经》的出现,是中国佛教发展史的一个重要里程碑,它标志着佛教中国化的成熟,同时,儒释道的高度融合也得到具象化的生动体现,即是说,《坛经》的撰述已自觉汲取儒道文化元素为我所用。方立天说:

在所有的撰述中,唯一称为"经"并流传后世的是唐代禅宗实际创始者惠能的《坛经》。这是禅宗学人对抗印度佛教,突出中国祖师学说的一种表现。①

因此,它体现了一种自觉的民族文化意识,它所产生的深远影响及意义是不言而喻的。粗略归纳一下,有以下几点:

第一,融合性。中国佛教发展到禅宗阶段,作为一种宗教样式存在,不仅完全趋于成熟,已形成一整套独有的管理模式,而且在文化层面上,更以中国民众自己所喜好的价值取向、道德标准及思维定势,来解释宗教所出现的种种现象。例如,印度佛教所宣扬的是弃家出世主张无君无父的,而儒家思想的社会伦理关系,其核心则是忠孝节义。《目连救母》源自佛经《盂兰盆经》,讲述的是刘氏不信佛,喝酒、吃肉、杀生而被打入地狱受尽折磨的过程,大肆宣扬因果报应论,到了《目连变文》时,内容起了变化,它以目连救母为主线,集中突出一个"孝"字,表达了一种母子深厚情感的自然天性。不难看出,《目连救母》的出现,体现了佛教在中国化进程中的一种曲折反映。《坛经》中有段描述:惠能圆寂前要求回新州老家,众弟子苦苦哀求说:"师从此去,早晚可回?"惠能回答说:"叶落归根。"这个典故早已成为海内外中华民族的共识。也正因如此,禅宗文化与中国民众精神境界的高度一致,其影响是不可估量的。

第二,通俗性。在所有佛教经典中,包括印度僧人翻译的经文和中国僧人撰写的论著,一个很大的障碍就是晦涩难懂。印度经文姑且不说,就是中国僧人所写的佛典名著,无一不是用文言行笔,大众百姓是很难读懂的。从这一角度看,《坛经》就是一部最为通俗易懂的普及读物,可以这么说,这是一部在唐代用白话文所写的经典著作,因此,禅宗受到民间广大民众的狂热追捧不是偶然的。其开篇便是"菩提自性,本来清净,但用此心,直了成佛";又说:"世人若修道,一切尽不妨,常自见己过,与道即相当。"②就是不识字的人,听了这些文句,也明白了彻,这种劝人为善的方法,没有不接受的道理。今天在我国民众中最为流行的一

---

① 方立天《中国佛教与传统文化》第84页,上海人民出版社,1988年。

② 唐·惠能《六祖大师法宝坛经·自序品》,《传世藏书·佛典》,第281页。

些语言,诸如"落叶归根"、"本来面目"、"四大皆空"、"如人饮水,冷暖自知"、"一日不作,一日不食"、"不看僧面看佛面"、"昙花一现"、"唯我独尊"、"痴人说梦"、"一针见血"、"不可思议"、"泥牛入海"、"百尺竿头"、"表里不一"、"现身说法",等等,无一不是来自禅宗的经典对话之中。同时,"顿悟成佛"以它极其鲜明的近似口号式的语言,颠覆了印度佛教"坐禅、修炼、渐悟"的传统功夫与法则,以其简捷明了的方式,一扫传统佛教的繁琐哲学。为最广大的下层百姓甚至农村不识字的民众所接受。从普世的文化角度看,禅宗具有一种鲜明的民间性与草根性,禅宗的灵魂直指"佛即众生",像这样一种如此具有最广泛的社会基础的现象,在我国是绝无仅有的。

第三,包容性。佛教的门派与传承向来森严壁垒,不容含糊,惠能打破常规,显示佛教门派中一种最大的包容性。最极端的例子莫过于《坛经·顿渐品第八》所描述的 件事:一个名叫志彻的江西人,当时南北顿渐分明,北宗的门人自立神秀为第六祖,又忌妒惠能的传法正宗地位,于是派志彻潜往岭南行刺。深夜,惠能放银十两于座间,志彻行刺时,惠能说:"正剑不邪,邪剑不正,我只负你的银子而不负你的性命",志彻惊倒于地,哀求悔过,并愿出家。惠能给银子与志彻,说:"你赶紧离开这里,等徒众赶来恐怕要加害于你,日后再来,我一定接受。"志彻连夜逃遁后,便投僧出家。一天,志彻忆念惠能的嘱咐,来到曹溪,惠能说:"我念你很久了,你怎么现在才来。"诸如此类的例子在《坛经》中不少。禅宗彻底打破了佛教中的门户之见,从儒学中汲取"仁爱"精神,以一种和谐包容的博大胸怀面对世界万物,形成一种"众流归海"的磅礴气势。

二、禅宗与中国哲学思想

禅宗的思想方法不注重语言文字而追求直观和顿悟,《坛经》向印度佛教经典的权威性发出了挑战,可以说,禅宗是直接继承中国传统思想而独树一帜的宗派。禅宗的世俗化使它成为一种非宗教在中国发生巨大影响,冯友兰指出:

> 禅宗的兴起,它是佛家,而在思想上又是中国的,并形成中国佛教的一

个宗派。它虽是佛教的一个宗派,却对中国哲学、文学、艺术产生了深远影响。①

这里先谈一点哲学思想。禅宗的思想体系是以"内在超越"为其特征的,有着主观主义的鲜明个性。汤一介指出:"中国禅宗之所以是中国的思想传统而区别于印度佛教,正因其和中国的儒家和道家哲学一样,也是以'内在超越'为特征的。它之所以深深影响宋明理学(特别是陆王心学),正在于其思想的'内在超越'。"②因此,理学的宋明陆王心学,我们深刻看到佛教禅宗文化的影响所在。陆九渊提出"心即理"这个命题,把心定位于个体之心,强调个体之心与"我"的关系,他说:"人之于耳,要听则听,不要听即否,于目亦然,何独于心而不由我乎?"③这和惠能的"顿悟"说非常接近。王阳明则在"心即理"基础上又发展了一步,说:"如今要正心,本体上何处用得功? 必就心之发动处才可著力也。"④这几乎就是禅宗"顿悟"说的另一种说法。王阳明甚至直接把心学与禅学相比较,周群说:"心学与禅学并无本质区别,王阳明自己就曾直言不讳地说过:'夫禅之学与圣人之学,皆求尽其心也,亦相去毫厘耳。'"⑤可见,王阳明"心学"在汲取禅学"顿悟"元素中,几近于神遇了。在"江右王门"后期学派中,受禅学浸染更甚,诸如王时槐、胡直、邹元标、聂豹等,他们干脆聚会禅宗圣地江西吉安青原山净居寺,精究佛学,以归寂为宗,以静坐为功夫。

禅宗追求的是一种人生世界变幻无常清静寂思的境界,而茶则是帮助禅众在参悟中达到一种自然和谐,平静如常的物质辅助,茶的清苦与禅宗追求的人生之苦是一致的,因此,禅宗特别看重茶的功用,并成为禅事活动不可或缺的一个重要的组成部分。《百丈清规》有"法器"一章,里面就有"赴茶"、"旦望巡堂茶"、"方丈点行堂茶"等条文规定,以及"丛林茶禅"和"茶法次第"等。在"请新住持"的条文中,就记有:"鸣僧堂钟集众,三门下钉挂帐设,向里设位,讲茶汤

①　冯友兰《中国哲学简史》第 399 页,天津社会科学院出版社,2005 年。
②　汤一介《论禅宗思想中的内在性和超越性问题》,《禅与东方文化》第 72 页,商务印书馆,1996年。
③　宋·陆九渊《象山语录·下》第 66 页,上海古籍出版社,2000 年。
④　明·王阳明《阳明传习录·下》第 292 页,上海古籍出版社,2000 年。
⑤　周群《儒释道与晚明文学思潮》第 4 页,上海书店出版社,2000 年。

礼。"此外,茶院中还专设"茶堂",有"茶头"执事,专门负责烧水煮茶,献茶酬宾等事项,并专列"施茶僧"这一名目。这使我们想起在农村文化考察时,走在山间小路,不时能见到一种方形瓦檐木构的茶亭建筑,古拙俭朴,乡间石路穿亭而过,这就是禅院所留下的遗迹。我们仿佛看见当年施茶僧,为行人惠施茶水的情景,"饮茶"已成为禅宗丛林的一种法门规式了。

三、禅宗与文学绘画艺术

诗歌与禅学的关系极为密切,季羡林指出:

> 中国的禅宗,虽然名义上来自印度,实则完全是中国的产物。……禅宗的理论和实践进入中国诗,与佛教思想进入中国哲学,几乎是同步的。二者都是滥觞于两晋南北朝,初盛于唐代,大盛于宋代,原因是明显的。佛教入华以后,给中国人提供了一个观察宇宙和人生的新角度,使人耳目为之一新,立即接受下来。[1]

这就是禅宗文化的魅力所在。诗歌理论积极引进这种"观察宇宙和人生的新角度",在实践中也直接运用禅宗的持修方法指导诗歌创作。严羽《沧浪诗话》云:"大抵禅道惟在妙悟,诗道亦在妙悟……惟悟乃为当行,乃为本色。……盛唐诗人,惟在兴趣,羚羊挂角,无迹可求。故其妙处,透彻玲珑,不可凑泊。如空中之音,相中之色,水中之月,镜中之象,言有尽而意无穷。"[2]可知"妙悟"是禅修的中心,也是求诗的灵魂所在,是诗人求诗的一种只可意会不可言传的绝妙境界。禅宗"无念为宗,无相为体,无住为本"的顿悟自心之法,与诗人求诗的心境,实在没有任何区别。惠能说:"不悟即佛是众生,一念悟时众生即佛",这种"顿悟"的产生,仅在"瞬间即逝"之间,真可谓是"羚羊挂角,无迹可求",严羽坚持"诗道"与"禅道"同源,其道理就在这里。钱钟书指出:

---

[1] 季羡林《作诗与参禅》,《禅与东方文化》第 5 页,商务印书馆,1996 年。
[2] 宋·严羽《沧浪诗话·诗辩》,《历代诗话》686 页,中华书局,1981 年。

诗至李杜,此沧浪所谓"入神"之作。然学者生吞活剥,句剽字窃,有如明七子所为,似者不是,岂非活句死参乎。禅宗"当机煞活"者,首在不执著文字。①

明代七子推崇李杜,在实践中只是"生吞活剥,句剽字窃"而已,他们所以失败,关键就在于不知道禅道的"当机煞活"的核心就是"不执著文字"。王夫之《疆斋诗话》云:"含情而能达,会景而生心,体物而得神,则自有灵通之句,参化工之妙。……禅家有'三量',唯'现量'发光,为依佛性。"②就是说,诗人要想得到"参化工之妙"的灵性之句,则必须从禅家佛性中领悟要旨。

中国禅画兴起于唐代,所谓禅画,是指"融合禅宗的思想和水墨技法一笔挥之悟道境界的画"③。郭若虚《图画见闻志》有条记载:

开元中,将军裴旻居丧,诣吴道子请于东都天宫寺画神鬼数壁,以资冥助。道子答曰:"吾画笔久废,若将军有意,为吾缠结舞剑一曲,庶因猛励以通幽冥!"旻于是脱去缞服,若常时装束,走马如飞,左旋右转,掷剑入云,高数十丈,若电光下射,旻引手执鞘承之,剑透室而入,观者数千人,无不惊慄。道子于是援毫图壁,飒然风起,为天下之壮观。道子平生绘事,得意无出于此。④

吴道子借助舞剑"猛励以通幽冥",就是说,画家进入一种忘我的可与鬼神贯通的意境。这种意境最容易激荡起画家的独创,而这种独创往往是从画家心底的"灵源"处,突然迸发的"顿悟"而诞生的。中国山水画的最高境界恰恰就在于"萧条澹泊,荒寒简远",明李日华说过:"绘事必以微茫惨澹为妙境,非性灵廓澈者未易证入。"这里明确提出禅悟对于中国绘画的重要性。

禅宗是一种宗教,作为地道的中国佛教,它是以儒释道高度融合而集大成

① 钱钟书《谈艺录》第100页,中华书局,1984年。
② 清·王夫之《疆斋诗话》,《清诗话》第14页,中华书局,1963年。
③ 文明大《韩中禅画比较研究》,《禅与东方文化》第437页,商务印书馆,1996年。
④ 宋·郭若虚《图画见闻志》卷五,《中国画论辑要》第239页,江苏美术出版社,1985年。

的。而禅宗文化,却又早已突破了宗教的范畴而深入到人们的思想和艺术及生活的方方面面。禅宗文化是中华民族传统文化中有机组成部分和引人注目的瑰宝。禅宗的发展历史,其本身就是一部不断革新与开拓的历史。中国禅宗文化作为一种文化样式,是永远也不会消亡的,更何况它早已融入中国文化的血液之中。

第六章　河洛与赣鄱理学的互动

儒学进入赣鄱地区最早可以追溯到先秦春秋时期,澹台灭明的到来,使当时还处于儒学空白的赣鄱文化,是怎样的一个惊喜而顶礼膜拜,我们在第三章已有所述及,在此不作重复。但问题在于:为什么宋明时期不少在江西走马上任的地方官员,都要拜谒澹台灭明墓并留诗咏志,道理很简单,宋明两代正是理学在江西的大盛时期,人们饮水思源,想到的自然是早期儒学思想在赣鄱的过化。河洛文化与赣鄱文化在理学的互动是深刻的,它们在互动互融中不断有新的突破与创建。尤其是儒学在进入它的第二期发展,河洛与赣鄱作为宋明理学的核心地带以及作为新儒学的渊薮,它们不仅成为新儒学即理学思想传播的发端,而且促使江西最终成为宋明理学昌明之地,在中国哲学史上演绎着不同凡响的乐章。

第一节　先秦河洛儒学文化简述

一、《月令》与《周易》

"阴阳五行"在诸子百家中可算是很早且又是讨论最为广泛的一个学说。它以探究宇宙生成结构为己任,并把"阴阳"与"四时"结合起来,进而涉及人事与政事。《月令》是阴阳家的一部重要的著作,它以阴阳家的观念构筑起宇宙的一个时空变幻的架构。《月令》原载《吕氏春秋·十二纪》之首,后来"以礼家好事"者编入《礼记》,成为儒家学说探究天理的一部分。《月令》记述每年夏历十二个月的时令及其相关事物,并把各类事物归纳在五行相生的系统之中。充分展示华夏先民对宇宙自然规律变化观察的细腻与精确,春夏秋冬与日月星辰相配,正是自然界这种无与伦比的品德,使人类尽情享受着大自然的恩惠。它虽然把农业生产放在中心的地位,但细读《月令》,可知编撰此书的人,其目的是告诉国君与大臣们在一年的每个月中,需要做些什么而不应做些什么,其行为必须具有某种针对性与约束力,从而以求得与天地万物的和谐相处。《月令》实际上起着一种国家"戒令"的作用,甚至于国家的全部政治活动都要服从时令的安排。以"仲冬之月"为例:"是月也,农有不收藏积聚者,马牛畜兽有放佚者,取之不诘。……日短至,阴阳争,诸生荡。君子齐戒,居必掩身,身欲宁,去声色,禁耆欲,安形性,事欲静,以待阴阳之所定。"①意思是说,到了仲冬这个月份,一切农事都要积聚收藏起来,牲畜也要圈养而不能放任,违者没收不贷。因为这个月日短夜长,阴方盛而阳欲起,万物处萌芽激荡之中。而作为人此时则应息心宁静,除去声色欲望,静待阴阳搏击的结果。所谓"秋收冬藏",这一俗语至今仍为民众遵守着。

《周易》是中国最早的一部古典哲学名著,也是中国最早的一部文化典籍。孔子一生十分推崇《周易》,据《史记·孔子世家》载,孔子读《易》,曾经"韦编三绝",即将《易》的竹简穿起来的牛皮绳子翻断了3次。《周易·乾文言》说:

> 初九曰"潜龙勿用",何谓也? 子曰:"龙,德而隐者也。不易乎世,不成乎名。遁世无闷,不见是而无闷;乐则行之,忧则违之,确乎其不可拔,潜龙也。"九二曰:"见龙在田,利见大人。"何谓也? 子曰:"龙,德而正中者也。"②

"龙",是人们理想中的一种动物,其最大的习性是"隐"。这里是指"隐居"之士,孔子称这种隐士为"有德"。但"龙"本性是进取的,它的隐是"不易乎世,不成乎名",在尘世中一尘不染,而以"天行健,君子以自强不息"的精神,永远取一种乐观进取,同时又是一种低调无闷的态度。此即"潜龙"的本质特征,也是

① 《礼记》卷十七《月令》,《十三经注疏》本,中华书局,1979年。
② 余力主编《周易》第31页,故宫博物院紫禁城出版社线装本。

"龙,德而隐者也"、"龙,德而正中者也"的真正含意。"见龙在田,利见大人",
它是乾卦内卦的中爻,称"九二爻",这是最好也是最重要的一个卦象。用南怀
瑾先生的解释,"见"是现的意思,"田"是大地的意思,"见龙在田",就是说,早
晨太阳刚刚从地面升上来,光明透出来了,在这个时候"利见大人"。"大人"不
是指显赫高官,而是指一种在时空上迫切需要帮助的时候,予以帮助的就是"贵
人",甚至扫街的清道夫也是可以成为贵人的。那么,这种"大人"的人格特征怎
样? 孔子在《周易·乾文言》中说:"夫'大人'者,与天地合其德,与日月合其明,
与四时合其序,与鬼神合其吉凶。"这是一种具有深厚文化内涵的圣人式的精神
境界,人与自然在此得到完美统一。金春峰说:"没有德性润泽的生命是低级
的,没有光彩文采,眼光狭隘,受自然生理的严重局限。有了德性、文化,生命就
成为人化的自然,走向高级的阶段,进至一自为的自由和自律的阶段,眼光远大
而高明,内涵丰富而广大,以至于进而可以与天地合德、日月合明、鬼神合吉
凶。"①《周易》所向往的圣人,正是儒家反复强调的尧舜这一类的圣者或圣王。
正如南怀瑾所言:

> 我们儒家的文化,道家的文化,一切中国的文化,都是从文王著作了这
> 本《易经》以后,开始发展起来的。所以诸子百家之说,都渊源于这本书,都
> 渊源于《易经》所画的这几个卦。②

可见《周易》在华夏文化的历史地位与深远影响是不可估量的,尤其对于儒
学第二期发展,所谓"更新的儒家"即理学思想的确立起着举足轻重的作用。

二、周公制礼作乐与孔子礼乐文化

汉司马迁《史记·太史公自序》说:"先人有言:自周公卒五百岁而有孔子。"
南怀瑾先生则认为:是周公把过去的中国文化集其大成,而孔子则是将周公集其
大成的中国文化加以整理。冯友兰说得更为明确:

---

① 金春峰《〈周易〉经传梳理与郭店楚简思想新释》第 109 页,中国实言出版社,2004 年。
② 南怀瑾《易经杂说》第 4 页,复旦大学出版社,1996 年。

早在孔子之前,六经便已存在了。它们是孔子所继承的文化遗产。周朝最初的几个世纪里,便以六经中的材料作为教育皇族子弟的教材。大约从公元前 7 世纪起,周朝的封建统治开始没落,皇族子弟的教师,以及有些皇族成员本人都散落民间,以教授经书为生,有的因谙习礼仪而成为人家婚丧嫁娶、祭祀或其他礼仪的襄礼(司仪)。这些人被称为"儒"。①

冯友兰先生的这段话说明了以下几个问题:一是孔子之前,六经存在,这一文化的集大成者是周公,而《太史公自序》所说"正《易传》,继《春秋》,本《诗》、《书》、《礼》、《乐》之际",则是孔子继承先辈文化遗产的结果。二是周朝最初的几个世纪,教育皇族子弟的教材是六经,这一文化的整理工作是周公,虽然这里没有提及,但我们已深刻感受到周公的存在。三是随着周朝的没落,宫廷教师散落民间,于是在民间职业中多了一个名称叫"儒"。孔子是创立私学的第一人,孔子也就成为一位名副其实的"儒生",并由他成为儒家学派的创始人。

周朝是一个典型的以德立国的国家,它的德政深入人心不是一蹴而就的,从泰伯南奔,到周公制礼作乐,数百年来,周以道德为基础,推行的是德治和礼治。周公的制礼作乐是有鉴于殷的"失德"而反思的结果。周克商,相对不困难,因为腐朽的东西不堪一击,但要保住它,却是一场比武王克商意义还要重大的革命。《尚书正义》有《康诰》、《酒诰》、《梓材》三篇,叙述殷亡,殷贵族继续作乱,平乱后周公将他们分而治之,卫属于殷地,周公派其弟康叔为卫君,去治理这块顽地。去之前,周公语重心长地对康叔作了叮嘱,《康诰》是周公告诫康叔处世以"明德"和强调"天命不常"的道理:你行善则得之,行恶则失之。千万记住我的话,若要国家安泰,就必须"用先王道德之言以安治民也"。《酒诰》是周公嘱咐康叔戒酒勤政,殷之所以亡,就是因为纣王荒于酒,淫于妇之故,要以此为戒。最后一篇是《梓材》,周公以木匠治器为例,来比喻人君的为政之道,须劳心施政,为民除疾苦,处处施以礼义,使民众行善然后可治。正义注云:"先王文武在于前世,以自勤用明德,招怀远人,使来以为亲近也。……惟明德之大道而用

① 冯友兰《中国哲学简史》第 65 页,天津社会科学院出版社,2008 年。

之。"①上述三篇从一个侧面鲜明揭示了周公开国之初,是如何为国事殚精竭虑和如何坚定以"敬德保民"为治国方略的,读之感人肺腑。周公正是在"明德"这一基础上制礼作乐的,一部由周公主导撰写的《周礼》,庄重规范,涵盖丰富,气象万千,它开启了我国古代人文精神的先河。它不仅包括政治制度,而且包括道德标准和行为准则,所有的人都要循礼而为,所有的事都要依礼而办,任何人不得违礼不得僭越。礼乐文明从此成为中华文明的主要特征和标志。《礼记》说:"礼者,天地之序也,乐者,天地之和也。"儒家把礼乐文化与宇宙自然规律联系起来,强调它在人们生活中不可或缺的重要性。孔子不仅忠实继承了中华文明的成果,更重要的是作为一个理性实践者,能自觉地排除万难,义无反顾地把优秀的文化传统由高层贵族向低层平民下移。周月亮说:

> 孔子以民间自由知识分子的身份,自觉地总结人类经验,通过著书立说、开门办学,最卓有成效地传播了古典思想文化和自己的儒学教义。……使古老的"礼乐文化"成为平民教育一体化的全中国人的思想资源。②

孔子把"天道"、"中庸"、"厚德"、"礼乐"等这一系列交往行为规范落实到众生世人的信息沟通、角色意识、观念情绪等的交感中。孔子伟大的历史功绩就在于:取古代文明的精华进行重新诠释,创立一个适合华夏全民族的新的文明传统,并延续至今。

第二节　周敦颐与"二程"

一、早期理学家在豫赣活动的足迹

进入宋代,人们的思想非常活跃。新的时代提出了新的问题,需要人们去解答,而旧的思想似乎不足以应付时代的挑战。于是应潮流而动出现了一批"探

---

① 《尚书正义》卷十四《康诰》、《酒诰》、《梓材》,《传世藏书·十三经注疏》第1册,海南国际新闻出版中心,1995年。
② 周月亮《中国古代文化传播史》第107页,北京广播学院出版社,2000年。

索者"，冯友兰先生把他们称之为"更新的儒家"，也即儒学第二期的发展。清宋荦《重建濂溪书院记》说：

> 宋儒用理学相倡导，各有师承，而书院乃立。顾书院之盛，惟西江最；而亲莅其地，以率先斯道者，要以濂溪周子为首。自周子出，始有程朱之徒，递相授受，而教行天下后世。……周子尝官分宁簿，继理南安，既又任虔州，改令南昌，迁南康守，是西江实周子过化存神地，而虔州又兴国令程公始命二子从游，以开伊洛之先者也。①

这条资料一个最为鲜明的特点，就是突出了河洛与赣鄱在理学方面的交流。下面，我们根据上述资料所提供的线索，对宋代早期理学家在豫赣的活动作一表述。

周敦颐，字茂叔，道州营道（今湖南道县）人。原名惇实，避宋英宗讳改。宋仁宗天圣九年（1031 年），周敦颐 15 岁，父逝，携母入京师开封依舅父家，舅父郑向为龙图阁直学士，视敦颐如子。21 岁母逝，敦颐守孝 3 年。24 岁服满，从吏部调洪州分宁（今江西修水）主簿，分宁有狱，久不决，敦颐上任便断，县民惊诧说："老吏不如也。"28 岁举南安军（今江西大余）司理参军。南安狱有囚，法不当死，转运使王逵欲深究之，众吏畏惧，唯周敦颐独立争之，王逵不听，敦颐交还委任书，说："如此尚可仕乎！杀人以媚人，吾不为也。"王逵被周敦颐的举动震慑并感悟，囚犯得救。第二年冬，王逵举荐周敦颐为彬州彬县令。大理寺寺丞、知虔州兴国县令程珦来到南安，与周敦颐交谈，深知周是位"为学知道者"，因与为友，令二子师事之。"二子"即程颢、程颐兄弟，当时兄 15 岁，弟 14 岁，后人以"二程"呼之。"二程"跟随老师数年，其后周敦颐作《太极图说》，完稿后即首先授予"二程"，"他人莫得而闻焉"。周敦颐在湖南任上 6 年，38 岁时改入理寺丞回到江西，知洪州南昌县。45 岁迁国子博士，通判虔州（今江西赣州），起程路过江州（今江西九江）时，爱庐山之胜，有卜居之志，因筑书堂于其麓，堂前有溪，洁清甘寒，遂寓名"濂溪"。宋英宗治平二年（1065 年）敦颐 49 岁，改任通判永州

_____

① 清同治《赣州府志·书院》卷二十六。

（治所今湖南零陵），宋神宗熙宁三年（1070 年）敦颐 54 岁，官升虞部郎中，任广东提点刑狱。第二年至南康（今江西星子），改葬母墓于德化（今江西德安）庐阜清泉社三起山。葬毕，辞官，退居庐山之麓濂溪书堂。神宗熙宁六年（1073 年）以疾去世，葬于母墓一侧。时年 57 岁。

程珦，字伯温，洛阳嵩县人。宋真宗景德三年（997 年）生于京师开封泰宁坊赐弟。曾祖程羽是宋真宗赵恒的老师，官至兵部侍郎。程珦在《自撰墓志铭》说："予性质颛蒙，学术黯浅，不能自奋，以嗣先世。天圣中，仁宗皇帝念及祖宗旧臣，例录子孙一人，补郊社斋郎。历黄州黄陂、吉州庐陵二县尉、润州观察支使。"据此可知程珦仕途的大致概貌，其中任"吉州庐陵县尉"，即今天的江西吉安，不久，程珦又升改大理寺寺丞，知虔州（今江西赣州）兴国县令。就是说，程珦在京城和地方几十年的宦海生涯中，在江西为官的时间相对较长。程珦与周敦颐同在江西为官，而且南安与兴国又同属虔州辖内，为他们见面，结下深谊创造了条件。宋仁宗庆历五年（1045 年），程珦把"二子"托付给周敦颐，成为历史上一段千古佳话，它直接影响到中国理学与心学的历史进程。程珦致仕后回到祖籍洛阳定居，尝从二子游寿安山，赋诗曰："藏拙归来已十年，身心世事不相关。洛阳山水寻须遍，更有何人似我闲。"这是一位质朴无华，高风亮节的老者。宋哲宗元祐五年（1090 年），以疾而终，享年 85 岁。

程颢，字伯淳，洛阳嵩县人，程珦长子，人称明道先生。宋仁宗天圣十年（1032 年）生于洛阳，青少年时与弟程颐就学于周敦颐，后考中进士，曾任鄠县（今陕西户县北）、上元（今江苏江宁）主簿，又移泽州晋城（今山西晋城东北），"先生为令，视民如子。……在邑三年，百姓爱之如父母，去之日，哭声振野"[①]。宋神宗时为太子中允，权监察御史里行。深得神宗器重，常召其廷对，廷对时，程颢劝戒说："人主当防未萌之欲"，神宗则俯身拱手说："当为卿戒之。"论及人才，程颢直言不讳地说："陛下奈何轻天下士？"神宗立即说："朕何敢如是？"神宗命程颢推荐人才，程颢在所荐者数十人中，独把父亲表弟张载和他弟弟程颐放在首位，这是出于公心的唯才是举，不避亲疏，凸显程颢的光明磊落。说到张载，他是程珦的表兄弟，程珦与周敦颐是朋友，"二程"年青时受到周敦颐的教诲，后来又

---

① 宋·程颐《伊川文集》卷七《明道先生行状》，中华书局，1981 年。

和张载进行学术讨论。邵雍,共城(今河南辉县)人,后定居洛阳,邵雍和"二程"住处相隔不远,可以经常相聚学术探讨,冯友兰先生说:这五位哲学家之间的密切往还,成为中国哲学史上的一段美谈。神宗元丰八年(1085年),程颢因病去世,时年54岁。

程颐,字正叔,洛阳嵩县人,程珦次子,程颢之弟,人称伊川先生。宋仁宗明道二年(1033年)生于洛阳,屡试不第。反对王安石新政,神宗死后,哲宗年幼,由太皇太后高氏垂帘听政,高氏反对变法,起任司马光为相,废除变法,程颐由是得任崇政殿说书。哲宗亲政,又继续神宗变法路线,于是反对变法者失势,程颐被列为奸党贬至四川涪州编管(即由地方官员管制),此间程颐完成《周易传》的撰写。《周易传》是程颐对《周易》的注释,宋以后定为官书,科举用以取士,对社会影响十分巨大。哲宗死,徽宗继位,程颐回到洛阳任权判西京国子监,其后又遭变故。但无论时势如何变化,程颐却始终坚持在家乡从事教育活动,讲学著述达30余年。程颐的讲学极受学生欢迎,他以启发性为主,注重与督促学生注意个人道德和学识的增长,决不以科举考试为唯一目的,这与他个人经历有关。宋徽宗大观元年(1107年)去世,享年75岁。

二、周敦颐与"二程"的学术思想

周敦颐的学术思想集中在有关宇宙论的探讨。他一个了不起的功绩是将《周易》简化,简化到只留下5个圈,第一个圈是一个圆形,表示自然之太极;第二个圈,左半圈两道白色弧形夹着一道黑色弧形,表示阳动,即阴之根,右半圈两道黑色弧形夹着一道白色弧形,表示阴动,即阳之根;第三圈由水、火、木、金、土组成:水至木、木至火、火至土、土至金、金至水,水又至木,这种循环往复,叫做"五气顺布,四时行焉";第四圈和第一圈一样仍是一个圆形,这个圆形代表"乾道成男,坤道成女",代表了人之太极确立;第五圈还是一个圆形,代表"万物化生"。以上是《太极图》的全部内容,一目了然。如果说,上面三圈是对自然太极的探索的话,那么,下面两圈则是人的太极演化的过程。周敦颐的《太极图说》实际是对《太极图》的一个说明,亦极简短精练,内容大致如下:

　　无极而太极。太极动而生阳,动极而静,静极而阴。静极复动。一动一静,互为其根。分阴分阳,两仪立焉。阳变阴合,而生水、火、木、金、土。五气顺布,四时行焉。五行,一阴阳也;阴阳,一太极也;太极,本无极也。

五行之生也,各一其性。无极之真,二五之精,妙合而凝。"乾道成男,坤道成女"。二气交感,化生万物,万物生生而变化无穷焉。

惟人也,得其秀而最灵。形既生矣,神发知矣,五性感动,而善恶分,万事出矣。圣人定之以中正仁义(圣人之道,仁义中正而已矣),而主静(无欲,故静),立人极焉。……故曰:"立天之道,曰阴与阳;立地之道,曰柔与刚;立人之道,曰仁与义。"又曰:"原始反终,故知死生之说。"大哉易也,斯其至矣。①

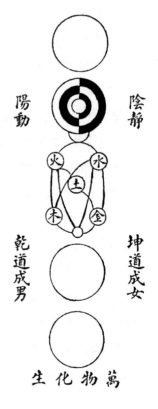

周敦颐《太极图》

所谓"太极",指天地阴阳未分时的混沌状态。《周易·系辞上》说:"是故《易》有太极,是生两仪。"《太极图说》即是这个思想的发展,并由此出发,其目的是探索人的圣人之道。周敦颐的另一著述《通书》,是一部阐释《易经》原理的重要著作,在开篇《诚上第一》便说:"大哉《易》也,性命之源乎!"寥寥数字,已把《周易》的精髓概括殆尽。朱熹在《〈通书〉后记》中说:"独此一篇,本号《易通》,与《太极图说》并出程氏,以传于世。而其为说,实相表里,大抵推一理、二气、五行之分合,以纪纲道体之精微,决道义、文辞、利禄之取舍,以振起俗学的卑陋。"理学的基本架构由此确立。

"二程"继承了周氏的宇宙论,在此基础上对于"理"作了进一步的阐发。《程氏遗书》卷二载:"理则天下只是一个理,故推至四海而准。"卷十八又说:"天

---

① 宋·周敦颐《周敦颐集》卷一,《传世藏书·诸子》第2册。

下物皆可以理照,有物必有则,一物须有一理。"用林语堂的话说:宇宙是一个道德性的秩序,而人所需要的是发现那个在他本身的道德性秩序,而由此达到"匹配"那个和道德性的宇宙相符合的最好的人。[①] 如何发现作为人本身的道德秩序,则涉及"气"的讨论,《遗书》卷十八,程颐说:"《孟子》一篇,诸君宜潜心玩索。……气须是养,集义所生。积集既久,方能生浩然气象。人但看所养如何,养得一分,便有一分;养得二分,便有二分。"人为什么要养气,这是因为人有私欲,圣人的气是清澈纯粹的,而"愚"者则是浑浊的,因此人必须努力培养"浩然气象"以完善自己。这一思想对后来文天祥的影响很大。

程颢的思想更倾向于把理和"传心"联系起来。《遗书》卷十一,程颢说:"理义,体用也,理义之说我心。"《遗书》卷十三:"心是理,理是心,声为律,身为度也。"卷十四又说:"孟子曰:'尽其心者知其性也,知性则知大矣。存其心,养其性,所以事天。'便是至言。"据黄宗羲《宋元学案·明道学案·语录》载:"先圣后圣,若合符节非传圣人之道,传圣人之心也,非传圣人之心也,传己心也。己之心,无异圣人之心,广大无垠,万善皆备,欲传圣人之道,扩充此心焉耳。"在对"理"的探索过程中,程颢更多的是从"心"这个角度去探究,它实为此后的另一学派陆王心学的发展奠定了理论基础。冯友兰说:

> 进入北宋到公元 11 世纪下半叶,更新的儒家分成两个不同的学派,分别以周敦颐的两个学生程颢、程颐两兄弟为创始人,他们被称为"二程"。这真是一种历史的可喜巧合。弟弟程颐创立了自己的学派,由朱熹集大成,史称"程朱理学"。哥哥程颢创立了另一个学派,由陆象山和王守仁完成,史称"陆王心学"。程氏兄弟并未意识到他们创立的两个不同学派具有何等重要的意义。[②]

由周敦颐的濂学而派生开创出的洛学,在中国理学发展进程中具有一种显著的不可忽视的历史地位。其重要性就在于它表达了更新的儒学那种积极进

① 林语堂《国学拾遗》第 8 页,陕西师范大学出版社,2008 年。
② 冯友兰《中国哲学简史》第 463 页,天津社会科学院出版社,2008 年。

取,勇于探索的精神。"二程"的学术思想,对后世理学的发展产生了不可估量的影响。

第三节　程朱理学与文天祥的天道观

一、朱熹的民本思想

朱熹是"二程"的四传弟子。"二程"一传弟子杨时,南剑州(今福建将乐)人,初始,杨时深得程颢的器重与赞赏,学成回籍,程颢"目送之曰:'吾道南矣'"。程颢去世8年后,宋哲宗元祐八年(1093年),杨时与同乡游酢以师礼见程颐于洛阳,此即黄宗羲《宋元学案·伊川学案》所载"程门立雪"的感人故事。杨时的政治与学术地位都很高,曾召为秘书郎、著作郎、龙图阁直学士等,他充分利用这一有利条件,辗转东南,兴教立学,传播"二程"思想。现在江苏无锡解放东路的东林书院内有一座"道南祠",建于明神宗万历三十二年(1604年),这是一所为祭祀书院创始人杨时及其弟子门人的专祠,今福建崇安武夷山五曲山崖上,仍遗存有"道南理窟"的摩崖石刻,由于杨时年寿很长,活了八十有三,门徒千余,因此成为东南理学一个最有影响的学派。杨时二传南剑州沙县人罗从彦;罗从彦三传南剑州剑浦人李侗,此即所谓"南剑三先生",他们不仅是洛学与闽学的中介与桥梁,更重要的是,当四传朱熹时,这种典型链式和标准连续的传播方式终于修成正果,为理学的集大成铺平了道路。

关于朱熹,人们似乎有说不完的话。他是继孔子之后所出现的一位最伟大的教育家与思想家,一生勤勉埋头耕耘,宏富的著述使其成为中华文明的"首富",虽然个人最终双目失明,但在精神上却留给华夏民族一座取之不尽用之不竭的极其珍贵的宝藏。朱熹,字元晦,号晦庵,别号紫阳,祖籍婺源,其父朱松为官福建,朱熹遂生于南剑州尤溪县。宋高宗绍兴十八年(1148年)进士。孝宗即位,上书反对与金议和,遭受排斥,回籍里讲学著述。宁宗即位,时韩侂胄擅权,禁道学,立伪学逆党籍,朱熹又遭受沉重打击。由于上述原因,朱熹仅担任了几届地方官职,但就是从这些任职中,我们感受到了朱熹深厚的民本思想。

宋孝宗淳熙五年(1178年),朱熹由史浩推荐,知南康军(今江西星子),上任伊始,便讲求荒政,急救饥民,据《星子县志》载:"新安朱元晦,学而通于理者也,其为郡南康,适岁大旱,凡足以拯民之饥,赈民之乏无不尽矣。"南康军濒临鄱阳湖,波浪凶险,船只多有倾覆,北宋哲宗元祐年间(1086~1094年),郡守吴审礼于湾口构木为障,不久渐圮:"孝宗间,朱先生来守,申准盐司拨官钱一千贯,米五百石,募民修筑,元晦间亦躬行於上,劳苦勤恤者甚至……凡用工一万七千有奇,增旧堤者三尺,益土与石,浚澳之淤,亦挺木以护其外,制备且坚。……迨今三百年。"①为了纪念朱熹的功绩,是堤称之为"紫阳堤"。

爱养民力,减轻民赋,是朱熹民本思想的核心。知南康军期间,把地方真实情况上奏朝廷:"臣窃见江西路诸州有科罚之弊,盖因岁入有限而费出无常,是以不免巧取于民以备支发。凡是百姓有事入门,不问曲直,恣意诛求,无有艺极,民间受弊,不可胜言。……若一切恣之不问,则法废不行,民怨无告,而贪虐之吏更复并缘以济其私,为害愈甚。"②朱熹在兴利除害惩治贪官方面,业绩是显著的。同时,他知道"生民之本,足食为先"的利害关系,对农民提出了殷切期望,在知南康军和知漳州时,写了不少《劝农文》,他说:"窃惟民生之本在食,足食之本在农,此自然之理也。若夫农之为务用力勤,趋事速者,所得多;不用力,不及时者,所得少,此亦自然之理也。"③语词恳切,文字浅显,道理易懂,最符农民口味。朱熹在漳州任职期间,奖励垦荒,规定农民所垦之田永为己业,并且可以免除三年租税。这些善政在当时的确起到立竿见影的作用。

二、程朱理学的"存天理,灭人欲"

程颐在论述社会等级关系时是非常苛刻的,《程氏遗书》卷五说:"父子君臣,天下之定理,无所逃于天地之间。"又说:"为君尽君道,为臣尽臣道,过此则无理。"他认为"天下只有一个理",万物本源之"理"是唯一的。如果说,为了维护封建统治名教纲常,在当时的历史背景下如此而已还说得过去的话,那么,下面一段话则无论如何是说不通的:

① 《星子县志》卷三《建置志》,同治版校点本。
② 宋·朱熹《晦庵集》卷十四《延和奏札四》,《传世藏书·诸子》第3册。
③ 宋·朱熹《晦庵集》卷九九《劝农文》,《传世藏书·诸子》第4册。

问:"孀妇,于理似不可取,如何?"曰:"然。凡取,以配身也。若取失节者以配身,是己失节也。"又问:"或有孤孀贫穷无托者,可再嫁否?"曰:"只是后世怕寒饿死,故有是说,然饿死事极小,失节事极大。"①

有人问程颐,娶寡妇为妻是否失节?孤苦无靠的孀居者可否再嫁?程颐的回答是斩钉截铁的:男子娶寡妇为妻就是失节,同样违反了天理。孤苦伶仃无依无靠的寡妇即使饿死也是微不足道的极小的事,如果为了生存而再嫁就是失节的极大的事,是要受到严厉谴责的。正因如此,自宋至清,在中国大地上贞节牌坊到处可见,以形成一道奇特而扭曲的景观,其总源在此。程颐指出"理"是人的内心所固有的东西,凡人皆可成圣贤,但因为外欲诱惑很多,使天理和人的内心不能合而为一,因此主张通过反躬内求的方式来达到目的。如果把这个推理套在"孀妇"身上就大错特错了。因为"孀妇"本身没有错,她一切符合"天理",既没有"外欲诱惑",也无须去"反躬内求",就因为客观上丈夫的去世而强加给她的却是万劫不复的灾难。《程氏易传·恒卦》说:"随时变易,乃常道也",它肯定了事物运动普遍存在的规律性,而一旦进入纲常说教时,却认为矛盾双方是不能转化的。

朱熹在人性论上强调"存天理,灭人欲"的对立,《朱熹集》卷四二《答胡广仲》说:"熹窃谓天理固无对,然既有人欲,即天理便不得不与人欲为消长。善亦本无对,然既有恶,即善不得不与恶为盛衰。"为了促使天理与人欲的一致,他主张"居敬穷理"的修养功夫,《朱熹集》卷四一《答程允夫》说:"是知圣门之学别无要妙,彻头彻尾,只是个'敬'字而已。……若能持敬以穷理,则天理自明,人欲自消,而彼之邪妄将不攻自破矣。"从而达到革尽人欲,复明天理,恢复人原有的纯善的本性。这是朱熹提出"存天理,灭人欲"的理由以及解决方法的大致情况。但是,有关"孀妇再嫁即是失节"的问题,在朱熹的论述中似乎未见提及,倒是在漳州为官时,写了一篇《劝女道还俗榜》,兹录如下:

降及后世,礼教不明,佛法魔宗乘间窃发,唱为邪说,惑乱人心,使人男

①　宋·程颢、程颐《程氏遗书》第二二《伊川先生语八》,《传世藏书·诸子》第3册。

大不昏(婚),女长不嫁,谓之出家修道,妄希来生福报。若使举世之人尽从其说,则不过百年便无人种,天地之间莽为禽兽之区,而父子之亲、君臣之义、有国家者所以维持纲纪之具皆无所施矣。幸而从之者少,彝伦得不珍灭。……岂若使其年齿尚少、容貌未衰者,各归本家,听从尊长之命,公行媒娉,从便昏(婚)嫁,以复先王礼义之教,以遵人道性情之常。①

朱熹的这段话,虽然也谈到君臣、父子以及纲纪人伦,但它的思想重心是放在"男大当婚,女大当嫁"这个命题上,规劝青年男女要过正常人的生活,所谓"人道性情之常",就是要组建家庭,养儿育女,繁衍后代。这无疑具有积极意义。

三、文天祥的天道观

理学即"道学",首创于周敦颐,到了文天祥则直呼"天道"。什么是"天道"? 文天祥一言以蔽之:"道"即"不息"。"不息",即不断进取,与时变更,也就是不断运动,因此,不息则久,不息则强,以自强不息的精神对待一切问题,这是自然和社会共遵的法则。宇宙中的万事万物都是由元气通过不断运动变化而来。文天祥说:"臣窃惟天一积气耳,凡日月星辰,风雨霜露,皆气之流行而发见者。……自古人君,凡知畏天者,其国未有不昌。"②文天祥的思想观念充分体现在他的生活实践中。他的"浩然正气"以道义为其根本,以践行天下之大道为旨归,充分体现了强烈的爱国主义精神和民族气节。俞兆鹏说:

文天祥虽然也和朱熹等理学家一样,主张从"敬"字功夫下手。但他并不十分强调闭门修养或所谓的"格物致知",而更注重在社会实践中去推行直道,求仁取义,弘扬正气。尤为突出的是文天祥最后终于杀身成仁,以自己的鲜血和生命捍卫了天道的纯粹和价值,这种表现在宋代道学家中是并不多见的。③

① 宋·朱熹《晦庵集》卷一百,《传世藏书·诸子》第4册。
② 宋·文天祥《文山先生全集》卷十一《熙明殿进讲敬天图周易贲卦》,中国书店,1985年。
③ 俞兆鹏《史林杂俎》第266页,江西教育出版社,2009年。

文天祥法天不息观,浩然正气的人生价值观,为他进步的政治思想,炽热的爱国主义情怀和崇高的人格尊严奠定了坚实的思想基础。他继承并发展了儒学文化传统,将孔孟道德观升华到更加理性的高度。而这一切又与文天祥家乡的优良传统环境与教育有关,曾受文天祥嘱托而撰写《文信国公墓志铭》的邓光荐,后来又写了《丞相传》,其中有段话,说:

> 公方为童子时,游乡校,见所祀乡先生欧阳修、杨邦乂而下,咸谥忠节。祠祝像设甚严,意欣然慕之,窃叹曰:"没不俎豆是间,非夫也。"故出而举事,志气素定,虽崎岖万折,终不挠屈。后至治三年癸亥,吉安郡庠,奉公貂蝉冠法服像,与欧阳文忠公修、杨忠襄公邦乂、胡忠简公铨、周文忠公必大、杨文节公万里、胡刚简公梦昱,序列祠于先贤堂。士民复于城南忠节祠,增设公像,以肯斋李芾配。庐陵旧有"四忠一节"之称,余为"五忠一节"云。①

这段话透露了以下几个信息:一是社会浓厚的崇奉乡贤的风尚对文天祥幼小心灵的深刻影响。二是赣鄱地区是哺育理学大家的摇篮,这些理学大家在精神上所折射出的,就是"肩挑道义"民族"节义"的无比光辉。三是这种崇高的精神追求和道德风范代之不绝,从而形成一个庞大的节义群体,因此,人们把江西称之为"节义之邦"是很贴切的。而文天祥则是这一群体中的杰出代表。文天祥作为南宋末年的爱国志士和民族英雄,几乎是家喻户晓。他的高尚道德和忠贞气节长期受到我国各族人民的敬仰和赞颂。

---

① 宋·邓光荐《宋少保右丞相兼枢密使信国公文山先生纪年录》,《文山先生全集》卷十七,中国书店,1985年。

第四节　陆王心学与"江右王门"学派

一、陆九渊的"心即理"

陆九渊,字子静,自号存斋,金溪(今江西抚州金溪)人。生于南宋高宗绍兴九年(1139 年),卒于宋光宗绍熙四年(1193 年)。学人把他与九龄一起称做"二陆",与大哥九绍、二哥九龄一起又可称之为"三陆"。陆九渊的"心学"是理学的一个分支,他的思想发展的脉络是和理学紧密联系在一起的,所不同者在于,"心学"的出现,是理学系统中对一些命题与概念所出现的不同看法,也可以说是陆九渊对程朱理学的一个回应。孟子说:"学问之道无他,求其放心而已",程颢说:"真诚用心去做"。陆九渊继承了孟子、程颢的这个见解,认为心即"道",心即"仁义",心即"理","学问之要,得其本心而已"。因此,学界干脆称陆学为"心学"。"心即理"是陆九渊的核心命题。

陆九渊的"心即理",与朱熹的"性即理"有很大不同。朱熹的"性""心"关系是很明确的,他认为在现实中包含有两个世界,一个是抽象的,另一个是具体的。朱熹以太极与阴阳来比喻性和心的关系,《朱子语类》卷五说:"性犹太极也,心犹阴阳也。"就是说,性好比太极,而太极是理的最高表现形态;心好比阴阳,而阴阳则是气的体现形式。在朱熹的观点中,理是一,气是二,理始终统摄气,而在心与性关系上,则性是一,心是二,性始终统摄心,即"心以性为体"。陆九渊不同意这个看法,他认为现实只包含一个心的世界,他说:"宇宙便是吾心,吾心即是宇宙。千万世之前有圣人出焉,同此心,同此理也;千万世之后有圣人出焉,同此心,同此理也;东南西北海有圣人出焉,同此心,同此理也。"又说:"万物皆备于我,有何欠阙?当恻隐时自然恻隐,当羞恶时自然羞恶,当宽裕温柔时自然宽裕温柔,当发强刚毅时自然发强刚毅。"其结论是"人皆可以为尧舜"。它突出与强调了人的主观能动性的那种自强、自力、自为的奋搏精神。对朱熹的心性之学起着一种极大的删繁就简的作用,陆九渊说:

天下之理,将从其简且易而学之乎?将欲其繁且难者而学之乎?若繁且难者果足以为道,劳苦而为之可也,其实本不足以道,学者何苦于繁难之说。简且易者,又易知易从,又信足以为道,学者何惮而不为简易之从乎?……万物森然于方寸之间,满心而发,充塞宇宙,无非此理。……天地之道,可一言而尽也。①

从简易入手来诠释庞大复杂的程朱理学的微言大义是陆九渊的一大历史功绩。陆九渊认为仁义道理是人的本性,存在于天地之间,不必向外寻求,他把学者的自身努力置于第一位。他认为仁义礼乐的政治思想,君臣父子的伦理原则,修身、齐家、治国、平天下的做人目标等大纲要旨,在儒经中已说得清清楚楚,无须注疏,最重要的是真心领悟,切己笃行。指出以经世为目标的儒学,最要紧的是实践,学者的用心不在解释经典,而在致力于"日用常行"。把六经要义与自我行为相印证,是儒者的终极目标。要"学以为己",尽力将儒学旨意融入自己的思想,兑现于生活的实践。这种激励上进的教育,今天仍然具有积极意义与借鉴作用。陆九渊也讲"去人欲",但其含意是指排除违背义理,不合法制的奸贪淫暴以及为非作歹之类的行径,而不是一般意义的物质利益和合理合法的正当权利。从这个意义上说,陆九渊的"心学"与程朱理学所谓"以理杀人"是不同的。

二、"鹅湖之会"与"义利之辨"

中国哲学史上传为美谈的两个经典案例——铅山鹅湖寺的"鹅湖之会"和白鹿洞书院的"义利之辨"都出现在江西,它从一个侧面反映了当时赣鄱大地的理学的兴盛和学术交流的生动,并由此产生"江西学",我们将在下节叙述。

朱熹、陆九渊、吕祖谦是南宋的三位理学宗师。宋孝宗淳熙二年(1175年)五月,由吕祖谦出面邀请朱、陆二人在鹅湖寺聚会。鹅湖寺是当时的一座著名的寺院,位于信州(今江西上饶)铅山县永平镇鹅湖山,早在唐代它就是诗人注意的对象,"鹅湖山下稻粱肥",歌咏的即是这块富饶的土地。铅山县是福建建阳经武夷进入江西的驻驿之所,也是东去浙江的必经之路,因此,鹅湖寺作为士大

① 宋·陆九渊《象山语录》卷上第49页,上海古籍出版社,2000年。

夫所钟爱的游观名胜之区远远超出佛教本身的含意。为了纪念历史上此次著名的"鹅湖之会",理学后人将寺院改为书院,成为江西著名的书院之一。据《象山语录》卷上载,在鹅湖聚会之前有段脍炙人口的故事:金溪"二陆"收到吕祖谦邀函,九龄对其弟九渊说:"此次聚会目的是辨析学术的异同,如果我们兄弟先自不同,怎能在辩论时观点一致呢?"于是,陆氏兄弟之间开始辩论起来。第二天一早,九渊准备辩论继续,九龄说:"思考了一夜,你说的极是,我把体会总结一下,写了一首诗。"诗云:"孩提知爱长知钦,古圣相传只此心。大抵有基方筑室,未闻无址忽成岑。留情传注翻蓁塞,着意精微转陆沉。珍重友朋相切琢,须知至乐在于今。"到了聚会那天,他们来到鹅湖寺,吕伯谦问陆九龄"别后新功",九龄拿出他的新诗,只念了前四句,朱熹对吕伯谦说:"子寿早已上了子静舡了也。"意即辩论尚未开始,九龄就已上了九渊的船了。可见,理学大师们为了"鹅湖之会",做了何等的精心准备。朱、陆谈论的核心是"尊德性"和"道问学"哪个为先,其核心是怎样"教人"。朱熹认为"泛观博览而后归之约",而陆九渊则相反,指出"先发明人之本心而后使之博览"。朱以为陆的教授为太简,陆又以朱的传述为支离。此次聚会朱陆虽未能统一见解,却加深了相互认识。正如陆九龄诗句所言:"珍重友朋相切磋,须知至乐在于今。""鹅湖之会"无疑是一次学者之间的友好集会,大师切磋学术,不仅激荡起雄浑的文化波澜,而且吸纳着众多求学之士的极大关注,产生了积极效果。

白鹿洞书院位于风景优美的庐山南麓。开创于五代南唐,李昇升元四年(940年),以朝廷的名义在此创建,初名"庐山国学",北宋称"白鹿洞书堂"。南宋孝宗淳熙六年(1179年),朱熹知南康军(今江西星子县),随即寻访踏勘白鹿遗址,为其荒凉落败而深感痛惜。朱熹在多次向朝廷奏请重建的同时,又积极为书院筹措经费,置办田产,更名"白鹿洞书院",并制定学规,自兼洞主,给诸生讲学,从此揭开了这座书院最为辉煌的一页。而陆九渊的来院讲学,则是白鹿洞书院历史上的一件浓墨重彩的盛事,史称"义利之辨"。

淳熙八年(1181年)二月,陆九渊率弟子朱克家、陆麟之等人来到白鹿洞,请朱熹为其去世哥哥陆九龄撰写墓志铭,朱熹爽快答应下来,与陆九渊泛舟鄱阳湖,并盛情邀请陆九渊在书院开讲。二月初十,朱熹与学子们早早来到讲堂,陆九渊登堂升席,正襟危坐,开讲《论语·里仁》"君子喻于义,小人喻于利"一章。

严厉批评"惟官资崇卑,禄廪厚薄是计"的小人,指出君子的标准,是"供其职,勤其事,心乎国,心乎民,而不为身计"的人。以"国事民隐"为分水岭,强调维护国家和民众的利益为至高无上。诸生听后莫不为之动容慨叹万端,乃至感泣哽咽。朱熹也深受感动,将陆九渊的讲义刻石,以资后来者学习,并向诸生表示:"熹当与诸生共守,以无忘陆先生之训。"这是一场深深镌刻在中国学术史上的讲学,陆九渊的这篇讲话后来成为理学家们纲领性文献。因为他们在理学界的崇高地位,遂使白鹿洞书院成为理学宗源,盛于天下,为全国四大书院之首。

无论"鹅湖之会",还是"义利之辨",都表现出这两位理学大师超凡的智慧与博大的胸怀。观点不同并未影响到他们之间的纯真的情谊,用郑玉《师山集》卷三《送葛子熙之武昌学录序》的话说,就是"大本达道,无有不同"。

三、王阳明的"致良知"

陆九渊的"心即理"到了明代又有新的发展,它由王守仁继承和发扬,再一次冲破程朱理学的束缚,把心学的浪潮奋力推向顶峰,故后人称之为"陆王心学"。王守仁,字伯安,生于明宪宗成化八年(1472 年),卒于明世宗嘉靖七年(1528 年),祖籍浙江余姚,随父始迁居山阴(今浙江绍兴),曾筑室修学于越城附近阳明洞,故世称"阳明先生",并以"阳明"行于世。

自宋周敦颐、"二程"及朱熹之后,至明代又出现了一位与江西有着亲缘关系的理学大师,王阳明虽籍里浙江,但他重大的学术活动却几乎都是在江西进行,以致形成风靡天下的"江右王门"学派。明孝宗弘治元年(1488 年),王阳明17 岁来到江西迎娶江西布政司参议诸养和之女,成婚后翌年,王阳明携夫人同回浙江,途经广信(今江西上饶),拜访了理学大家娄谅。娄谅是"崇仁学派"江西籍著名学者,"语宋儒格物之学,谓圣人必可学而至",这对王阳明的触动极大,故黄宗羲说:"姚江之学,先生(即娄谅)为发端也。"数年后阳明取进士,授刑部主事,改兵部主事。因反对宦官刘瑾,贬贵州龙场驿丞,早年阳明追随程朱理学,求"格物"之理,并无所悟,贬放贵州龙场后,在山区异常艰苦的生活环境中,得到彻悟,对《礼记·大学》有了一种全新的认识与诠释,世称"龙场悟道"。明武宗正德五年(1510 年),王阳明任江西吉安府庐陵知县,在行政生涯的同时,开始了他学术实践的探索。正德十一年(1516 年),升任都察院左佥都御史,巡抚南安、赣州、汀州、漳州等闽赣两处，直至正德十六年(1521 年)，王阳明的文功武治和学术倡明以及始创"致良知"说等，都是在这一时期完成的。

何谓"良知"？良知是来自直觉的一种认识，是人先天所具有的，是一种人的心的本性。冯友兰说："一切人，无论善恶，从基本上，都同有此心。人的自私也不能把本性完全泯灭，往往在人对外界事物的本能反应便足以说明这一点。人对事物的第一个反应表明，人内心里，知道什么是对的，什么是错的。这种非意识是人的本性的表现，王阳明称之为'良知'。"①承认人的本性存在"良知"，是王阳明思想的核心理念，他明确提出："盖良知之在人心，亘万古，塞宇宙，而无不同。……是故不欺则良知无所而诚，诚则明矣；自信则良知无所惑而明，明则诚矣。明诚相生，是故良知常觉常照。"②"良知"的先天存在，肯定"人性皆善"，为"人皆可为尧舜"成为可能提供了必要条件。但这种良知在外物的诱惑下往往使本性昏蔽，于是王阳明提出"致"，就是说，要推行和达到这种"致良知"，必须采用存养与省察的方法，即：存养以防人欲之私于未萌之先，省察以克人欲之私于方萌之际。他说："必欲此心存乎天理，而无一毫人欲之私，非防于未萌之先而克于方萌之际不能也。"王阳明主张认识与实践的同一，倡导"知行合一"和"知行并进"，《王文成公全书》卷二六说："吾平生讲学，只是'致良知'三字。"

四、"江右王门"学派

魏禧《日录·杂说》有言："江东称江左，江西称江右。……自江北视之，江东在左，江西在右耳。"自明清以来，无论是官方还是民间百工，尤其学术界，多顺口把江西称为"江右"。黄宗羲说：

> 姚江之学，惟江右为得其传。东廓、念庵、两峰、双汀其选也。再传而为塘南、思默，皆能推原阳明未尽之旨。是时越中流弊错出，挟师说以杜学者之口，而江右独能破之。阳明之道赖以不坠。盖阳明一生精神，俱在江右，

---

① 冯友兰《中国哲学简史》第 513 页，天津社会科学院出版社，2008 年。
② 明·王守仁《阳明传习录》中《答欧阳崇一》，上海古籍出版社，2000 年。

亦其感应之理宜也。①

　　这段话充分肯定了"江右王门"学派的历史地位及影响。第一,仰慕并追随"王学"者俱为江西籍人氏,更确切地说都是江西庐陵籍学者。"东廓"系指邹守益,字谦之,号东廓,吉安府安福县人,明孝宗弘治九年(1496 年)进士。邹守益是一位最能谨守"王学"的学者,其祖孙三代俱传阳明之学,他倡导"戒慎恐惧"和"修己以敬"作为"致良知"的入门方法。黄宗羲说:"东廓以独知为良知,以戒惧谨独为致良知之功,此是师门本旨,而学者失之,浸流入猖狂一路。惟东廓斤斤以身体之,便将此意做实落工夫,卓然守圣矩,无少畔援。"②"念庵"是指罗洪先,字达夫,号念庵,吉安府吉水县人。明世宗嘉靖八年(1529 年)状元,授翰林院修撰。罗洪先 15 岁时读王阳明《传习录》,很想受学王阳明,但被父阻止而罢,因此他一生从未见过王阳明,也未行过拜师礼,但他却追随王学 30 余年,意志不改。他倡导"主静",注重"收摄保聚"的功夫修行,黄宗羲说:"私淑而有得者,莫如念庵。""两峰"乃指刘文敏,字宜充,号两峰,吉安府安福县人。轻意科举,潜心《传习录》,似在恍若有悟之间,于是决心与族弟刘邦采等 9 人买舟去浙江绍兴拜谒王阳明,3 年后学成归来,成立"江右王门"学派的第一个讲会,称"惜阴会"。"双江"谓指聂豹,字文蔚,号双江,吉安府永丰县人。明武宗正德十二年(1517 年)进士,明世宗嘉靖四年(1525 年)召拜御史,翌年巡抚福建,建养正书院。嘉靖二十六年,在陕西按察副使任上,因诬下狱,在狱中苦思,竟豁然大悟,颇似王阳明贵州"龙场悟道"的感觉,聂豹把自己的这种悟性称为"致虚归寂"之学。上述四位江西庐陵籍学者仅因黄宗羲的提及而作一简述,事实是在上述四位学者的周围,又都聚集着大批的江西籍求学者,二传、三传,甚至代之相传,从而形成规模盛大的"江右王门"学派。第二,"江右王门"学派,不仅能坚定不移地信守师说,而且在各自不同的实践中"推行阳明未尽之意",极大丰富了"王学"的内涵。当时越中以"王学"师祖自居,标榜"正宗",用黄宗羲的话说,即"流弊错出,挟师说以杜学者之口"。这是一个危险的信号,如果听之任之,阳

① 清·黄宗羲《明儒学案》卷十六《江右王门学案序》,中华书局,1985 年。
② 清·黄宗羲《明儒学案》卷首《师说·邹东廓守益》,中华书局,1985 年。

明之学则有功亏一篑之虑,在这种情形下,唯有"江右王门"独能与之争论辨析,捍卫师说,从而使"阳明之道赖以不坠"。第三,王阳明一生的学术实践,基本在江西进行,而江西籍的随从弟子则灿若星河,成就卓著,对于"王学"而言,实在具有一种"众星捧月"的地域效应。

第五节　"江西学"形成的原因、特征及影响

一、"江西学"的提出

"江西学"是朱熹针对陆九渊的学术思想提出来的,他说:"示喻曲折,何故全似江西学问气象?顷见其徒自说见处,言语意气次第节拍正是如此,更无少异。"①虽然这是一种带批评性的见解,但朱熹在此却明确提出了"江西学"这个概念。因此有的学者根据今天的行政区划和社会认同的实际,提出把朱熹包含在"江西学"之内的论点。许怀林说:

> 朱熹的祖籍在徽州婺源县,出生于福建尤溪县,长期居住建宁府崇安县,但他一生的许多学术活动在江西地区展开,他任南康知军期间的作为,在其毕生政绩中占有突出地位,白鹿洞书院的重建,更是影响深广的学术成绩。从 1949 年起婺源已是江西的辖区,考察朱熹的思想,离不开江西的历史环境。将朱熹置于"江西学"之中,有利于完整地把握江西地区的学术思想态势。②

许怀林先生根据哲学历史发展脉络和客观存在的实际而进行的这一表述是正确和全面的。江西学的内涵十分丰富,尤其是"程朱理学"与"陆王心学"从形成到发展乃至碰撞,以及派生出文天祥的"天道观"和泰州学派这样所谓的"异端邪说",并由此衍生出汤显祖这样高扬人文精神旗帜的伟大人物,它们无一不

---

①　宋·朱熹《晦庵集》卷五十二,《传世藏书·诸子》第 3 册。

②　许怀林《江西通史·南宋卷》第 392 页,江西人民出版社,2009 年。

是在赣鄱这块土地上生动地演绎着和自由地展现着各自的风韵神貌。

二、赣鄱的地气作用与儒释道的融合

江西学的形成,一个最明显的特征就是它的地气作用。这一点早在黄宗羲的认识中便已初露端倪,他说的"盖阳明一生精神,俱在江右,亦其感应之理宜也"这句话,实际上就涉及"地气作用"这个问题。周月亮说:

> 理学和心学是儒学中的(子)思孟(子)学派沉寂千年以后的一个大回跳,他们都认为汉儒背离了孔孟真精神,而心学更为激越,更有孟子式的革命情绪,成为"积贫积弱"的宋朝正缺乏从而也正需要的主体意识、尊个性而张精神的"精神水库"。生长心学的江西和浙东成为具有革命情结的文化区,不同于其他地区。明朝王阳明的心学也是在这两处再度兴盛,并成为晚明、晚清的思想武库。在思想传播的信息场中绝对有"地气"的作用。①

有关江西的地理环境、自然生态和众民生存等,在此前章节中已然述及,概言之,一是江西自古即北民南移和南人北上的天然大通道;二是全境极其丰沛的纵横交错的江河湖泊为民众往来提供了便利;三是三面环山和占全境百分之六十以上的高低错落的山峦奇峰以及数不清的大小盆地,为各类生众把它作为最为理想的归宿和定居之地,提供了得天独厚的条件。

在这样一个独特自然的大背景下,赣鄱地区历史上出现的一系列五彩纷呈和令人目不暇接的重大事项:一是如火如荼遍及全境的书院教育;二是持续兴盛创宗开派的禅宗丛林;三是净明龙虎统领全国的道教胜地。这种儒、释、道在江西的强势并存,体现了赣鄱大地一种大气磅礴和雄深雅健的文化氛围,同时,为儒释道的亲缘与融合创造了最为有利的条件。明代著名道士张三丰在其《张三丰全集》卷一《大道论》说:"窃尝学览百家,理综三教,并知三教之同此一道也,儒离此道不成儒,佛离此道不成佛,仙离此道不成仙。"周敦颐接受《老子》和《易传》的影响,融合佛、道思想,以儒家思想为基础,成为宋明新儒学发展的先河。

---

① 周月亮《中国古代文化传播史》第 221 页,北京广播学院出版社 2000 年。

朱熹则"博极群书,自经史著述而外,凡夫诸子、佛老、天文、地理之学,无不涉猎而讲究"。至"陆王心学",三教合一趋于成熟,佛教的"即佛即心"成为陆九渊"心即理"的理论基础。王阳明《王文成公全集》卷七《重修山阴县学记》说:"夫禅之学与圣人之学,皆求尽其心也,亦相去毫厘耳。"又说:"儒佛老庄皆吾之用,是之谓大道。"正是因为吸纳佛老又坚守儒学,才使"王学"的真正精神在江右得以传承下去。实际上,吸纳佛老本身就是"王学"一个不可或缺的组成部分。"江右王门"聂豹的学问以静坐为功夫,主张求学要自其主乎内之寂然者求之,他的修炼方法虽被学者攻击为"禅悟",但罗洪先却认为这是通向良知的"康庄大道"。黄宗羲《明儒学案》卷十七《江右王门学案二》说:"先生之学,狱中困久静极,忽见此心真体光明莹彻,万物皆备。"所指即是聂豹"狱中彻悟"这件公案。后期学者如王时槐、胡直、邹元标等,他们曾会聚禅宗名山吉安青原山论学,精究佛学,并坐禅体验。周月亮先生相信,在儒释道三教融合和思想传播的信息场中绝对有地气作用的存在。这不是迷信,而是从堪舆学角度的科学的判断,赣鄱文化虽然"貌不惊人",在地域文化中它始终归于平凡低调一类,但由于它绝对的地气作用,却使它承载着丰厚的文化底蕴,它所涌现的人文精神,的确超出人们的一般想象。

三、江西学的"消息重心"在书院

宋元明时期,具有权威性的学术大师均在江西悉数登场,对书院教育产生积极促进作用,反过来,书院的发达兴旺,又培养了无数高素质的学术人才。这种良性互动机制,促使官办、民办等不同类型的书院在江西如雨后春笋。因此了解江西的学术环境,书院是其很重要的部分。据许怀林先生粗略统计,认定江西南宋时期开办的书院就多达134所,许怀林说:"由这个总体上宽泛的名录中看出江西在南宋时期书院教育的大趋势,那就是民办书院众多,分布于全境各地,呈现一片旺盛景象,显示出民众对文化教育的热情高涨。"[1]它说明早在南宋时期,江西的教育普及程度不仅广泛,而且一般民众对于书院的热情也是十分惊人的。再看明代,据胡青先生统计,仅就"江右王门"学派创办的书院就有88所,涉及

---

①　许怀林《江西通史·南宋卷》第324页,江西人民出版社,2009年。

20 多个县,而新创立的诸如惜阴会、青原会、崇正会等讲会性质的书院也有 20 余个。季啸风先生自 20 世纪 80 年代带领百余名学者普查书院,发现全国历代有书院 7300 余所,而江西历代共有书院 990 所,约占全国书院总数七分之一,居于全国各省之首。① 江西书院不仅数量多,而且质量高,其精品战略意识似乎在全国也是名列前茅。江西书院的特色,概括起来有以下两点:

第一,以学派为核心的体制架构,促使书院长盛不衰。书院,是一种自由的学术组织,它由观点认同或基本一致而聚集的一个团体。对学术大师具有崇拜追随的强烈意识。周月亮说:

> 书院主要是培育学生性理自得的涵养、自我训练的修养。没有书院这种机制,就不可能有两宋林立的学派——那些思想家如果没有门徒的追随、没有学生的一传再传,就不可能使该学派一度确立就永远确立。有学无派,构不成形势,传播的力度与影响的久远就大受损伤。②

白鹿洞书院

这段话比较精确地梳理了书院机制的发展模式。翻开江西书院的历史,真可谓学派林立,异彩纷呈。学术大师们不仅是一流的思想家,而且是不畏艰苦,

---

① 胡青《江西古代书院学术精神探析》,《江西文史》第 3 辑,江西美术出版社,2011 年。
② 周月亮《中国古代文化传播史》第 209 页,北京广播学院出版社,2000 年。

身体力行的实践者,为书院的创建几乎达到一种忘我的境界。宋孝宗淳熙六年(1179 年),朱熹知南康军(今江西星子),上任伊始,立即投入到对白鹿洞书院遗址的勘察与寻访的工作。一方面上奏朝廷,另一方面则四方筹措资金,在朱熹的全始全终的努力下,白鹿洞书院不仅成为"天下书院之首",而且是朱子学的中心之一,也是南宋以后朱子学派的重要基地,"白鹿薪传"最终成为朱子学的代名词。淳熙十四年(1187 年),陆九渊在贵溪县应天山创建书院,初始陆九渊踏山寻址,见山形如象,改应天山为象山,自号"象山先生",所建草房称"象山精舍",此即象山书院的前身。学生环绕讲堂自结茅屋,陆九渊一边讲学,一边带着学生开垦山地,自食其力,走耕读并举的路子,以解决资金短缺的困难。不用学规,倡导独立思考的学风,引导学生自悟自兴,以培养学生思想敏锐的风格。吴与弼,字子傅,号康斋,崇仁(今江西抚州崇仁)人,元末明初著名理学大师,其理学思想源于程朱理学,主张"静时涵养,动时省察",以此作为修养的基本功。但也有自己的发挥,一是提倡"践行",二是把"心即理"这一概念提升到很高的位置,有的学者把他视为明代"心学"的发端,成为崇仁学派创始人。创小陂书院,不收学费,但来学者必参加劳动,吴与弼与学子一道躬亲田亩,雨中耕作,修盖茅屋,于劳作时探讨学问等。豆蔬粝饭,俭洁质朴的农田生活是学子进学养德的必要条件,开创了明代自由讲学的风气。王阳明镇抚江西赣州,创建濂溪书院,并在此讲学。又建义泉、正蒙、富安、镇宁、龙池等书院,可以说,在儒学大师中,创建书院最多的是王阳明。不仅如此,而且在这些思想大家的周围,又聚集着许多著名理学家,他们代代传承,又继续创建各自不同的书院。

第二,江西书院大多隐于山林,远离尘嚣,为学子的"省察"、"彻悟"创造了条件。宋吕祖谦《白鹿洞书院记》说:"白鹿洞国初斯民,新脱五季锋镝之厄,学者尚寡,海内向平,文风日起,儒生往往依于山林,即闲旷以讲授,大率多至数十百人。"引起我们注意的,是"儒生往往依于山林"这句话,它给了人们　个很重要的信息,即:书院是从禅宗的丛林制度转化而来的。早在东晋,慧远法师见庐山峰峦奇峻,林木幽盛,"足以息心",便停止了南去粤境的脚步。南北朝宋孝武帝大明五年(461 年),陆修静来到庐山,见其云峰雾蔼,飞流洞壑,便在东南麓瀑布岩下修建太虚观,隐居修道。而陶渊明此时也远离尘嚣,隐居南山,从事诗歌创作。朱熹《白鹿洞牒》说:

昨来当职,到任之初即尝询访,未见的实。近因接视陂塘,亲到其处,观其四面山水清邃环合,无市井之喧,有泉石之胜,真群居讲学、遁迹著书之所。因复慨念庐山一带老佛之居以百十计,其废坏无不兴葺,至于儒生旧馆只此一处,既是前朝名贤古迹,又蒙太宗皇帝给赐经书,所以教养一方之士,德意甚美。①

这段话有以下几点值得注意:第一,朱熹知南康军,上任之初便查勘白鹿洞遗址,其急切的心情让今天的人们似乎都能感受到;第二,清静幽雅的环境是"群居讲学,遁迹著书"的必要条件,这是历代学术大师也是历代学者们的共识;第三,儒、释、道三家,在对于环境的要求与追求上,其目标是一致的。江西的"地气"作用在此再一次显现出来,为三者在思想上的相互借鉴与融合,创造了必要的条件。

四、江西学的社会意义与影响

文化的延续不是静态的,而是一种生生不息的互补、互接、互融的动态进程,在这一过程中,又充满了文化的延续、再造与发展。我们从河洛文化早期的周公制礼作乐与孔子礼乐文化,到宋初周敦颐与"二程"学术思想,直至程朱理学和陆王心学,其文化的脉动是那样的玲珑剔透和顺理成章,就像水一样汩汩不停地流动,虽然也有起伏跳跃,但它的目标却始终是朝着一个方向。孟子去世后,先秦儒学似乎画上了句号,但宋代"更新的儒家",却又明确了这种传承关系。"更新的儒学"一个鲜明特征,就是开始注意吸收佛道两家有益的成分为我所用,形成以儒家思想为基础,融合释、道思想,阐发性理之学的一种不可逆转的趋势。"程朱理学"和"陆王心学",这是一种"和而不同"的个性化的学术思想的充分展示,它们无论怎样辨难,但在追求"道"的过程中那种以生命为代价去努力实践作为人生的价值,却是高度一致的。儒学极其重视"道德"培养,孔子认为知识和品德是不可分的,孔子和嗣后的思想家们,他们内心的宇宙意识所秉承的这

---

① 宋·朱熹《晦庵集》卷九十九《白鹿洞牒》,《传世藏书·诸子》第4册。

种心灵的探索一刻也没有停止过,文天祥即是其中的典型范例。冯友兰说:

> 科学的发展已经战胜了地理的限制,今日中国已不再是封闭在"四海之内"。……中国要在现代世界生存,就必须现代化。……任何民族在任何时代的哲学里,总有一些内容只对处于当时经济条件下的大众有用;但是,除此之外,还会有一部分哲学思想具有持久的价值。①

就是说,有关人类社会的一般性的,即普遍性的理论,是永远不会过时而具有永恒价值的。在人文精神层面的"道德"培养与追求,是中国哲学一个永恒的命题,也是我们当下社会发展中所面临的一个极为重要的课题。

江西学的社会影响是极其深远的。江西王学传人不仅在传承王学方面全面继承王阳明"事不帅古,言不称师"的气质禀性,而且他们在实践中也始终坚持"知行合一"的学术样式,从而推动了江西学"独立不惧,卓尔不群"学风的形成。这里应提及的是作为"阳明后学"的泰州学派。其创始人王艮为江苏泰州人,故称"泰州学派"。王艮的第一位江西籍弟子是徐樾,贵溪人;第二位是颜钧,永新人;第三位是罗汝芳,南城人;第四位是何心隐,永丰人。因此,泰州学派在江西极为盛行。这一学派主张"百姓日用即道",以揣摩为妙语、纵恣为自然。何心隐、罗汝芳认为:"心"是万物本源,"以赤子良心不学不虑为的",具有"狂禅"意味。汤显祖少年时期接受程朱理学的传统教育,后来结识泰州学派江西籍学者罗汝芳、颜钧,受他们影响很大,尤其是佩服泰州学派中坚思想家李贽的"童心说",并提出"情至说"。一曲《牡丹亭》,表达了在封建专制重压下青年要求个性解放,争取爱情自由、婚姻自主的呼声,控诉了封建礼教对人们幸福生活、美好理想的扼杀与摧残,当时是被封建礼教斥之为"异端"的。方志远说:"明代江西文化中的异端文化,却是真正的民众文化。其实,历史上所有伟大的思想家,其思想在开始时大都被视为'异端'。因为他们总是要挑战传统,总是因为代表人民的愿望而为统治者所不容。"②《牡丹亭》的人文蕴涵的丰富性与同一性,已为世

---

① 冯友兰《中国哲学简史》上册第 45 页,天津社会科学院出版社,2008 年。
② 方志远、谢宏维《江西通史·明代卷》第 356 页,江西人民出版社,2009 年。

界各国民众所接受,并与本国文化相融合,创造出为本国民众所接受的《牡丹亭》新模式。这一文化潮势,也许就是江西学的影响所在。

第七章　河洛与赣鄱俗文学的交流

什么是"俗文学"？郑振铎《中国俗文学史》开宗明义便说：

> "俗文学"就是通俗的文学，就是民间的文学，也就是大众的文学。换一句话，所谓俗文学就是不登大雅之堂，不为学士大夫所重视，而流行于民间，成为大众所嗜好，所喜悦的东西。①

从语言角度看，俗文学其语言用语，是与书面语言的"文言"相对的一种"口头语言"。《论语·述而》云："子所雅言，《诗》、《书》、执礼，皆雅言也。"李泽厚认为："中国的书面语言对口头语言有支配、统率、范导功能，是文字（汉字）而不是语言（口头语言）成为组合社会和统一群体的重要工具，这是中华文化一大特征。"②这一特征促使了书面语言与口头语言的差异，导致了雅文化与俗文化具有鲜明的各自不同的特征。这种以士大夫标准化语言为外壳的文化，构成了一个庞大的雅文化体系，它维系着一个民族的文化传统和全民族共同的文化意识。与此同时，与雅文学相对的俗文学，则是以民间意识为内核，以口头语言为其外壳的文学形式，从而构成具有开放、自由、活泼与随意的一个庞大的俗文化体系。

---

① 郑振铎《中国俗文学史》上册第 1 页，作家出版社，1954 年。
② 李泽厚《论语今读》第 182 页，安徽文艺出版社，1998 年。

第一节　慧远"唱导"与河洛说唱文学的传播

一、佛教唱导、俗讲与变文

真正意义的俗文学始源于唐代,由于被封闭在敦煌千佛洞藏书密室中,使之千余年来湮没不彰。直到 20 世纪初的 1907 年被发现,大量的民间俗曲、词调,以及更为重要的民间叙事歌曲及"变文"等,才得以重见天日。

唐代寺院盛行"俗讲",这是佛教宣传教义的一种新的方法。"俗",在这里含有普及的意思,傅芸子先生云:"所谓俗讲……便是根据经论,不作高深原理的探讨,将经文敷演出来,用通俗的言语,使民众易于了解。而说经的时候,并且夹杂着音乐,说唱兼施,感动民众之力很大。"①俗讲的内容,都是专门讲唱佛经里的故事,谓之"变文"。我们先取一段《大目乾连冥间救母变文》,看看它的结构形式:

> 目连见母,却入地狱,切骨伤心,哽咽声嘶,遂乃举身自扑,由如五太山崩,七孔之中皆流逬血。良久而死,复乃重苏,两手按地起来,整顿衣裳,腾空往至世尊处:
>
> 目连情地总昏昏,人语冥冥似不闻,良久沈吟而性悟,掷钵腾空问世尊。……②

唱词长达 30 余句,均由七言组成。结构由散文体的"讲"和韵文体的"唱"组合而成一个段落(单元),整篇如此循环往复,形成若干段落,从而构成"变文"的长篇体制。那么现在要问,这种唐代寺院兴盛一时的所谓"俗讲"是怎么来的?确切地说,"俗讲"源于"唱导",可直接追溯到东晋时期庐山东林寺创派净土宗的慧远法师。《高僧传》载:

---

① 傅芸子《俗讲新考》,《敦煌变文论文录》上册第 148 页,上海古籍出版社,1982 年。
② 《敦煌变文集》下集第 737 页,人民文学出版社,1957 年。

唱导者,盖以宣唱法理,开导众心也。昔佛法初传,于时齐集,止宣唱佛名,依文致礼。至中宵疲极……其后庐山释慧远,道业贞华,风才秀发。每至斋集,辄自升高座,躬为导首。先明三世因果,却辨一斋大意,后代传授,遂成永则。①

慧远是位佛教中国化的先行者和改革者。佛教传入之初,其法理是以"说"为主的,即所谓"依文致礼";也有"唱",但仅限于开始时"佛名"的宣唱。这种状况,往往造成讲经者疲惫不堪,听经者枯燥乏味而昏昏欲睡。面对这样一种状态,慧远认识到这是传教法理的最大障碍,于是充分运用中华汉字声调的抑扬顿挫以及发挥"道业贞华,风才秀发"的自身优势,合理调配音色的高下,音节的长短,悉心掌握辞吐的快慢,情感的抑放等,促使"唱导"成为佛教一门重要的职业而大盛,并"后代传授,遂成永则"。唱导者须具四项本领,即声、辩、才、博,"非声则无以警众,非辩则无以适时,非才则言无可采,非博则语无依据"。可见作为一名唱导者如果没有极高的智商和高超的技艺是断难有所作为的。佛徒们刻苦努力,有的则终其一生"研习唱导,有迈终古"。《高僧传》在描述唱导者在唱导时所具有的表情神态时说:

尔时导师则擎炉慷慨,含吐抑扬,辩出无穷,言应无尽。谈无常,则令心形战栗;语地狱,则使怖泪交零。征昔因,则如见往业;核当果,则已示来报;谈怡乐,则情抱畅悦,叙哀戚,则洒泪含酸。于是阖众倾心,举堂恻怆。五体输席,碎首陈哀。各各弹指,人人唱佛。

此情此景,如在目前,把听众带进了一个虚幻而又真实的境界。因此,唱导者必须具备一种绘声绘色的艺术家的气质。后来在瓦舍勾栏出现的"评书"、"说史"、"鼓词"等这些专门职业,无不导源于此。

这种专门讲唱佛经故事的表现形式,很快为民间文人所利用,让它从佛经故

① 梁·慧皎《高僧传》卷十三,《传世藏书·子库·佛典》第911页,海南国际新闻出版中心,1995年。

事中走出来用于讲唱民间传说故事。从敦煌石室中除发掘出大量诸如《大目乾连冥间救母变文》等佛教变文外,还有不少世俗变文,诸如《伍子胥变文》、《王陵变文》、《董永变文》、《李陵变文》、《明妃变文》、《舜子至孝变文》、《张义潮变文》、《张淮深变文》等。这是"变文"由寺院走向社会的重要的一步。

二、两宋俗文学勃兴的原因

唐代"变文",作为"俗文学"的初始,其意义是非常深远的。郑振铎说:"变文的名称虽不存,她的躯体虽已死去,她虽不能再在寺院里被讲唱,但她却幻身为宝卷,为诸宫调,为鼓词,为弹词,为说经,为说参请,为讲史,为小说,在瓦子里讲唱着,在后来通俗文学的发展上遗留下最重要的痕迹。"[1]郑振铎先生为我们细腻地表述了唐代变文是如何衍生为宋代讲唱的,源流明确,脉络清晰。两宋俗文学的勃兴,离不开社会观念的深刻变化。

首先,在哲学领域涌动着一股新的思潮,其特点就是哲学的世俗化。李觏,思想教育家,江西南城人。皇祐二年(1050年)召为太学助教、太学说书等。拥护庆历之政,关心国计民生,敢于涉及政治得失及民生疾苦。潜心治学,素不喜《孟子》,排斥佛、道二教。社会传诵一则轶闻趣事:"李觏,字泰伯,盱江人。贤而有文章,苏子瞻诸公极推重之。素不喜佛,不喜孟子,好饮酒。……一士人知其富,有酒,然无计得饮,乃作诗数首骂孟子。其一云:'完廪捐阶未可知,孟轲深信亦还疑。文人尚自为天子,女婿如何弟杀之。'李见诗大喜,留连数日,所与谈莫非骂孟子也,无何酒尽,乃辞去。既而又有寄酒者士人,闻之再往,作仁义正论三篇,大率皆诋释氏。李览之,笑云:'公文采甚奇,但前次被公吃了酒,后极索寞,今次不敢相留,留此酒以自遣怀。'闻者莫不绝倒。"[2]这是一篇绝妙的学术幽默,具有浓郁的喜剧色彩。谈笑之间,透露了宽松的学术环境是如何促使社会世俗化转变的。

其次,经济的繁荣与都市文明的兴起,促使了俗文化的极度发达。这种"都市文明"较之唐代,有着极大的区别,它再也不是仅仅局限于宫廷的帝王及贵族

---

① 郑振铎《中国俗文学史》上册第 269 页,作家出版社,1954 年。

② 清·徐叟辑《宋人小说类编·补钞》第 20 页,中国书店,1985 年。

阶层,而是反映在整个社会的各阶层,尤其是市民的积极参与。《东京梦华录》,是中国第一部记载都市景物的书,成书于"绍兴丁卯",即南宋初年的绍兴十七年(1147年),是一部追忆北宋都城汴梁(今开封)旧事之作,对我们了解北宋后期商品经济、都市社会生活、通俗文化的发展状况,都有很高的价值。在这里,上层的贵族阶层已被淡化,成为"暗场处理"的"配角",而其挑梁者,则具有一种强烈的"市民性"。经济实力的雄厚,使这个庞大的市民群体,成为不可小视的"有闲阶层"。"其士农工商诸行百户衣装,各有本色,不敢越外。……更有提茶瓶之人,每日邻里互相支茶,相问动静。凡百吉凶之家,人皆盈门。其正酒店户,见脚店三两次打酒,便敢借与三五百两银器。以至贫下人家,就店呼酒,亦用银器供送。有连夜饮者,次日取之。诸妓馆只就店呼酒而已,银器供送,亦复如是。其阔略大量,天下尤之也。以其人烟浩穰,添十数万众不加多,减之不觉少。所谓花阵酒池,香山药海。别有幽坊小巷,燕馆歌楼,举之万数,不欲繁碎。"①汴梁的繁华胜景,就是依赖于这种平民文化的张扬而得以显现。

再次,北宋初真宗时代(998~1022年),遭遇一次严重排佛运动,寺院中"变文"的讲唱活动,亦被顺带明令禁止,于是,出现了寺院的"俗讲"向民间瓦舍勾栏的彻底转移。接下来的仁宗时代(1023~1063年),却又大力提倡小说,据《七修类稿》载:"小说起宋仁宗,盖时太平盛久,国家闲暇,日欲进一奇怪之事以娱之。故小说得胜头回之后,即云话说赵宋某年。闾阎淘真之本之起,亦曰:'太祖太宗真宗帝,四帝仁宗有道君。'国初瞿存斋过汴之诗,有'陌头盲女无愁恨,能拨琵琶说赵家'。皆指宋也。"②于是,以讲唱历史、传说,以及讲唱当时现实故事的所谓非佛教故事的"变文",在"瓦子"里经过伎艺人的实践与改造,取得长足发展。

三、俗文学的成熟与系统化

俗文学在平民社会与平民文化的孕育中走向成熟。南宋临安(今杭州)承

---

① 宋·孟元老《东京梦华录·民俗》卷五,《传世藏书·子库·杂记》第1册,海南国际新闻出版中心,1995年。

② 明·郎瑛《七修类稿·小说》卷二十二,《传世藏书·子库·杂记》第1册,海南国际新闻出版中心,1995年。

续了北宋汴梁繁华的衣钵,甚至更为变本加厉起来。关于俗文学的成熟,在南宋有关都城方面的典籍中,得到深刻反映。《梦粱录》云:

> 说话者谓之"舌辨",虽有四家数,各有门庭。且小说名"银字儿",如烟粉、灵怪、传奇、公案,朴刀杆棒、发迹变泰之事;……谈经者,谓演说佛书;说参请者,谓宾主参禅悟道等事;……讲史书者,谓讲说《通鉴》,汉唐历代书史文传、兴废争战之事。……又有王六大夫,原系御前供话,为幕士请给讲,诸史俱通,于咸淳年间敷演《复华篇》及中兴名将传,听者纷纷。盖讲得字真不俗,记问渊源甚广耳。
>
> ……说唱诸宫调,昨汴京有孔三传编成传奇灵怪,入曲说唱;今杭城有女流熊保保及后辈女童皆效此,说唱亦精,于上鼓板无二也。……凡唱赚最难,兼慢曲、曲破、大曲、嘌唱、耍令、番曲、叫声,接诸家腔谱也。①

上述史料,说明以下几个问题:一是唐代俗讲中的"变文",入宋后出现了一系列重大变化。二是诸多新文体的产生。《武林旧事》载有诸多伎艺的名目与人数,择其有关的诸项列之:"书会"6 人;"演史"23 人;"说经"17 人;"小说"52人;"影戏"22 人;"唱赚"22 人;"小唱"9 人;"杂剧"39 人;"弹唱因缘"11 人;"诸宫调"4 人;"商迷"13 人。② 这种新兴的文体显示出一种强劲的势头,形成一个近 200 人的队伍,仅"小说"一项,便占有 52 人。其中,顶级人才不在少数,如任辩、叶茂、方瑞、刘和等,其后面都标注有"御前"二字。表明此时宫廷大内已有为帝王讲唱"小说"而专设的职司,说明这一批讲唱艺人的学识和艺术素养,已经达到相当高的水平。三是固定的演出场所与固定的创作队伍,促使平民社会产生一支庞大的平民观众群体。这是宋代俗文学成熟与系统化的一个显著标志。"瓦舍勾栏"这个名词,我们已非常熟悉,但其内部结构如何? 元代杜善夫的散曲套数《庄稼不识勾栏》,为我们提供了一点信息:

---

① 宋·吴自牧《梦粱录·小说讲经史》卷二十,《传世藏书·子库·杂记》第 1 册,海南国际新闻出版中心,1995 年。
② 胡忌《宋金杂剧考》第 49 页,古典文学出版社,1957 年。

　　[六煞]见一个手撑着椽做的门,高声叫请请,道迟来的满了无处停坐。说道前截儿院本《调风月》,背后幺末敷演《刘耍和》,高声叫:"赶散易得,难得的妆哈?"

　　[五煞]要了二百钱,放过。咱入得门,上个木坡。见层层叠叠团欒坐。抬头觑,是个钟楼模样;往下觑,却是人旋窝。见几个妇女向台儿上坐。又不是迎神赛社,不住的擂鼓筛锣。①

《水浒传》第五十一回为我们描述了一段技艺精绝的表演:"锣声响处,那白秀英早上戏台,参拜四方。拈起锣棒,如撒豆般点动……说了开话又唱,唱了又说,合棚价众人喝采不绝。"值得注意的是,在这个庞大的职业化从艺人员的群体中,活跃着一支以此为谋生目的的创作队伍,他们是深谙俗文学的行家里手。"书会",是他们的组织形式,人们习称"书会才人"。这一切,都为两宋数百年来长盛不衰,蔚为壮观的平民观众群体的稳定,提供了理论上的依据。

第二节　宋代赣鄱精英文学的俗化

　　两宋赣文学的作家群体,几乎都是开宗创派,领风气之先的人物。属于雅文学范畴的两宋赣文学,我们习惯称之为"精英文学"。在这批精英文学中,不少士大夫文人与俗文学都保持着一种亲密的关系,他们从俗文学中汲取有益的鲜活的东西来丰富与润色自己的作品。他们自觉地从雅文学这个狭窄的圈子里走出,以一种高涨的热情和猎奇的心态,对流行于民间的大众的通俗文学及其表现形式,产生了浓厚的兴趣。在创作过程中,以提高俗文学品位为己任,使某些较粗鄙的口头文学得到改造。这种士大夫文人的文学观念意识的下移,标志着雅文学俗化的开始。郑振铎先生说过这样一段话:

　　我们的诗人们与散文家们大部分都是在"拟古"的风气中讨生活的。

---

　　① 杜善夫[般涉调·要孩儿],《元人散曲选粹》,甘肃人民出版社,1985 年。

然另一方面,却有许多不为人知的先驱者在筚路蓝缕的开辟荆荒……或毫不迟疑地采用了民间创作的新式样。……这使我们的文学乃时时在进展,时时有光荣的新巨作,新文体的产生。①

宋代江西精英文学家们,就是这样一批"毫不迟疑地采用了民间创作的新式样"的创作群体。他们对俗文学的贡献是不容低估的。

一、欧阳修的鼓子词

欧阳修为宋代文坛巨魁,乃江西精英文学的轨范,然正是这位士大夫文人的表率,却表现了对俗文学少有的亲近,这是欧阳修极可贵的一面,却往往被我们所忽略。欧阳修文学的俗化,集中体现在词的创作上。鼓子词是宋代一种叙事的讲唱文体,以鼓为节拍,是从唐代"变文"分化出来的一种歌唱伎艺。它用一个词调反复歌唱,以十章或十二章为限,故其篇幅不是很大,较之唐代的"变文",体裁缩小了许多。在宋代说唱文学样式中,鼓子词属早期的一种。从目前材料看,首先把这一文学样式引入文人圈中并进行自觉创作的是欧阳修。约半个世纪后的北宋末年,才开始出现赵令畤《元微之崔莺莺商调蝶恋花鼓子词》12首。

欧阳修连章鼓子词以叙事写景为擅长,这也是宋代鼓子词一个明显特征。在结构上则完全采用民间艺术形式,其[渔家傲]《十二月鼓子词》即以分咏十二个月的风光景物为主线。欧阳修写有两组[渔家傲]《十二月鼓子词》,共24首。第一组以当月节令变化以及风俗民情的细腻描写见长,多受士大夫冷落,李调元《雨村词话》卷一云:"选词家多不采。"原因即"俗词"之故,可见其偏见之深,即使文坛巨匠,也不能幸免。第二组词的遭遇亦相差无几,其词前有编者小注:"京本《时贤本事曲子后集》云:'欧阳文忠公,文章之宗师也。其于小词,尤脍炙人口。有十二月词,寄[渔家傲]调中。本集亦未尝载,今列之于此。'"②《时贤本事曲子后集》是北宋杨绘编辑的一部俗词集,杨绘,仁宗时进士,官至翰林学

---

① 郑振铎《插图本中国文学史》第12页,人民文学出版社,1957年。
② 邱少华编著《欧阳修词新释辑评》第161页,中国书店,2001年。

士;《本集》指《欧阳文忠公全集》,就是说,[渔家傲]十二月鼓子词,在"本集"未见著录,所幸杨绘慧眼识珠,把它编进《曲子后集》中,使之得以流传。第二组鼓子词上片写当月之景,下片即抒情,所谓触景生情,寓情于景,突出作者的情思,真切感人。如[渔家傲]第十首:"十月轻寒生晚暮。霜华暗卷楼南树。十二栏干堪倚处。聊一顾。乱山衰草还家路。悔别情怀多感慕。胡笳不管离心苦。犹喜清宵长数鼓。双绣户。梦魂尽远还须去。"通篇写游子思乡之情,末句表达梦中魂魄也要归乡一聚的决心,颇为生动传神。

二、黄庭坚的鼓笛令

宋代的江西诗派,是一支极具影响力的诗歌流派。吕本中《江西诗社宗派图》云:"歌诗至于豫章始大出而力振之,后学者同作并和,尽发千古之秘,亡余蕴矣。录其名字,曰江西宗派,其源流皆出豫章也。"于是,人们奉黄庭坚为江西宗派之祖。黄庭坚的诗歌创作有两个特点:一是对通俗诗的偏爱。唐代的王梵志,是一位真正的通俗诗创作者,"吾有十亩田,种在南山坡。青松四五树,绿豆两三窠。"这是一种适合民众的水平和需要,为民众理解和接受的通俗文学。郑振铎说:"王梵志诗在宋以后便不为人所知,黄庭坚很恭维他的东西。"[①]这为黄庭坚"以俗为雅"的诗风形成奠定了基础。二是受宋杂剧影响。孔平仲《孔氏谈苑》卷五云:"山谷云:'作诗正如作杂剧,初时布置,临了须打诨,方是出场。'""打诨",指宋杂剧中的诙谐幽默的滑稽表演。黄庭坚引进宋杂剧模式,作为诗歌创作的一种表现手法,这是他的过人之处。反过来他的这种创作方法,又给予后世戏曲以强烈影响,成为戏曲之"鼻祖",却是人们所始料不及的。姚华《慕猗室曲话》云:

> 山谷《归田乐》两首。其一云:"暮雨蒙阶砌。漏渐移转添寂寞,点点心如碎。怨你又恋你、恨你、毕竟教人怎生是。前欢算未已,奈何如今愁无计。为伊聪俊,销得人憔悴。这里诮睡里,睡里梦里心里,一晌无言但垂泪。"其二云:"对景还消受。被个人把人调戏,我也心儿有。忆我又唤我、见我、嗔

---

① 郑振铎《中国俗文学史》第124页,作家出版社,1954年。

我，天甚教人怎生受。看承幸则匀，又是尊前眉峰敏。是人惊怪，冤我忒扪
就。拼了又舍了，定是这回休了，及至相逢又依旧。"二曲为董解元导师。
……然下启金元，遂为千古曲家开山鼻祖。[①]

　　我们知道，诸宫调是讲唱文学中一个最伟大的品种，《董解元西厢记诸宫
调》是目前现存3种诸宫调中最为完整的一部，也是思想和艺术价值最高的一
种。进入元代，王实甫以《董解元西厢记诸宫调》为蓝本，改编而成元杂剧《西厢
记》：由叙事为代言；由一人说唱为多人扮演，同时删改或增补了某些情节。于
是，一部极为成熟的戏曲演剧形态便应运而生了。因此，《慕猗室曲话》奉黄庭
坚为"下启金元，遂为千古曲家开山鼻祖"是有据可循的。它从一个侧面为我们
较清晰地描述了黄庭坚——董解元——王实甫这一戏曲文学发展的大致脉胳。
故李调元《雨村词话》卷一说："山谷词酷似曲。"刘熙载《艺概》卷四说得更为透
彻："黄山谷词用意深至，自非小才所能辨，惟故以生字俚语侮弄世俗，若为金、
元曲家滥觞。"综上所述，我们可以把黄庭坚词称为"曲词"，这是在研究黄山谷
词时不能忽略的一个重要环节。
　　了解上述情况，再来看黄庭坚山谷词《鼓笛令》四首，便觉得不甚困难了。
第一首是描写"打揭"，即赌博的某些情形，在这里我们略而不计。后三首则与
宋杂剧有关，兹录于下：

　　　第二首：宝犀未解心先透，恼杀人远山微敏。意谈言疏情最厚，枉教作
著行官柳。小雨勒花时候，抱琵琶为谁清瘦？翡翠金笼思珍偶，忽拼与山鸡
屏愁。

　　　第三首：见来两两宁宁地，眼厮打过如拳踢。恰得尝些香甜底，苦杀人
遭谁调戏。腊月望州坡上地，冻著你影差村鬼。你但那些一处睡，烧沙糖管
好滋味！

　　　第四首：见来便觉情于我，厮守著新来好过。人道他家有婆婆，与一口
管教琢磨。副靖传语木大，鼓儿里且打一和；更有些儿得处啰，烧沙糖香药

　　① 任中敏编《新曲苑》第7册第33种，中华书局，1940年。

添和。

这是宋杂剧中的一段歌舞表演。第二首描写一个妓女因找不到合适的对象而苦恼,做出各种怨恨之态;第三首写她遇见一位男子,似乎情投意合,而对方不过玩弄其感情而已,调戏后很快便把她抛弃了;第四首最有意趣,这个行妓苦闷之中,又遇上了第二位真心待她的男子,情感甚笃,并要带其回家,当她听说家里有婆婆时,便感到犹豫而为难了。至此,演出似乎告一段落,有点像小说中的"要知后事如何,且听下回分解"的味道。接下来的是与剧情无关的一小段滑稽表演。"副靖传语木大,鼓儿里且打一和","副靖"与"木大",由唐代参军戏的"参军"与"苍鹘"两个脚色演变而来,专门司职"打诨",即滑稽调笑表演的。

据胡忌考证,黄庭坚《鼓笛令》描写的是宋代的一种"散乐"表演,是由唐代流行的如《大面》、《踏谣娘》等歌舞戏演变而来。他说:"还有一个有力的证据是词名《鼓笛令》。散乐的鼓板仅能司节奏,笛虽有音调,但不能吹出字音;故有《鼓笛令》词,应有表演鼓笛时所使用的调子无疑。且以字句看,其词句组织皆是七言句,更是通俗演唱适用的音调。"[1]这里提出了一个大胆的颇具说服力的设想,即:黄山谷《鼓笛令》词三首,很可能就是宋杂剧"散乐"表演中的唱词。黄庭坚山谷词在戏曲文学研究中的地位可想而知。

三、曾布、董颖的大曲

大曲,是一种歌舞结合,体制颇为庞大壮观的大型乐舞。以唐宋最盛,故人们多以"唐宋大曲"称之。大曲由同一宫调的若干"遍"组成,每遍各有专名,和诸宫调由若干宫调组合而成的表现形式恰好相反。唐大曲多以诗句入乐演唱,宋大曲则为词体。本质上说,"词"为"曲"而设,宋词的发达,把宋代说唱艺术的发展推向巅峰。据《宋史·乐志·教坊部》载,两宋有"十八调四十大曲",而唯一被完整保留下来的仅有两套北宋大曲,它们均出自江西文人之手。曾布,江西南丰人,唐宋八大家曾巩之弟。嘉祐二年(1057年),与兄同登进士第。熙宁二年(1069年),任集贤校理。著有[双调·水调歌头]七遍,演冯燕故事。董颖,

---

[1]　胡忌《宋金杂剧考》第49页,古典文学出版社,1957年。

江西饶州德兴人,宣和六年(1124 年)进士。洪迈《夷坚乙志》卷十六"董颖《霜杰集》"记载有他的事迹。著有整套大曲［道宫·薄媚］十遍,叙西施故事:

　　　　［道宫·薄媚］(西子词)
　　　　排遍第八
　　　　怒涛卷雪,巍岫布云,越襟吴带如斯。有客经游,月伴风随。值盛世,观此江山美,合放怀,何事却兴悲? 不为回头,旧谷天涯。为想前君事,越王嫁祸献西施,吴即中深机。阖庐死,有遗誓。勾践必诛夷。吴未干戈出境,仓卒越兵投。怒夫差鼎沸鲸鲵。越遭劲敌,可怜无计脱重围。归路茫然,城部邱墟,飘泊稽山里,旅魂暗逐战尘飞。天日惨无辉。⋯⋯

　　这是［道宫·薄媚］开篇的第一遍,接下来尚有排遍第九、第十颠、入破第一、第二虚催、第三滚遍、第四催拍、第五滚遍、第六歇拍、第七煞滚等,总计十遍。每遍的含量和第一遍"排遍第八"基本相等,可见其篇幅浩大。这是一部伟大的作品,给了我们以下几点启示:第一,雅文学通俗化的范本。人们明显感受到作者是如何从雅文学的圈中走出而迈向民间的。流畅、浅显的曲词,平民百姓一听即懂,语焉能详,又能俗中有雅,具有雅俗共赏的高品位。士大夫文人与俗文学结合得如此之好,实不多见。第二,词格的突破。宋词,词牌的限制较严谨,字数的多少和句式的长短均有一定之规,是填词必须遵循的一种规则。董颖以过人的胆识,自创一路,其词无一定之规,有着极大随意性,如"第三滚遍",首起便是:"华宴夕,灯摇醉。⋯⋯"三字句式一连 8 句,使之音节明快,旋律活泼,气氛热烈,极尽渲染之能事,使西施的形象首度出场便光彩照人。第三,韵脚平仄通押。如"第四催拍"的翠、内、夷、淫、饥、体、实、备、义、池、蠡、矣,等等。戏曲曲词韵脚的最大特点就是平仄通押,故钱钟书说:"在中国戏曲发展史上,董颖还值得注意,因为他留下来十首叙述西施事迹的［道宫·薄媚］词,衔接连贯,成为一套,是词正在蜕变为曲的极少数例子之一。"①清代无名氏《曲谈》是一部极其重要的戏曲理论专著,书中非常重视曾布、董颖的大曲在元曲形成过程的重要作

---

①　钱钟书《宋诗选注》第 236 页,三联书店,2002 年。

用：

> 宋时大曲，流传至今者，有曾布所作［水调歌头］大曲，咏冯燕事；董颖所作［道宫·薄媚］大曲，咏西子事。此种大曲，虽用词调，而其字数韵数，均与词不合，又有平仄通押之处，实已开元曲之先声。……曾布，据《宋史》，生于景祐大观之间；董颖，据陈振孙《书录解题》，为绍兴时人，亦俱在董解元数十年至百年以前。由此可知，杂剧之兴，确在北宋无疑。但其时杂剧之体裁，尚与元人不同，而与《董西厢》则相近。特宋人之歌曲，多用词调，金人已改为曲牌耳。①

这段话特别强调词调与曲牌的同一性，即：除称谓不同而外，其实际功能，均已是戏曲的曲词。可见无名氏对曾布、董颖大曲的评价中肯，见地独深。

第三节　赣鄱文人笔记小说《夷坚志》

一、关于洪迈其人

洪迈，字景庐，号容斋，别号野处，江西饶州鄱阳人。生于北宋徽宗宣和五年（1123 年），卒于南宋宁宗嘉泰二年（1202 年）。父洪皓，据《宋史·洪皓传》载：建炎三年（1129 年）使金，被金人挟持，命降，逼事伪齐帝刘豫，洪皓说："万里衔命，不得奉两宫南归，恨力不能磔逆豫，忍事之邪！留亦死，不即豫亦死，不愿偷生鼠狗间，愿就鼎镬无悔。"流放冷山十余年归宋。又据《宋史·洪迈传》载：洪皓使金被拘期间，洪迈年仅 7 岁，随兄洪适、洪遵刻苦攻读。绍兴十二年（1142年），适、遵同中博学宏词科，赐进士出身；三年后，绍兴十五年（1145 年），洪迈中进士，人谓"鄱阳三洪"，有"鄱阳英气钟三秀"之称。绍兴三十二年（1162 年）洪迈奉命使金，使还，则孝宗继位。隆兴二年（1164 年）知泉州；乾道二年（1166年）知吉州，第二年迁起居郎，拜中书舍人兼侍读、直学士院，仍参史事；乾道六

---

① 清·无名氏《曲谈·论传奇源流》，六艺书局，民国版。

年(1170年)知赣州,"起学宫,造浮梁,士民安之"。明年,饥荒起,而独江西稻熟,"迈移粟济邻郡";淳熙十一年(1184年)知婺州,"金华田多沙,势不受水",乃大兴水利,修公私塘堰及湖泊837所。第二年,孝宗召对,迈建议于淮东边备六要地"修城池,严屯兵,立游桩,益戍卒"。以提举佑神观兼侍讲、同修国史。越明年,洪迈入史馆,进敷文阁直学士、直学士院,拜翰林学士。此时,深得孝宗信任,"上时召入,谈论至夜分","迈尤以博洽受知孝宗,谓其文备众体。迈考阅典故,渔猎经史,极鬼神事物之变"。宋光宗绍熙二年(1191年)上章告老,进龙图阁学士;宋宁宗嘉泰二年(1202年)以端明殿学士致仕,是年卒。

洪迈所著《容斋随笔》,历来为人们所推崇,5集共74卷1219则,广涉历史、文学、哲学及艺术,《四库全书总目提要》称:"南宋说部当以此为首。"是宋人笔记中的名著。而文言志怪小说集《夷坚志》,则是洪迈的又一部鸿篇巨著,倾注了他晚年的全部心血。从中年时代起,洪迈便杂采古今佚闻琐事,神仙鬼怪之说,包括灾祥梦卜、遗文逸诗、风俗习尚及中医方药等等。通过这许许多多超现实的,离奇幻变的神异故事,生动而真切地反映了宋代的现实生活,如民生困苦、官场腐败,或世态民俗、遗闻掌故等,是研究宋代社会史的一部极有价值的活性资料,在俗文学史和戏曲史上都起着一种不可替代的重要作用。

二、文言志怪小说《夷坚志》

《夷坚志》原有420卷,但因年代久远,多有散佚,现仅存207卷2710则,卷帙之繁,实属宋代志怪小说之最。据商务印书馆《四库未收书目提要·夷坚志》本载:"小说家唯《太平广记》为卷五百,然卷帙虽繁,乃搜辑众书所成者。其出于一人之手,而卷帙遂有《广记》十之七八者,唯有此书,亦可谓好事之尤者矣。"这是从体制上给予《夷坚志》以充分肯定。成书于北宋初年太平兴国间的《太平广记》,是由李昉、扈蒙、李穆等12位大臣奉皇帝之命而撰,征引书目达330余种,从六朝到宋初的小说几乎全收在内,"乃搜辑众书所成者",共500卷。而洪迈《夷坚志》420卷,乃一人之力,广闻博记,艰苦创作,实乃"前无古人,后无来者"之举。但各家诋毁之辞不少:"盖病其烦芜";"谬用其心";"迈欲修国史,借此练习其笔"等。《四库全书总目》论者云:"是书所记,皆神怪之说。……然其中诗词之类,往往可资采录;而遗闻琐事,亦多足为劝戒,非尽无益于人心者。小说一家,历来著录,亦何必拘于方隅,独为迈书责欤?"我们再一次深刻感受到雅文学与俗文学的对立是多么森严壁垒。在士大夫文人圈中,哪怕文坛旗手,或仕宦贤者,其作品的俗化部分也多被排斥于雅文学之外的,诸如我们上述提及的欧阳修、黄庭坚、曾布、董颖等,概莫如是。而洪迈的《容斋随笔》与《夷坚志》,在鸿儒硕士们的天平上,便明显标示着两种不同的命运。作为正统官修的《四库全书总目》的评者,对《随笔》给予至高的评价,而对《夷坚志》则有许多的保留,从正统角度看,收50卷(约占全书九分之一)入选《四库全书》,就已经算是"公平允当"的了。

历史上,真正力排众议而给予《夷坚志》应有的地位,指出它的瑰伟绝特之处,充分肯定其自身的文史价值而毫无保留,倾注全部感情予以赞誉者,为洪迈的同时代人陆放翁。其《题夷坚志后》诗云:

> 笔近反离骚,书非支诺皋。岂惟堪史补,端足擅文豪。驰骋空凡马,从容立断鳌。陋儒哪得议,汝辈亦徒劳。①

所谓"反离骚",指汉代扬雄的著名文目。楚屈原作《离骚》,其后投汨罗江而死。扬雄悲其文,作《反离骚》以吊屈原。事见《汉书·扬雄传》。"诺皋",乃呼召鬼神之词。据《辞源》载:旧传人死招魂,登屋而呼曰"皋",下有人代魂应声曰"诺",故称"诺皋"。唐段成式《酉阳杂俎》有《诺皋记》一篇,专记鬼神怪异之事。"空凡马",典出唐代韩愈《昌黎集》,其《送温处士赴河阳军序》云:"伯乐一过冀北之野,而马群遂空。夫冀北马多天下,伯乐虽善知马,安能空其群邪?解之者曰:吾所谓空,非无马也,无良马也。"陆游在此添一"凡"字,以强调"有马而无良马"的特殊环境。"立断鳌",典出古代神话传说中的"断鳌立极"。《淮南子·览冥训》载:"往古之时,四极废,九州裂,天不兼覆,地不周载……于是女娲炼五色石以补苍天,断鳌足以立四极。"上述浅析,对于我们理解陆游《题夷坚志后》这首诗有一定的帮助。译成白话,其意大约是:洪迈的《夷坚志》,其文笔接近汉代扬雄的著名篇章《反离骚》;《夷坚志》亦并不是为追求鬼神怪异的效果而去刻意编造一大堆鬼神之词。此巨著不仅弥补了宋史之不足,而且的确能足以

---

① 宋·陆游《剑南诗稿》卷三十七《题夷坚志后》,《陆游集》第2册第946页,中华书局,1976年。

擅场于文豪之中而毫不逊色。《夷坚志》似乎像一匹天马驰骋于浩瀚的宇宙而使一切平凡的马黯然失色;又从容不迫得仿佛像神话传说中的"女娲补天"断鳌之足以立四极,成为南宋文坛的中坚。浅陋鄙琐的文人学士们有什么资格对其指手画脚,横加非议呢? 既便你们说了许多不好的话,那也是徒劳的啊! 历史往往有它的相似性,李白和杜甫的诗歌成就,在中唐时期往往不被重视,甚至还受到某些人的贬抑,于是,韩愈写了《调张籍》五言诗:"李杜文章在,光焰万丈长。不知群儿愚,那用故谤伤! 蚍蜉撼大树,可笑不自量。伊我生其后,举颈遥相望。……"热情赞扬李白和杜甫的诗文,表现出高度的倾慕之情。陆游《题夷坚志后》诗与韩愈《调张籍》诗实在有某种相同之处。

三、《夷坚志》与戏曲文学

《夷坚志》是一部百科全书式的巨著,具有深厚的中华民族地域文化特色。凡农业、经济、商贸、医药、风俗、神异、宗教等诸多事象,都有着最广泛而生动的反映。尤其是对后世文学艺术的影响极为深远。无论是当时,还是后来的话本、曲艺、戏曲等,都从《夷坚志》里选取素材,把许多著名故事加以改编。下面仅就戏曲文学的有关情况作一简略介绍。

(一)《优伶箴戏》,载《夷坚支志》乙卷第四。这是《夷坚志》中最为辉煌的一个篇章,具有最为深刻的现实意义和最为勇敢的战斗精神。文言志怪小说中有此一篇,亦足以令其千秋扬名。"箴",乃劝告、劝诫之意,就是说,宋杂剧有"箴讽时政"的特殊功能。全篇有5个小段,第3段是这样描述的:优伶扮演儒、道、释,各夸其教,儒者推"五常";道者推"五行";释者推"五化",即"生老病死苦"。众问其"苦",优伶"瞑目不应,阳苦恻悚然",追问再三,方皱着眉头说:"只是百姓一般受无量苦。"可谓一针见血。第4段和第5段最有光彩,直接把矛头指向当时奸相秦桧。优伶扮孔子和其徒颜子说:"使汝在世非短命而死,也须做出一场害人事。"此段未演毕,优伶即被送狱,第二天"杖而逐出境"。第5段说的是绍兴十二年(1142年),秦桧之子与二侄共三人皆省试高中,群议纷纷而无敢直言。优伶扮"众士子"议论今年考举官是谁,其中有猜韩信的,众惊讶,并指出其妄,"士子"笑说:"若不是韩信,如何取得他三秦?"历史上韩信为汉取"三秦"之地,这里用谐音讽刺秦桧利用权势使其"三秦"中选。优伶不惧淫威,把个人生命置之度外的精神品格是令人崇敬的。中国戏剧的发展是"以歌舞演故事"的路向发展的,这是由中国文学艺术的特殊性而形成的一个特殊的戏剧样式。其实从另一角度说,"优伶箴戏"的表现形式颇为符合西方文化中关于戏剧元素的定义,已具备了作为真戏剧概念的资格。

(二)《侠妇人》,载《夷坚乙志》卷第一。董国庆,字元卿,江西饶州德兴人。宣和六年(1124年)进士,调山东莱州胶水县主簿。值靖康之变,中原沦陷,难归家乡,只得弃官流于北境村落。一旅店主人怜其孤贫,替他买了一个妾,聪明勤劳,不出几年,便置办田庄,生活富裕起来。董元卿忽思念南国乡亲,小妾请义兄帮忙,使之回到江西德兴,第二年也是在义兄帮助下,小妾自己也来到丈夫身边。这是一个很感人的故事,它真实反映了动荡年代南北隔绝时人们的心理状态,成功塑造了一位不计个人得失,助人为乐的女性侠义形象。明代郑之文,江西南城人,万历年间进士,他撰写的传奇《旗亭记》,即根据这个故事改编。汤显祖《旗亭记·序》云:"立侠节于闺阁嫌疑之间,完大义于山河乱绝之际,其事可歌可舞。"

(三)《吴小员外》,载《夷坚甲志》卷第四。南京富户吴家小员外,春游至金明池上,遇一酒家女。明年春,吴小员外又至此地,得知此女想念成疾而卒,伤惋不已,后鬼魂来会,遂成就好事。此篇被话本和戏曲改编者甚众,《醉翁谈录》传奇类《爱爱词》即据此而来;《警世通言》卷三十《金明池吴清逢爱爱》亦以此为蓝本。改编后结尾使鬼魂借尸还魂,终成眷属。明范文若有传奇《金明池》演此事。它深刻反映出洪迈在对待男女正常爱恋方面的宽容态度,汤显祖《还魂记》似乎也有其某种痕迹。

(四)《太原意娘》,载《夷坚丁志》卷第九。南北离乱,意娘随丈夫韩师厚逃难至安徽淮阴一带,被金兵所掳,大酋相逼,意娘不受辱,自刎而死。大酋之妻闻而怜之,厚葬之。但意娘鬼魂仍念江南。韩师厚以南朝使的身份来到燕地,与意魂相遇,悲痛万分,誓不再娶,于是,魂随丈夫来到江南。故事情节颇感人,表现了北方沦陷区人民对故国的无限怀念。话本有《杨思温燕山逢故人》;元沈和有杂剧《郑玉娥燕山逢故人》,均取材于此。

(五)《王武功妻》,载《夷坚支志》景卷第三。一缘化僧恋王武功妻,不能得逞,用简帖反间计使王抛弃其妻,僧诱至寺庙而得之。王妻伺隙告巡逻之卒,终让僧伏法,自己也怅恨而死。后世的话本、戏曲改编甚多,宋有官本杂剧《简帖簿媚》;金有院本《错下书》;话本有《简帖和尚》等。南戏《宦门子弟错立身》咏传奇名［排歌］中有《洪和尚错下书》一目。《九宫正始》题《洪和尚》,注云:"元传奇"。改编后有两处明显不同:一是王武功改名"皇甫松",妻为"杨氏";二是僧伏法后,夫妻重圆。

在明清拟市人传奇小说中,以《夷坚志》故事为蓝本进行再创作的不计其数,仅凌濛初《拍案惊奇》便有 30 余篇。嗣后,又有杭州人傅青眉根据"二拍"的题材,创作杂剧《苏门啸》12 种,其中《买笑局金》,取材第 8 卷;《卖情扎囤》,取材第 14 卷;《死生冤报》,取材第 11 卷等,素材均本源《夷坚志》。

第四节　坊间话本专集《醉翁谈录》

一、《醉翁谈录》的来历

《醉翁谈录》书页有题"庐陵罗烨撰"字样,因此,罗烨被确知为庐陵(江西吉安)人,其生卒年及生平事迹均无考。很明显,这是一位处于社会底层不为人们所知的民间文人。其著作被历史的岁月湮没不彰达 800 余年,不仅官修不见记载,就是民间中的私刻私藏亦不见著录,直至 20 世纪 30 年代后期在日本被发现。谭正壁于 40 年代初谈到过此书的来历:

> 在这里,再来略一述及这部久佚重现的《醉翁谈录》的来历。……此书分十集二十卷,题庐陵罗烨撰,各家目录中都未见过。日本观澜阁藏有此书,云传自高丽,最近由彼邦影印问世。去年我国香港《星岛日报》附刊《俗文学》第一期曾转载它卷首的《舌耕叙引》,但见者也不多。①

关于作书的年代,谭正壁先生也作了考证分析,说:"《醉翁谈录》的作者为庐陵人,时代已不可考,然据书中所叙故事,最晚在宋理宗时候,那么作书的时代

---

①　谭正壁《话本与古剧》第 37 页,古典文学出版社,1957 年。

尽可由此来断定。而所列一百余种的小说,自当为盛行于宋末元初之间无疑了。"①宋理宗(1225～1264)是南宋晚期一个很重要的时段,时间跨度很长,有39年,历宝庆、绍定、端平、嘉熙、淳祐、宝祐、开庆、景定等8个年号。这对于赣鄱地区戏曲的发展来说,是一个非常重要的历史时期。南戏的一支,此时已在南丰、鄱阳、景德镇等地广为流行;《夷坚志》亦早已盛传于赣地;《醉翁谈录》的出现,则证实了赣鄱流域"说话"技艺的高超与发达,其规模已非同一般。戏曲的健康发展,从来离不开小说与话本的呵护和培育。戏曲后劲的大小,决定着与小说、话本亲合程度的强弱,所以,从某种意义看,三者之间具有一种不可分割的"三位一体"的血缘关系。意外的发现,使我们从根本上找到了赣鄱戏曲从其初始阶段便显示出它的成熟性以及为何能长期、持续发展的真正原因。

随着市人小说在南宋的极度发达,传奇小说也发生了变化,它放弃了唐人传奇小说中那种雍容华贵的姿态,更多注入了朴实谦和的风格,表现出一种与市人小说亲合的趋势。《醉翁谈录》所编著的,正是这样一部传奇和话本小说的合集,全书10集20卷23类,生动体现了传奇小说与市人小说的相互渗透与融合。因此,《醉翁谈录》作为一种供传奇小说与市人小说的编者以及艺人学习的"教材"也就应运而生了。这是以往笔记小说记载中所没有的一个新的独特现象。

二、关于罗烨其人

关于罗烨的事迹,《醉翁谈录》甲集卷一《小说开辟》透露出一点信息:

> 夫小说者,虽为末学,尤务多闻。非庸常浅识之流,有博览该通之理。幼习《太平广记》,长攻历代史书。烟粉传奇,素蕴胸次之间;风月须知,只在唇吻之上。《夷坚志》无有不览,《琇莹集》所载皆通。动哨、中哨,莫非《东山笑林》;引倬、底倬,须还《绿窗新话》。……
>
> 也说黄巢拨乱天下,也说赵正激恼京师。说征战有刘项争雄,论机密有孙庞斗智。新话说张、韩、刘、岳,史书讲晋、宋、齐、梁。三国志诸葛亮雄才,收西夏说狄青大略。说国贼怀奸从佞,遣愚夫等辈生嗔;说忠臣负屈衔冤,

---

① 谭正璧《话本与古剧》第 2 页,古典文学出版社,1957 年。

铁心肠也须下泪。讲鬼怪令羽士心寒胆战,论闺怨遣佳人绿惨红愁。说人头厮挺,令羽士快心;言两阵对圆,使雄夫壮志。谈吕相青云得路,遣才人着意群书;演霜林白日升天,教隐士如初学道。噇发迹话,使寒门发愤;讲负心底,令汉奸包羞。讲论处不滞搭、不絮烦。敷演处有规模、有收拾。冷淡处,提掇得有家数;热闹处,敷演得越久长。白得词,念得诗,说得话,使得砌。言无诡呐,遣高士善口赞扬;事有源流,使才人怡神嗟讶。

这段话非常重要,它使我们明确以下几个问题:第一,罗烨的籍贯为江西庐陵,这是没有问题的。他不仅是《醉翁谈录》的作者,而且他本人就是一位"说话"技艺的高手。其幼年曾学习《太平广记》,继而又攻读历代史书典籍,"《夷坚志》无有不览",洪迈的书对他影响尤其深刻。第二,在全面继承北宋"说话"伎艺的基础上,南宋说话的发达超出人们一般的想象。题材的广泛,几乎无所不包,无所不有。讲史、征战、传奇、闺怨、志怪、忠奸、公案、智斗、学道等,甚至包括当时现实社会的所谓"新话",张俊、韩世忠、刘锜、岳飞等这些南宋时期的抗金名将,都成了"说话"艺人的极好素材。他们不但说古,而且演今,纵横捭阖,令人骇叹。第三,罗烨不仅具有很高的文化素养,还是一位著名职业小说家。他在对"说话"分门别类的同时,还特别指出达到它们各自最佳效果的途径,这是罗烨多年实践经验总结的结果,没有一定的功力,断难如此。第四,此外,还应强调罗烨专业分析的精辟性。"讲论",即"说话"人跳出故事情节之外,客观地对人物与环境进行诠释评论,犹如素描,几笔勾勒,人物便活灵活现,环境即如在目前,所以用"不滞搭、不絮烦"六字归纳。"敷演"即铺排故事。"使得砌",就是今天说书艺人的"耍噱头"之类,亦即动作的打诨和滑稽语言的结合。总之,念诵、散说与插科打诨,是"说话"艺人必须具备的表现手段,是缺一不可的有机整体。这是"说话"技艺的一种品位,不仅市民欢迎,还能得到高士与才人的赞扬,做到雅俗共赏。这一分析,全面概括了说话历史故事的高度成熟,直到今天,仍有很强的现实意义。《醉翁谈录》的问世,正是在这一汹涌澎湃的社会潮流中的必然产物。《醉翁谈录》是两宋唯一的一部带总结性的有关小说话本和说唱的专集。为说书史、戏曲史提供了有极高价值的无比丰富的史料。

三、《醉翁谈录》与戏曲文学

《醉翁谈录》甲集卷一《舌耕叙引·小说开辟》下面,把小说名目列有灵怪、烟粉、传奇、公案、朴刀、杆棒、神仙、妖术 8 大类,共 107 种。现把与戏曲有关的部分,参考谭正壁先生《话本与古剧》和庄一拂先生《古典戏曲存目汇考》的考证成果,分别列述如下:

(一)《大槐王》,列第一类"灵怪"。取材唐人小说《南柯太守传》。叙淳于棼梦醉寝后梦至槐安国,为国王之婿,统治南柯郡 30 年。后为敌战败,公主病死,被国王遣归。醒后,在宅南大槐树下发现一蚁穴,掘而观之,仿佛若梦中所经,复为掩埋。是夜风雨,蚁皆迁去。因汤显祖据此作《南柯记》而使这一故事广传至今。人们一般都认为汤显祖直接取材于唐人小说,如刘世珩《玉茗堂南柯记跋》云:"《南柯记》本唐人小说。"自《醉翁谈录》出现后,使我们多了一个参照系,即:唐人小说《南柯太守传》到汤显祖《南柯记》,这中间有一部在赣鄱广为流传的话本《大槐王》作为过渡,这是不容忽视的。

(二)《太平钱》,列第一类"灵怪"。为著名早期宋元南戏戏文之一,《南词叙录·宋元旧篇》著录《朱文太平钱》,《九宫正始》注云"元传奇";《永乐大典》卷 13989"戏文 25"题《朱文鬼赠太平钱》。说朱文家贫,未娶,至东京投亲不遇,安顿王行首店中。王有养女一粒金,见朱老诚,夜托终身,赠以绣箧,箧内贮太平钱 24 文。后为王婆拾得,恐吓朱文,诡云乃已死女儿鬼魂,朱惧,离店而去。终因一粒金赶上朱文,说明原委,成其夫妇。福建莆仙戏所演的《朱文太平钱》,乃宋元戏文遗响。从《九宫正始》所注此剧"元传奇"看,则话本《太平钱》在南宋已经流行,说明戏文直接由话本改编而来。

(三)《苏小卿》,《醉翁谈录》不见记载,但《永乐大典》卷 2405"苏"字韵内,有《苏小卿》传奇话本一篇,并标明辑自《醉翁谈录》"烟花奇遇"类。这样,《醉翁谈录·小说开辟》所列 107 种名目应加上《苏小卿》一目,列第二类"烟粉"。《永乐大典》卷 13975"戏文 11"又有《苏小卿月夜泛茶船》一目。《永乐大典》同时收录像《苏小卿》这样的同一题材而不同体裁的两种作品是不多见的。关于《永乐大典》所载话本《苏小卿》的价值,谭正壁先生有如是评论:

这篇资料的发现,使我们知道了《双渐苏卿》故事中的女主角苏小卿,乃是像《牡丹亭》传奇中女主角杜丽娘那样一位大胆热情的深闺少女。……终因他们意志的坚强,爱情的专一,在经历了艰苦的斗争之后,仍得团圆偕老。……在这篇资料未发现以前,历来以为苏小卿和双渐仅仅是由妓女和狎客的关系,因互相爱恋而终于结成美满的婚姻的主题是大相径庭的。这是发现这篇资料的极大收获。这个收获大大有助于我们改变对所有用这题材写的宋元戏曲的看法。①

这是一部宋人取材于当时的现实生活的作品,各种不同体裁的表现形式,纷纷争相登台,甚至出现各种技艺与戏曲并驾齐驱的局面,成了它们长期上演不衰的剧目而盛极一时。最早出现的,是南宋初绍兴年间张五牛、商正叔所编《双渐小卿诸宫调》。《董解元西厢记诸宫调》卷一有"也不是双渐豫章城"之句,说明苏小卿说唱故事要早于西厢诸宫调而存在。据《辍耕录》载,金人有院本《调双渐》。《水浒传》第五十一回《插翅虎枊打白秀英》,其勾栏说唱的也是这个故事:"那白秀英道:'今日秀英招牌上明写着:这场话本是一段风流蕴藉的格范,唤做《豫章城双渐赶苏卿》。'说了又唱,唱了又说,合棚价喝彩不绝。"这显然是一种讲唱文学一类的伎艺。元杂剧有王实甫《苏小卿月夜贩茶船》,赵景深先生将此辑录在《元人杂剧钩沈》中,存[中吕宫]一套,其"说明"云:"双渐与苏卿故事在元、明两代之盛行绝不下于崔莺莺之西厢故事。无论剧作与散曲,每常大量引用描写,以作为恋爱故事之譬喻。"②《曲海总目提要·千里舟》故事梗概云:"双壁,字蓝田,江西南昌人。官登卿贰,告归林下。妻夏氏,子双渐,字云鸿。"故事中还有一个重要人物,就是江右茶商冯魁,元人马致远散曲有云:"谁知金斗郡苏卿,嫁得个江洪茶员外。"所谓"江洪",王季思先生《双渐苏卿事补述》说:"宋元茶市,以今九江、南昌等处为最盛,即宋之江州、洪州。"严敦易先生据此认为:"茶商冯魁娶苏卿而去,双渐追赶,直到豫章城。《青泥莲花记》金山寺题诗有云:'高挂云帆上豫章',是冯魁当系载苏卿遣返家乡,豫章即洪州,亦即现之南

① 谭正璧、谭寻《曲海蠡测》第 67 页,浙江人民出版社,1983 年。
② 赵景深《元人杂剧钩沈》第 32 页,上海古典文学出版社,1956 年。

昌。故所谓江右茶商冯魁,实为洪州。"①冯魁在扬州以银二万两娶了苏卿,立即
逆江而上返回南昌。双渐在金山寺见苏卿题诗,有"高挂云帆上豫章"之句,接
下来便是"双渐赶苏卿"。现引《永乐大典》载《醉翁谈录·苏小卿》话本,以窥
其原始情节:

> 前至大江,沿流而上,(双)渐观江景寂寞,郁郁不乐。船因至钟陵浦,
> 夜泊豫章城下。是夜万里无云,月色如昼,凝情如醉,乱思如痴。一派江声,
> 促成愁思;数点渔灯,烧断离情;浩饮长歌,不能自遣。忽闻楼橹呀咿,有一
> 画舸将近,亦系垂杨之下,蓬窗相对,(双)渐出视之,但见彼舟中马门里一
> 佳人,年约二十余,对坐一人,必是其夫,约五十余岁,形貌古怪,明烛举酒,
> 左右二青衣女子。佳人抱一琵琶,品弄仙音,(双)渐熟视之,即小卿也。
> (双)渐因见佳人,遂成心感,不敢传言,遂自歌而挑之,歌云:"乐天当日浔
> 阳渚,舟中曾遇商人妇。座间因感琵琶声,与托微言写深诉。因念佳人难再
> 得,故言何必曾相识。今日相逢相识人,青衫拭泪应无极。我因从官临川
> 去,豫章城下风帆住。……"

"钟陵浦",即王勃《滕王阁序》诗"画栋朝飞南浦云"之"南浦",位于滕王阁
之南。"钟陵"为南昌的又一别称。"章江"即今赣江,南昌古谚有"接官送官章
江门"之句,是江南最为著名的码头之一,滕王阁、钟陵浦均坐落于此。"我因从
官临川去",双渐乘舟去临川为官,豫章城则是其必经之地,因抚河流经南昌后,
与赣江交汇入鄱阳湖,故去临川船只必在豫章城下的章江门外泊舟驻足,这是当
时驾舟者的惯例,所以,"豫章城下风帆住",其用词贴切。《苏小卿》的编者对江
西地理环境和人文典故极为熟悉,明显从唐白居易《琵琶行》中,得到某种启发,
也很可能是一位赣籍民间文人所为。

(四)《莺莺传》,列第三类"传奇"。这是一部最为著名的戏剧,自王实甫元
杂剧《崔莺莺待月西厢记》之后,南北历代文人不断翻写和续写,使之盛于剧坛
至今。其源始于唐元稹《会真记莺莺传》。至宋,有赵令畤《元微之崔莺莺商调

---

① 严敦易《元剧斟疑》第 671 页,中华书局,1960 年。

蝶恋花鼓子词》;宋官本杂剧有《莺莺六么》;金有董解元《西厢记诸宫调》。这些是在未进入剧坛之前在北方流行的诸多表现形式,它直接导致元杂剧《崔莺莺待月西厢记》的问世。而话本传奇《莺莺传》的出现,却为我们提出了一个新的问题,即:《南词叙录·宋元旧篇》有《莺莺西厢记》一目;《永乐大典》卷13983"戏文19"有《崔莺莺西厢记》。这两部发生在南方,与元杂剧《西厢记》几乎同时的传奇戏文,虽然它们同源于《会真记》,但其戏剧样式却分属两个系统。文本结构、场次安排、演唱形式俱不相同,其处理方法也有很大区别,因此,认为传奇戏文也是根据鼓子词、诸宫调改编而来便显不妥。《醉翁谈录》似乎为我们解决了这一问题,长期流行于南方的话本传奇《莺莺传》,对传奇戏文《莺莺西厢记》,无疑具有一种直接的影响。

(五)《徐都尉》,列第三类"传奇"。叙乐昌公主为陈后主之妹,徐德言妻。陈乱,徐与妻知不相保,破一镜各执其半。及陈亡,乐昌入越公杨素家。徐德言流离至京,遇苍头卖半镜者,具言其故,出半镜合之,并题一诗。乐昌得诗,涕泣不食。杨素知之,召徐还其妻,遂归江南竟以终老。宋代赵葵《行营杂录》云:"皇女为公主,其夫必拜驸马都尉,故谓之驸马。"这也是此篇话本名"徐都尉"的由来,被戏剧吸收后,多以"乐昌分镜"名之。《南词叙录·宋元旧篇》有《乐昌公主破镜重圆》一目;《永乐大典》卷13969"戏文5"亦有《乐昌公主破镜重圆》。同时创作的还有杂剧,这就是侨寓九江的著名杂剧家沈和,他不仅根据洪迈《夷坚志·大原意娘》改编成《郑玉娥燕山逢故人》,而且还依据《醉翁谈录·徐都尉》改编成《徐驸马乐昌分镜记》,是一位对赣鄱文化情有独钟的人。

(六)《王魁负心》,列第三类"传奇"。这是一部最著名的戏剧,可谓家喻户晓,历代传演,流传至今。叙王魁下第,妓女桂英资助攻读,及上京再试,二人同至海神庙立誓,愿白头偕老。后王魁中状元,乃负心别娶,桂英自杀,王魁在徐州白日见其魂,不久亦死。此篇与《苏小卿》都是《醉翁谈录》取材于当时的现实生活的题材,有意思的是,这两篇恰好塑造恋情中负心与不负心的两种不同典型,从而构成悲剧与喜剧两种截然不同的结局。自宋初广开科举以来,士子成名发迹,变化迅速,所谓"朝为田舍郎,暮登天子堂",但往往跟着来的一个问题就是忘本负心。这种不道德的行为,在当时具有普遍的社会意义。《南词叙录·宋元旧篇》有《王魁负桂英》一目,明叶子奇《草木子》云:"俳优戏文始于《王魁》,

永嘉人作之。"《永乐大典》卷13973"戏文9"有《王俊民休书记》一目;杂剧有元尚仲贤《海神庙王魁负桂英》等,它深刻反映出王魁故事在中国剧坛举足轻重的地位。而《醉翁谈录》辑存的《王魁负心》则显然是经过书会才人改编后的话本体传奇,是一种全新的创作。《醉翁谈录》辛集卷二有《王魁负心桂英死报》一篇,为我们提供了与戏曲文学比较的机会。整个文字流畅生动,情节动人,后来传奇、杂剧的改编,乃至今天还活跃在舞台的演剧形态,无论如何变化,其文学结构与人物命运仍保留着宋话本的原始风貌。

(七)《姜女寻夫》,列第四类"公案"。这是民间最为盛传的故事,本事来历很古,《列传》《左传》《郡国志》等均有零星记载。叙杞良因逃秦始皇筑长城苦役误入孟氏园中,适孟女池中沐浴,为杞良所见而嫁之。婚后杞良复往作所,主典官怒其逃亡,打杀之,筑其尸于城下。孟女问讯往,向城痛苦,城为之崩,因刺血得骨,将之归葬。《南词叙录·宋元旧篇》有《孟姜女送寒衣》一目,《永乐大典》卷13966"戏文2"亦有《孟姜女送寒衣》。元杂剧有郑廷玉《孟姜女千里送寒衣》。元末明初,作为民间戏曲的弋阳腔登上中国剧坛,《曲海总目提要》有《杞梁妻》《长城记》二目,云:"不知谁作……有弋阳腔专演杞梁妻哭倒长城者。""不知谁作",正体现了民间戏曲的文学特征;"弋阳腔专演",则突出表明了《杞梁妻》《长城记》均为弋阳腔独擅的演出剧目,它们以不同的版本与结构在赣鄱地区广为传唱。

四、《醉翁谈录》的价值与俗文学思考

《醉翁谈录》虽是一部南宋时期记载话本说唱的专集,一部供"说话"编者与艺人备用的"教科书",但它的历史价值却似乎超出其本身的功用而具有更为深远的意义,并引发人们对于两宋时期俗文学的思考。首先,《醉翁谈录》是两宋说唱文学带总结性的,可以说是集大成的著作。自晋代佛教唱导、唐代俗讲、变文,直至宋代脱离寺院,走向广阔社会的"说唱"文学,它经历了一个由低级粗浅向高级精致的发展过程。随着北宋的终结,说唱文学的南渡,展示在其面前的,是一个更为广阔而多彩的文化视野和从未触及过的风俗民情,这一切都集中反映在《醉翁谈录》中,体现了中国说唱文学的最高境界,标志着这种文学样式已经完全成熟并系统化。其次,什么是说唱文学的最高境界?简而言之,是指它作

为一种具有独立品格的表现形态而存在的同时,还本能地担负着"戏曲故事存库"这个第二性的"神圣"职责。王季思说:"话本小说不但替戏曲准备好了故事内容,同时刻画好了人物形象。……罗烨《醉翁谈录》记录南宋时话本小说名目108 种,许多都是宋元戏曲的题材,于此可以了解话本小说和戏曲的亲密关系。"①许多极其珍贵的早期宋元南戏戏文,均可在《醉翁谈录》中找到它的本源。就是说,只要需要,它可源源不断为戏曲舞台提供各种不同类的生动而曲折的故事题材。从而深刻反映出它们之间那种具有一体性的血缘关系,为我们观察从话本到戏曲这一自然的过渡形态,提供了一个不可多得的视角。

在河洛与赣鄱俗文学的交流中,还有一个很特殊的情况,这就是我们前面所介绍的赣籍精英文学俗化的问题。欧阳修有一首描写其家乡景物的诗《寄题沙溪宝锡院》:"为爱江西物物佳,作诗尝向北人夸。青林霜日换枫叶,白水秋风吹稻花。……"它提醒我们,诸如欧阳修、黄庭坚、曾布、董颖等文学大家虽为赣籍,但无一不在京城为官,这说明他们一方面眷恋着自己的故乡,另一方面又长期在河洛为官,于是便出现了一种特殊的南北文化的互动。他们无形中成为河洛与赣鄱文化交流的纽带,即便在政治形势上的隔绝时期也是如此。洪皓、洪迈父子及杨万里等文学大家都曾出使中原河洛,而且洪皓被金人挟持十余年而坚贞不屈,最终回到南方,并留下大量诗文。尤其洪迈《夷坚志》和杨万里创派的诚斋体,为精英文学的俗化作出了巨大贡献。

---

①　王季思《玉轮轩曲论》第 193 页,中华书局,1980 年。

第八章　河洛与赣鄱戏曲的磨合

在中国戏曲发展史上,一般认为源于浙江温州的南戏,是戏曲最早的艺术样式,这恐怕是戏曲界同仁的一个共识。但如果从文化的角度考察,我们就会发现,戏曲原始形态的那种具有极强的综合能力的天性,诸如音乐、舞蹈、说唱、杂技、武术、翻跌、科诨等汉唐时期那些古老的"百戏杂呈"的诸多艺术元素,均可在中原河洛地区的"根性文化"中找到它们的痕迹。可以这么说,无论是戏曲深层的文化因子,还是戏曲本身艺术元素的高度综合以及戏曲文学叙事结构的最后定型,无一不是来自河洛文化的滋养与哺育。

第一节　河洛先秦与唐宋的戏曲艺术因子

一、周公"制礼作乐"与《大武》、《牧誓》

王国维《宋元戏曲考》说:"必合言语、动作、歌唱,以演一故事,而后戏剧之意义始全。"简言之,中国戏曲的表现形式即"以歌舞演故事",可见"歌舞"这个艺术元素在戏曲中的位置举足轻重。我们讲"歌舞"的源头在河洛,这是因为洛阳作为周代京师所在地,其河洛文化首先是以"礼乐文化"为核心而展现的。《礼记》载:"明堂也者,明诸侯之尊卑也。昔殷纣乱天下,脯鬼侯以飨诸侯。是以周公相武王以伐纣。武王崩,成王幼弱,周公践天子之位,以治天下。六年,朝诸侯于明堂,制礼作乐,颁度量,而天下大服。"①周公在洛阳依据华夏文明的成果制礼作乐,创立了中国最早的礼乐文化,就是说,周公不仅是建都洛阳的第一人,而且也是"制礼作乐"的第一人。他制定了一整套完整的礼乐宗法制度,使"礼"和"乐"成为统治者最重要的手段与治国之本和不可逾越的法规。"乐"在中国古代包括乐制、器乐、声乐、诗歌与歌舞等,既可娱人、化人,也可治国。因此,被规范化的、技艺很高的"歌舞",不仅产生于河洛先秦的礼乐文化,而且对后世戏曲的发展产生了巨大影响。

乐歌源头,甚至于可推至上古的尧舜时代。《礼记·乐记》载:"昔者,舜作五弦之琴以歌《南风》,夔始制乐以赏诸侯。"《注疏》云:"南风,长养万物,悲痛孝子歌之,言已得父母生长,如万物得南风生也。舜有孝行,故以此五弦之琴歌《南风》之诗,而教天下孝也。……夔是舜典乐之官,名夔,欲天下同行舜道,故歌此《南风》,以赏诸侯,使海内同孝也。"②由此可见,"诗配乐以歌"早在上古便已是华夏民族文化的一个传统了。问世于河洛地区的我国第一部先秦乐歌总集《诗经》,是中国文学史上的一部非同寻常的经书,也是周公"制礼作乐"的一个"副产品"。《诗经》创作的年代,正是从西周初期至春秋中叶,这一时期河洛地区采诗的繁忙程度的确是令人叹为观止的,它的目的正是为了迎合"制礼作乐"的需要。《诗经》所有歌词都是可以演唱的,因此,《诗经》的出现,恰恰从一个侧面印证了周公"制礼作乐"所带来的诸多意想不到的积极成果。由此可知先秦乐歌在"三代之都"的源远流长。

舞蹈的发达也超乎人们的想象。《尚书·牧誓》载:"今予发,惟恭行天之罚。今日之事,不衍于六步、七步,乃止齐焉。夫子勖哉!不衍于四伐、五伐、六伐、七伐,乃止齐焉。勖哉夫子!"此篇是周武王在牧野(今河南淇县南部)与商纣王的军队决战前夕发表的誓师词。我们知道,《大武》是周人最重要的朝廷的国乐国舞,《周礼·大司乐》云:"舞《大武》以享先祖。"其表演的场地仅限于庙堂和宫殿,而《尚书·牧誓》实际上是《大武》乐舞的构成部分,据杨华考证:《牧誓》是指舞蹈的指挥者即武王的扮演者,利用舞蹈的间歇"来进行乐舞表演的程

---

① 《礼记》卷第三十一《明堂位》,《传世藏书·经库·十三经注疏》第 3 册第 569 页,海南国际新闻出版中心,1995 年。
② 《礼记》卷第三十八《乐记》,《传世藏书·经库·十三经注疏》第 3 册。

序布置"①。用今天的戏剧行话说，《牧誓》即是周人国乐国舞《大武》的一篇精彩的"导演阐述"。所谓"六步、七步"（行进），所谓"四伐、五伐、六伐、七伐"（刺杀），这些连宋代朱熹都难以理解的文字符号，如果把它置于"舞蹈"这个特定的艺术意境之中，一切便迎刃而解了，就是说，由于庙堂和宫殿的表演场地有限，舞蹈的行进和刺杀动作都有一定之数，才能做到"齐焉"。仅此一端，先秦乐舞在河洛地区的勃兴与发达，也就可想而知了。

二、隋唐时期的歌舞《踏谣娘》

隋唐时期的洛阳，其艺术文化进入全面繁荣阶段，出现了百花齐放、万紫千红的全盛时期，尤其是表演艺术这一门类得到突飞猛进的发展。孟令俊对这一盛况作了如是描述："隋炀帝时，全国音乐、舞蹈、戏剧、杂技、魔术中的佼佼者会集洛阳，史称'百戏'。每年正月十五，在端门外公演，戏场周长十多里，乐队一万八千人，演员三万余人，场面之大，历史罕见，世界少有。"②在这样一个历史背景下，催生出一个令世人注目的完全戏剧化的歌舞节目——《踏谣娘》，据《教坊记》载：

> 踏谣娘：北齐有人姓苏，龁鼻，实有仕，而自号郎中，嗜饮酗酒，每醉，辄殴其妻。妻衔悲，诉于邻里。时人弄之。丈夫著妇人衣，徐行入场。行歌，每一叠，旁人齐声和之云："踏谣娘和来，踏谣娘苦和来！"以其且步且歌，故谓之"踏谣"；以其称冤，故言苦。及其夫至，则作殴斗之状，以为笑乐。③

这段史料给了我们诸多重要信息：首先，在《旧书·音乐志》里，也有和《教坊记》同样的记载，其记载中还特别注明："踏谣娘生于隋末河内"，"河内"即今河南沁阳一带，说明故事发生在河洛的黄河以北地区。其次，表演时有歌有舞有伴奏，加之有较完整的故事情节，与真正意义的戏剧形式已相当接近，故王国维认定："合歌舞以演一事者，实始于北齐。顾其事至简，与谓之戏，不若谓之舞之

① 杨华《先秦礼乐文化》，湖北教育出版社，1997年。
② 孟令俊《河洛文化的几个问题》，《河洛文化与汉民族散论》第16页，河南人民出版社，2006年。
③ 唐·崔令钦《教坊记》，《中国古典戏曲论著集成》第1册，中国戏剧出版社，1959年。

为当也。然后世戏剧之源，实自此始。"①就是说，《踏谣娘》虽然严格意义上还属于"歌舞"范畴，但作为"戏剧之源"，在中国戏曲史上的地位是绝对不可忽视的。再次，在《踏谣娘》表演过程中，有"行歌"，而且"每一叠，旁人齐声和之"。这是我们迄今为止发现的最早有意识地运用"众人帮腔"这种表演形式，它使情节具有一唱三叹的艺术效果。很明显，它直接继承了《诗经》一唱三叹的表现方法，《诗经》的诗歌大量运用了双声、叠韵、重言、叠字、叠句、叠章的方式反复咏叹，使诗句节奏分明，音韵铿锵，和谐婉转。元末明初，在南方的江西弋阳县，诞生了一支特殊的戏曲声腔——弋阳腔，其歌唱的最大特色就是"一唱众和"式的众人帮腔，其舞台效果所产生的"一唱三叹"，能促使观众产生强烈共鸣。如果从音节的反复咏叹这一角度看，我们可以说，在《诗经》和弋阳腔之间，《踏谣娘》实在起着一种承上启下的作用。

三、瓦舍勾栏的说唱与《目连救母》的演出

孟元老《东京梦华录》是一部追忆北宋都城汴梁（今开封）旧事之作，对我们了解北宋时期商品经济、都市社会生活及通俗文化的发展状况，都有很高的价值。其序云：

> 仆从先人宦游南北，崇宁癸未到京师，卜居于州西金梁桥西夹道之南。渐次长立，下当辇毂之下，太平日久，人物繁阜，垂髫之童，但习鼓舞，斑白之老，不识干戈，时节相次，各有观赏。灯宵月夕，雪际花时，乞巧登高，教池游苑。举目则青楼画阁，绣户珠帘，雕车竞驻于天街，宝马争驰于御路，金翠耀目，罗绮飘香。新声巧笑于柳陌花衢，按管调弦于茶坊酒肆。八荒争凑，万国咸通。集四海之珍奇，皆归市易，会寰区之异味，悉在庖厨。花光满路，何限春游，箫鼓喧空，几家夜宴。伎巧则惊人耳目，侈奢则长人精神。

北宋汴梁的繁盛，是以一幅全景式的多姿多彩的社会生活展示在我们面前的。在这里，上层的贵族阶层似乎已被淡化，而走在台前的则是经济实力雄厚的

---

① 王国维《王国维戏曲论文集》，中国戏剧出版社，1984 年。

市民群体,这是一个具有强烈"市民性"的不可小视的"有闲阶层"。《东京梦华录》的"州桥夜市"、"潘楼东街巷"、"相国寺内万姓交易"、"马行街铺席"等重要章节,无一不再现了当时平民社会生活那种生命的律动。而最为突出的情景,莫过于在"东角楼街巷"中有关"瓦舍勾栏"的描述:

> 街南桑家瓦子,近北则中瓦,次里瓦。其中大小勾栏五十余座。内中瓦子莲花棚、牡丹棚,里瓦子夜叉棚、象棚最大,可容数千人。自丁先现、王团子、张七圣辈,后来可有人于此作场。瓦中多有货药、卖卦、喝故衣、探搏、饮食、剃剪、纸画、令曲之类。终日居此,不觉抵暮。

汴梁的繁华胜景,就是依赖于这种平民文化的张扬而得以显现,而其中最重要的是讲唱文学的发达。以鼓子词为例,它是宋代一种叙事的讲唱文体,以鼓为节拍,是从唐代"变文"分化出来的一种歌唱伎艺。这用一个词调反复歌唱,以十章或十二章为限,故其篇幅不是很大,较之唐代"变文",体裁缩小了许多。它为后来诸宫调的成型奠定了坚实基础。

诸宫调是宋代讲唱文体中的一座巅峰,其结构严谨精密,篇幅浩瀚雄奇。诸宫调也是脱胎于唐代的"变文",但其情节的曲折和形式的多样,却又是"变文"所望尘莫及的。它吸收了唐宋大曲、宋初鼓子词及唱赚等当时流行的俗曲,并组织若干个宫调把一个故事完整地表述出来,故称之为"诸宫调"。从《董解元西厢记诸宫调》到《王实甫元杂剧西厢记》,我们可以清晰地看出《西厢记》这个故事,从说唱艺术到戏曲艺术的衍生过程,也即是说,当讲唱文学发展到诸宫调这个阶段时,距离真正戏剧的诞生,仅一步之遥了。

中国真正意义的戏剧始于《目连救母》。《目连救母》戏剧源自佛经的《盂兰盆经》,唐代衍为《目连变文》,在寺院内外以为"俗讲"。到了宋代,"俗讲"开始分化,走向了两个不同的路途:一路从寺院彻底走向民间的瓦舍勾栏,衍化为平话、小说、鼓词、诸宫调等讲唱文学,佛教的意味逐渐淡化;一路则走上戏剧舞台,佛教的意味则进一步强化。据《东京梦华录》载:

> 七月十五日,中元节。先数日,市井卖冥器靴、鞋,幞头、帽子、金犀假

带、五彩衣服。以纸糊架子盘游出卖。潘楼并州东西瓦子亦如七夕。耍闹处亦卖果食花生、花果之类,及印卖《尊胜目连经》。又以竹竿斫成三脚,高三五尺,上织窝之状,谓之盂兰盆,挂搭衣服冥钱在上焚之。构肆乐人,自过七夕,便搬《目连救母》杂剧,直至十五日止,观者增倍。①

　　这是北宋汴梁演出目连戏的盛况。由于宋代杂剧的出现和"百戏杂呈"的高度发达,逐使《目连救母》杂剧获得了重新"包装"的最好材料。其结果,《目连救母》的演出,不仅大大丰富了中元节盂兰盆会的祭祀活动,而且重要的是,中国戏曲作为综合艺术表现形态的雏形即从此诞生。所以我们说,戏曲艺术不仅产生于河洛地区,而且戏曲艺术的文化因子亦直接传承于河洛文化。

第二节　南戏的产生与目连戏的南下

一、南戏的产生与南戏的分化

　　据明代祝允明《猥谈》云:"南戏出于宣和之后,南渡之际,谓之'温州杂剧'。"说明南戏发源于浙江温州,形成时间是在北宋徽宗宣和年间(1119～1125年)的南渡之际,故又称"南宋戏文"。南戏源自南方的民间歌舞小戏,徐渭《南词叙录》云:"永嘉杂剧兴,则又即村坊小曲而为之,本无宫调,亦罕节奏,徒取其畸农、士女顺口可歌而已。"又说:"其曲,则宋人词而益以里巷歌谣,不叶宫调,故士夫罕有留意者。"②这种近似自然形态的早期南戏,无论其情节结构,还是艺术形式,都是非常原始质朴的。它萌动于农村,胚胎于赛社,在纯粹的自娱自乐中,对于艺术表现形式的追求,却是无所顾忌的,一切任性而为,甚至把"宋人词"顺手搬来,配以群众所熟悉的"里巷歌谣",也显得有滋有味。这是民间戏曲区别于其他戏曲样式的最为显著的本质特征。

　　然而,南戏随着与宋杂剧和其他民间伎艺的不断磨合,在其逐渐走向成熟的

---

① 宋·孟元老《东京梦华录·中元节》卷八,载《传世藏书·子库·杂记》第1册,海南国际新闻出版中心,1995年。

② 明·徐渭《南词叙录》,《中国古典戏曲论著集成》第3册第240页,中国戏剧出版社,1959年。

同时,出现两种不同路向:一路向城市发展;另一路仍流动于农村。当时的南宋都城临安(今杭州),据《都城纪胜·序》载,繁华的程度超过北宋汴梁"十倍"。南宋诗人陆游则以诗的形式描绘了临安宫廷狂歌酗饮、醉生梦死和贪图享乐的生活。其《武林》诗云:

> 皇舆久驻武林宫,汴洛当时未易同。广陌有风尘不起,长河无冻水常通。楼台飞舞祥烟外,鼓笛喧呼明月中。六十年间几来往,都人谁解记衰翁。自注云:"绍兴癸亥,予年十九,以试南省来临安,今六十年矣。"①

陆游60年来,都城的"楼台飞舞"、"鼓笛喧呼"依然故我。在这种"万家弦管"的热烈氛围中,在商品经济极度发展的刺激下,"市民文化"得以勃兴。而活跃于浙江温州地区的南戏,为适应都城"市民文化"的需求,"冲州撞府",进入杭州。又由于都市文人士大夫的积极参与,城市中的一部分南戏逐渐走上了士大夫的道路,衍变为传奇,曲牌越来越规范,曲词越来越典雅,宫调联套也趋向程式化。并由此导致昆山腔的诞生。

另一路长期流动在农村的这部分南戏,则始终保持着不叶宫调,亦罕节奏,向无曲谱,只沿土俗的固有特点。它继承了南戏初始的优良传统,与群众保持着最广泛的血肉联系。正是长期在农村流行的这路南戏,于南宋中晚期进入了江西的赣东北地区以及赣中的南丰县。这一历史性流变,说明这样一个事实:南宋中晚期,一支长期在农村乡镇流行的南戏,一种未受文人士大夫染指的戏曲形态,一个始终保持着民间生活气息的民间戏曲,被较完整地保留在江西这块土地上。

二、弋阳腔继承农村一路南戏

弋阳腔继承了农村一路的南戏。南戏的最基本特质就是限于世代累积型的民间艺人集体创作,徐朔方先生说:

---

① 宋·陆游《剑南诗稿》第3册第1290页,中华书局,1976年。

南戏的基本性质可以归结成一点:它是民间戏曲,出于书会才人及无名艺人之手,在长期的流传过程中得到丰富提高,有时因演出、编导和地区的差异而出现不同系统的版本;它没有单一的作者,写定或改编者对剧本未作出自始至终的加工。①

徐朔方先生把明清时期作家的个人创作列为传奇,指出它早已背离南戏本质特征而异化了。而"没有单一的作者"这一群体,则属于"世代累积型的民间艺人集体创作"。这一分界具有较严密的科学性,它把南戏在发展过程中所出现的分化状态揭示得非常准确与透彻。

弋阳腔正是在这点上直接继承了南戏的这个特质,弋阳腔从来没有自己的作家,它的剧目生产,与文人戏曲走的是完全不同的另一种路子。其区别在于:昆腔传奇由作家个人创作;而弋阳腔从它诞生之日起,便没有自己的专业创作队伍,这个戏曲艺术头等重要的工作,就只有落在民间业余文人和弋阳腔艺人自己的肩上。它包括以下两个方面:一是直接继承南戏来自民间属于原始形态的丰厚遗产;二是从北曲杂剧中吸收了一批以历史故事为题材的作品,以及宋元时期在江西流行的说唱艺术中有关的历史题材相结合,在结构上把它们打碎、重构与连缀,将其系统化,形成弋阳腔著名的历史连台本戏。总之,这些民间艺术家,在"改调"过程中,不是原封不动地照搬,而是用自己长期扎根农村生活的深刻体验,以及注意运用符合广大民众的审美情趣,对它们作不断修改、实践与完善。

朱建明认为:"在农村流动的那部分南戏……在各地先后有弋阳、余姚、青阳、乐平、徽州、义乌诸腔擅场,锣鼓伴奏,干唱,因因相袭,保存在至今仍有演出的一些古老剧种中。"②因此,我们可以说,弋阳腔是南戏在民间流行的这一路的直接继承者。而正是这支南戏的存在,为在江西弋阳县孕育产生弋阳腔,创造了最为适宜的艺术环境和最为直接的有利条件。

三、目连戏南下与南戏吸收及弋阳腔继承

随着金兵入侵,北民南移,北宋汴梁目连戏亦随之流迁南下,在极短的时间

---

① 徐朔方《南戏的艺术特征和它的流行地区》,《南戏论集》第 16 页,中国戏剧出版社,1988 年。
② 朱建明《诸宫调与南戏》,《南戏论集》第 340 页。

内迅速在江南大地繁衍开来。中原河洛目连戏在江南的播迁能如此炽烈,其优势有以下几点:一是宗教祭祀是中华民俗中最原始最普及的一种文化意识,它毫无阻碍地打破了地域文化的差异而趋于认同;二是中元节盂兰盆会有关"目连救母"故事,经中国化处理后,真正做到了家喻户晓,可谓深入人心,中原河洛目连戏的到来,本地民众无疑有种"相见恨晚"的感觉,就是说,它无论走到哪里,能始终和当地民众保持着某种"血缘关系"而具亲切感;三是南方信鬼好淫祠,庙会祭祀活动炽盛,各地皆然,这种最为普及的民间信仰,为汴梁瓦舍勾栏中的目连戏南下,提供了一个得天独厚的良好环境;四是《目连救母》以翻打跌扑的武术杂技为重要表现手段,以上天入地"碧落黄泉两茫茫"的宏大场面组合而成的故事情节,构成它离奇、曲折、惊险、恐怖的舞台画面,使之突破了地域文化的界线,大大刺激了南方各地广大民众的心理反映。

南渡之际产生于温州一带的南戏,其结构样式的自由灵活,里巷歌谣的随意洒脱,演唱方法的不拘一格,无不与中原河洛目连戏的演剧特征一脉相通。因此,随着《目连救母》的南下,南戏很快便接受了这批长期在瓦舍勾栏中演出的目连戏艺人,同时也接受并掌握了目连戏的表演技艺。

江西弋阳县自古以来习俗崇佛,据清康熙《弋阳县志·风俗》载:"中元家祭,焚纸钱纸衣,寺僧作盂兰佛事。……但喜迎神赛会,信用浮屠。当赛神演剧之场,掷金钱如粪土。"南宋中叶,当由农村一路南戏演出的《目连救母》进入江西,尤其是来到弋阳并扎根这一地区时,受到弋阳广大民众的欢迎是不

目连戏

言而喻的,最终促成了弋阳腔的产生。弋阳腔继承了南戏固有的民间创作的传统,同时也继承了北宋汴梁目连戏的表演技艺与表现形式,使其与生俱来地具备了一种适应性和灵活性等特质。正因如此,张庚先生在 20 世纪 90 年代初第二届全国高腔学术研讨会上宣读的贺信中说:"近几年对弋阳腔研究有很大的发展,一个最引人注目的,是觉得可以把弋阳腔的研究和目连戏的研究联系起来,发现了很多问题,并取得一些成果。"翌年的 1993 年,张庚先生发表了长篇论文

《中国戏曲在农村的发展以及它与宗教的关系》，并作出如下论断：

> 中国戏曲好比是条长江大河，大水发了冲下去，一泻到底，而有许多弯弯曲曲的地方却稳然不动，形成活化石。
>
> 最早的戏就是《目连救母》，比它还早的大戏尚未听说，从相信鬼神、因果报应，发展成为讲忠孝节义，这是一个很大的进步。
>
> 目连戏到底怎么来的？北宋有了，是在瓦舍，不是在民间：如在民间，南迁后北方还会留下，但并没有。到了南方，就到了民间。
>
> 中国南方早期戏曲存在方式是以目连戏为敬神的戏。
>
> 弋阳腔最早就演目连戏，最早是目连传，后来是前目连，后目连，四大本，它的特点是最后这些人都升天了。这大概是弋阳腔最早的本子。……目连戏的传播第一是靠弋阳腔。①

这些表述极其重要，它是张庚先生经过长期考察实践后得出的结论，是中国戏曲文化发展史研究的一个总纲，同时，也为我们研究河洛与赣鄱戏曲文化的磨合与互动指明了方向。

第三节　江西弋阳腔的形成

一、弋阳的地理环境与人文环境

清王正祥《新定十二律京腔谱·凡例》云："弋阳之名本何乎？盖因起自江西弋阳县，故存此名。"弋阳腔源自江西弋阳县这个定论，早已是古今戏曲史家的共识。那么，人们会提出一个很实际的问题，为什么在一个很小的弋阳县，会产生这么一个偌大的弋阳腔？其实，弋阳腔的形成，经历了一个复杂的过程，它是由地理、人文等环境，和宗教、艺术等因素聚合融会而成的产物。下面首先对

---

① 张庚《中国戏曲在农村的发展以及它与宗教的关系》，《戏曲研究》第46辑，文化艺术出版社，1993年。

弋阳的地理作一分析。

弋阳最早称"葛阳",是附属余干县的一个乡。东汉献帝建安十五年(210年)析余干县葛阳乡置葛阳县,隋开皇十二年(592年),始更名弋阳县。此时的弋阳,与鄱阳、余干三县并属鄱阳郡,其辖地很广,几乎囊括今天的整个上饶地区。后来这一地区出现的各县,均从弋阳析出,故乾隆四十九年(1784年)《弋阳县志·序》云:"信之七邑,惟弋最古,自隋大业间即有县名,以江形如弋故名之,前人谓'溪成弋字水横斜'是也。"唐代诗人刘长卿《登余干古城》诗,其最后两句为"飞鸟不知陵谷变,朝来暮去弋阳溪"。弋阳溪亦称"弋阳江",系由发源玉山县仙霞岭的信河至弋阳县东30里入弋境,流经城南,西至35里河潭镇入贵溪县界而有此称。唐始置信州,辖上饶、弋阳、永丰(今广丰)、玉山、常山5县。开元二十一年(733年),分江南东、西两道,信州属江南西道,治所洪州(今江西南昌);北宋仁宗天圣八年(1030年),由江南东、西两道改为江南东、西两路,江西鄱阳湖以东地区隶属江南东路管辖,治所在江宁(今南京)。南宋,仍按旧制不变。这种辖地的变化,为南戏的流通提供了便利,就是说,南戏由浙江进入信州地区,水、陆两路均顺畅无碍,因为它仍然是在自己的江南东路辖区内流传。

弋阳东临横峰,是往来于江浙的通衢要道;南界铅山,可经由武夷山,跨桐木、分水二关,进入福建建阳地区;西接贵溪,实分两路:一路南行,走金溪、南丰、广昌、宁都、赣县,直插大庾岭梅关,达广东韶关地区;一路西行,经抚州、清江、萍乡,进入湖南湘潭地区,达贵州安顺和云南滇东地区;北靠乐平,亦分两路:一路走鄱阳,乘舟沿鄱阳湖进入长江,折西溯江而上,经湖北,达四川;一路北上景德镇,至皖南,经贵池继续北上,达"两京"(南京、北京)。正如《弋阳县志·序》所云:"弋固闽、浙通衢……弋当孔道舟车之所必经。"弋阳优越的地理位置,使其成为南戏从浙江温州西行的"驿站"与"终点"。当南戏在此完成它对弋阳腔的"过渡"和"易腔"之后,弋阳,这块神奇的土地,又以它巨大的能量与张力,复合成一种向四周辐射的态势,成为弋阳腔目连戏向外扩散与传播的起始点。

其次,再说弋阳的人文环境。弋阳自古山水绝美,风俗纯朴,儒学淳厚,康熙十二年(1673年)《弋阳县志·序》云:"弋,古望邑也。其山则有龟峰、宝峰、仙城、赭亭诸奇;其水则有葛溪之纡折而奔驶;其风俗则土物爱而心臧;其人物在宋,为陈鲁公之勋德,谢叠山之忠节。在明,为李中丞父子之按抚豫浙,皆如金铁星斗,炳耀丹青。""臧",即善、好,"心臧",指心善、心好的意思,它形象勾勒了弋阳民众善事纯美的心境。"陈鲁公"即陈康伯,弋阳南港乡南山人,北宋宣和三年(1121年)进士,官至尚书左仆射、同中书平章事兼枢密使,进鲁国公。任内不依附秦桧,力主抗金,效北宋寇准"坛渊之盟"之法,要求高宗御驾亲征,采石一战,打败金兵,使南渡不久的南宋朝廷得以稳定。"谢叠山"指谢枋得,抗元民族英雄,如果说,宋末江西吉安是文天祥举义抗元的第一战场的话,那么,信州弋阳则是谢枋得开辟抗元的第二战场。"李中丞父子"指李奎,明永乐十年(1412年)进士,任国子监学录,升御史,又任大理寺丞巡抚河南、荆襄,政绩显著。建于明初宣德二年(1427年)的弋阳湾里乡西李祠堂戏台,即由李奎督造。这是一座典型的目连戏戏台,台宽14米,高3.55米,进深4米,台中有屏风隔板,隔板前与两侧的上下场门之间,有一"凹"字形空档,是当年弋阳腔5个乐手演奏的地方,上下场门两侧,又增设两个上下场门,其两侧还有两个便门,这些都是古弋阳腔为了演出目连戏和历史剧,由于人物出场繁多的需要而专门设计的,这在全国的古剧戏台建筑样式中也极为罕见。这是一座赣地目前最早,保存也最为完整的古剧戏台,应该说,李奎对于家乡弋阳腔戏曲文化的建设作出了很大贡献。由此我们明白,为什么古弋阳腔在初始阶段以擅演目连戏和历史连台本戏著称于世,这一演剧风格的形成,实在与弋阳儒学先贤"皆如金铁"的禀性和忠孝节义的道德意识有关,从本质上说,它奠定了弋阳腔目连戏和历史连台本戏的思想基础。

二、弋阳的宗教对弋阳腔的影响

早在东晋,佛教便已传入弋阳。东晋成帝咸康年间(335～342年),县治东二里的真如寺和县治西20里的湾里乡莲塘寺,是弋阳最早创建的两座寺院。唐末昭宗乾宁年间(894～898年),由僧人茂蟾在圭峰开山始建的灵胜寺,是一座江南名刹。因其坐落于群峰环抱的圭峰名胜之中,故又称"圭峰寺"。北宋真宗咸平年间(998～1003年),改名"瑞相寺",至元代,据康熙版《弋阳县志·寺观》载:"雄丽倍于他日。"而弋阳最具特色的佛教建筑,是它的寺庙石窟群,南岩寺,位于县城南凤凰山,始建于唐文宗大和年间(827～835年),为僧人神曜所创。石窟依岩而凿,气势雄浑,健劲壮阔,绵延起伏,连缀不断,在素有"水乡"之称的江南,竟有如此类似北方的寺庙石窟,这是人们不可思议的地方。洞穴宽70米,高30米,进深30米,可置千余人,是一座国内最大的在单体洞窟中开凿的佛教石窟。清康熙版《弋阳县志·艺文志》载清初刘临孙《游南岩记》云:

> 石壁千寻,摩天无阶负。日俯仰望同练,垂云当其半隙,若悬峰之挂霄汉间。岩下洞穴,逶迤空中,而旷度可置千余人。每晨曦初起,夕辉斜照,荒荒漠漠,不可名状。寺随岩架立,不瓦而栋,不檐而藩,合烟合雾,云皆从户片庸中出,石浪护其顶,缥缈冥幻,人往往不能自定。佛像古洁,其世尊罗汉诸像,不下数十,皆就壁断石成之,如画悬空立,令人肃肃生悸矣。

南岩寺自唐开基以来,经宋元,直至民国,绵延不绝,历代僧人不断重修、再修和增修,即便在动荡年代,香火仍长盛不衰。我们知道,北宋汴梁凡七月十五日中元节演出的目连戏,南渡之后被长期在农村活动的南戏所接受。当这支南戏来到弋阳时,弋阳的民众表达了一种少有的狂热,弋阳的佛教亦受到极大的鼓舞,这一切自然为南戏目连戏向弋阳腔的过渡,以及弋阳腔目连戏的产生与兴盛,创造了不可多得的社会环境。这就是张庚先生所说的"弋阳腔最早就是演目连戏"的真正含义。

弋阳道教也很活跃。弋阳与贵溪,不仅地理紧邻,而且与龙虎山正一道也有着千丝万缕的联系。据清娄近恒《龙虎山志》载,第48代张天师死后就"葬弋阳县城东的故叠山书院"。正一道的音乐十分丰富,早在宋代便具规模。王安石《龙虎山》诗云:"方响乱敲云影里,琵琶高映水声中。"北宋徽宗第30代天师张继先《庵居杂咏九首》,其第九首云:"钟声鼓声朝夕鸣,茶烟炊烟先后生。"尤其是正一道的经腔,传播极广。何昌林先生在《中国音乐》杂志上谈及他考察唐末五代四川青城山道教"南韵经腔"的源流时说:"有人说'广成南韵'与川剧高腔酷肖,这真是一语道破,因为川剧高腔是江西弋阳腔的流裔,而弋阳腔的源头之一便是'道士腔',即龙虎山正一天师道的经腔。"

南戏流入江西之后,其《母连救母》受到赣东北地区民众的极大关注。佛教积极组织搬演。始料不及的是,道教亦行动起来,在弋阳、贵溪一带活跃着一支由"火居道士"们组成的"道士目连班"。他们所用的唱腔,便是正一道"经腔",

又因道士们在戏中要披袈裟,扮和尚,故俗称"和尚道"。在吉水县黄桥乡发现的道士目连本,其源即来自弋阳、贵溪一带由火居道士演出的脚本。从内容看,在许多重要情节和演出排场上,隐佛扬道,剧中大量出现道教仙界的神祇,演出时处处渲染道教的排场与氛围。有时则从中摘出若干场次,用作道场法事的演出节目。这种由火居道士演唱的《目连救母》,人们称之为"道士腔"。而正是这种"道士腔",其演变的结果,即对弋阳腔音乐模式的最后定型,产生了决定性的作用。

三、早期弋阳腔的演剧形态

(一)武术杂技

弋阳腔是一种深深扎根于民间的艺术。其初始阶段以擅演目连戏与历史演义著称,特别着重于扑跌翻打的武技表演,更多地表现一种质朴粗犷的生活气息,并与大锣大鼓所造成的强烈的气氛相结合,形成一种炽热、火爆的艺术风格。清焦循《剧说》有条记载:"王阮亭奉命祭江渎,方伯熊公设宴饯之,弋阳腔演《摆花张四姐》。"这是早期弋阳腔演出的代表剧目,又名《天缘记》,《曲海总目提要》介绍了这出戏的内容:"其名曰《摆花张四姐思凡》,出于鼓词,荒唐幻妄。然铺设人物兵马旗帜,戈甲战斗击刺之状,洞心怵目,可喜可愕,亦有足观者。"又云:"驾雾腾云,飞沙走石,交战时各显神通。……其说颇仿《西游记》、《封神演义》各出,皆仙女当场,戎装武饰,他剧所无也。"①它使我们明确两个问题:一是所谓"出于鼓词",这一信息再一次印证弋阳腔保持了宋元南戏的

明代弋阳腔演出图

发展路向,从小说、鼓词等说唱艺术中吸收大量成分丰富自己;二是标新立异,把

---

① 清·董康《曲海总目提要》卷四十,第 1745 页,天津古籍书店,1992 年。

人民群众喜闻乐见的民间技艺与武术杂技融入表演之中,不仅惊心动魄,作"戈甲战斗击刺之状",更为引人注目的是主人公均由女性当场,而且是"戎装武饰",这在元明戏曲剧目中是绝无仅有的,从而奠定了早期弋阳腔鲜明的独树一帜的演剧风格。甚至真刀真枪也被搬上舞台,王思任作《米太仆万钟传》,有这样一段话:"出优童娱客,戏兀术,刀械悉真具,一错不可知,而公喜以此惊坐客。"于此可以想见弋阳腔武打场面的勇猛、激烈与火爆。

(二)民歌入腔

明代,弋阳民歌特别发达,乃为善歌之乡。在奥地利维也纳国家图书馆发现的明万历年间(1573～1620年)刊刻,由江西人编辑的《精刻汇编新声雅杂乐府大明天下春》卷七中,收有"弋阳童声歌"14首。其第一首云:"时人作事巧非常,歌儿改调弋阳腔。唱来唱去十分好,唱得昏迷姐爱郎。好难当,怎能忘,勾引风情挂肚肠。"这是地道的弋阳"土产"。所谓"童声歌",其实是少年男女咏唱的情歌和山歌,这种以弋阳地方音乐咏唱的民歌,明确道出了弋阳民众把本地俗曲的歌词巧妙地改调弋阳腔演唱,并广为流传,具有一股非凡的不可抗拒的艺术魅力。清康熙年间(1662～1722年),临川人傅涵从扬州返里,途经广信府(今江西上饶),写有《竹枝词四首》,其诗注云:"弋阳,信州属邑,多讴者。"于是,把民歌纳入腔系,成为弋阳腔曲牌音乐有机组成部分,似乎是弋阳腔与生俱来的一种天性,我们姑且把这种"天性"称为"民歌情结"。《李九我批评破窑记》第二十八出《相府相迎》,净扮丫环海棠,有段民歌表演:"(净唱)[采茶歌]淡红衫儿水红裙,鞋长一尺三寸横。打扮起来越不好,人人叫做野瓜精。"李九我在其上有个眉批:"若无此戏谑,何以启满堂欢笑。"看来,李九我当时是看了弋阳腔这个戏的演出,知其舞台效果不错。

我们从明代弋阳腔曲本中,清楚看到它是如何把大量民歌转化为自己的养料而予以利用的。历史故事戏《古城记》,除[闹更歌]外,还有[棱喳歌]、[七言句]、[集日句]等民歌形式。值得注意的是,这些民歌的名目,与弋阳腔传统曲牌,如[驻云飞]、[桂枝香]、[山坡羊]等均处于同等地位。就是说,它完全是作为一支曲牌来使用的。可见,民歌对弋阳腔影响的巨大,同时,给弋阳腔腔系的灵活性与丰富性也注入了源头活水。

（三）脚色行当

　　早期弋阳腔的脚色行当体制例分为"九行"，即"三生、三旦、三花"。俗称"九脚头"或"九老图"，民间有"九顶网子打天下"的说法。九行体制，即保留了弋阳腔初期尚武表演的成分，又明显具有文武并重的表演格局，即是说，将传奇进行"改调歌之"以后对脚色所作的某种新的调整。它们自成系统，各有各的当家剧目、路数和绝招，形成一种全方位的齐头并进的态势。生脚表演以塑造一般市民所熟悉的人物见长。其特点是古朴细腻，真切感人，注重深刻揭示人物内在复杂的心理活动，具有浓郁的生活气息，最能引起观众共鸣。明祁彪佳《远山堂

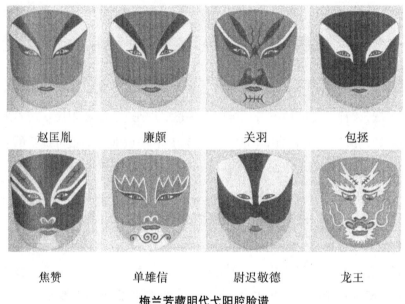

赵匡胤　　　　廉颇　　　　关羽　　　　包拯

焦赞　　　　单雄信　　　　尉迟敬德　　　　龙王

梅兰芳藏明代弋阳腔脸谱

曲品》评《十义记》云："李、郑救韩朋父子，程婴、公孙之后，千古一人而已。惜传之尚未尽致。中惟父子相认一出，弋优演之，能令观者出泣。"弋阳腔艺人对于人物的理解及脚色的投入都是极为深刻的。如果没有一种纯真而非凡的表演技艺，是断难达到"能令观者出泣"这一境界的。祁氏《远山堂曲品》评《合钗》时又云："调不伤雅，而能入俗。《清风亭·遇子》一出，宛然当年情景，弋优盛演之。"《清风亭》原名《合钗记》，系明代秦雷鸣所作的传奇。所谓"调不伤雅，而能入俗"，说明弋阳腔在"改调歌之"过程中，是如何在保持原作精华的前提下，按照民间戏曲的创作规律将其通俗化的。正因如此，《合钗记》才有可能成为弋阳腔的保留剧目而"盛演之"。这个时期，弋阳腔的演剧已经突破了单纯尚武的

狭窄空间,而把艺术的触角伸向社会的层面,尤其是为老百姓所关心的严峻的现实生活。所谓"宛然当年情景",表明弋阳腔一种现实主义的演剧风格已然形成。

(四)滚调形式

弋阳腔艺人在艺术实践中,创造了"滚"这样一种新的表现形式。对传奇文学体裁的曲牌音乐加以发展与突破,是"改调歌之"的必然结果。周贻白先生《中国戏曲史讲座》在论及明传奇与弋阳腔关系时说:"一经扮演登场,词即通俗易懂,声调又接近语言,对一般观众而言,其普及程度,实非曲高和寡的昆山腔一类'雅章'所能抗手。"由此我们知道,"滚"的形式,是将晦涩艰深的词句进行"稀释"的一种方法,实在便于观众理解剧中的人物和情节而为广大群众所喜闻乐见。以《古城记·受锦》关羽的一段"滚"为例:"(内喊科)关羽:是哪里声喊?兵卒:是后面追的喊!关羽:左右,带马来!(唱)[滚]光闪闪晴霞辉照,碧澄澄寒波浩渺。滴溜溜风吹落叶飘,干柴刺股荷被霜凋。青湛湛遍野连天草,闹叮叮断鸿哀叫,急攘攘心随落日遥。"在"滚"之前有[贺新郎]、[天下乐]两支曲牌,是关羽不辞而别,保随甘、糜二夫人于途所唱,"向郊外把车轮慢拽"、"下征鞍迟迟意懒",是种慢节奏的处理。此时陡起风波,一种始料不及的突变,用一般联套曲牌是达不到这种情绪转换的,而用"滚"为中介,扣子随即迎刃而解。"滚"使人物的激烈情绪得到充分宣泄,突出表现了关羽英武刚烈的秉性与无所畏惧的气概。

"滚"的形式的运用,具有以下三个特点:第一,注重内在情感的延续。对原有曲文进行一番解释、发挥、引伸和咏叹,作为一种表现人物内心活动过程,以达抒发人物情感和渲染戏剧气氛的目的。第二,适用于情节的突变和情绪的突转。运用一种流水急板,即所谓"字多音少,一泻而尽"的快速行腔的方式来抒发人物的激越之情。正如傅芸子先生《释滚调·滚调之组织》所说:"原曲之外所增滚调词句,多加于声情激越之处,想见歌时,必累累如贯珠然。"第三,强化戏剧叙事功能。"滚"直接导致语言的通俗性和板眼的灵活性。无论"滚唱"还是"滚白",它必定运用人民群众口头的通俗明快的语汇,其节奏也不受曲牌音乐固定模式的死限,可随剧情的需要或长或短,或急或慢。清王正祥云:"如系闺怨离情,死节悼亡,一切悲哀之事,必须畅滚一二段,则情文接洽,排场愈觉可观矣。"①这就为演员强化叙事功能,深刻表述人物内部复杂的心理流程,提供了颇为宽松、自由的创作环境。

第四节　弋阳腔与河洛戏曲的文化磨合

一、"江右商帮"与弋阳腔的流变

江西长期的自给自足的半封闭农耕文化形态,到了明代,发生了明显的变化,就是说,在保留自给消费型农耕文化的同时,而转向产品交换型的商业文化形态,从而出现了一支庞大的活跃在全国各地的江西商人,人们称之为"江右商帮"。江右商帮是南方比徽商先驰名全国的大商帮,清同治《清江县志·风俗》载:"民勉贸迁,恒徒步数千里,吴、粤、滇、黔、楚、蜀,无不至焉。"这仅是个约数,但也能看出江右商帮势力的盛大与活跃。

农业生产的发达与过剩导致社会经济重心的转移。元末的战乱对江西影响不大,人口相对稳定。据《明史》卷七十八《食货二》载:"太祖初立国即下令,凡民田五亩至十亩者,栽桑、麻、木棉各半亩,十亩以上倍之。麻亩征八两,木棉亩四两。栽桑以四年起科。不种桑,出绢一匹。不种麻及木棉,出麻布、棉布各一匹。"这一农桑丝绢并重的政策非常有效,因为它实现了农业耕作向手工业生产的平稳过渡。至明成祖永乐年间(1403～1424 年),已是"宇内富庶,赋入盈羡,米粟自输京师数百万石外,府县仓廪蓄积甚丰,至红腐不可食"。由于此前注重了经济作物的普遍种植,也就大大促进了市镇的发达和手工业全面繁荣,以及商品贸易的空前活跃。张瀚《松窗梦语》云:"江西地产窄而生齿繁,人无积聚,质俭勤苦而多贫。多设智巧,挟技艺,以经营四方。"又说:"今天下财货聚于京师,而半产于东南,故百工技艺人亦多出于东南,江右为夥。浙直次之,闽粤又次之。"②想见江右商帮之势炽。随着江右商帮向全国的辐射,万寿宫,作为江西具

---

①　清·王正祥《新定十二律京腔谱·凡例》,引自周贻白《中国戏曲论丛》第 37 页,中华书局,1952年。

②　明·张瀚《松窗梦语·百工纪》,中华书局,1983 年。

有特殊表征性建筑,亦在全国不断涌现。各地万寿宫多由江右商帮出资筹建,把它作为赣商联属乡情,聚会议事,宴集观剧的场所。后会馆兴起,江右商帮顺应潮流,改各地万寿宫为江西会馆,但其职能不变,祀奉的神祇亦不变,如景德镇都昌会馆,其南门牌坊上就刻有"万寿宫",与戏台正对的大殿内,供奉的即许真君神像。

社会流动性最大的有两种人:一是商贾;一是戏班。随着商品经济的发展,商业资本在全国范围内的活跃,江右商帮是仅次于徽商和晋商的第三大商帮。俗谚"商路即戏路",弋阳腔正是沿着赣商们的足迹而几遍天下的。江西会馆的建筑,戏台是其重要的组成部分,入中门,从台下通过,即一大天井,两侧有走马楼,可通戏台,为宾客饮宴观剧之所。越过大天井是正殿,殿内供奉许真君金塑神像,大天井及大殿廊庑可容千人观剧。演剧是展示自己家乡的民俗风情与文化特征;和同乡聚会,则拉近与千里之外的故土的距离,折射异乡游子对家乡的远念,使心理得到某种慰藉。从而奠定了弋阳腔与江右商帮"如影随形"的关系。路应昆说:"产于江西的弋阳腔,随着江右商帮而周流天下,后来辗转衍变成十数种地方高腔。"①弋阳腔的发展历史证明了此论的正确。

20世纪70年代,人们发现了一部嘉靖二十六年(1547年)载有金坛曹含斋跋语的《娄江尚泉魏良辅南词引正》,其中第五条有云:

　　腔有数样,纷纭不类。各方风气所限,有昆山、海盐、余姚、杭州、弋阳。自徽州、江西、福建俱作弋阳腔;永乐间,云、贵二者皆作之,会唱者颇入耳。②

这条资料非常珍贵,它说明弋阳腔在明初永乐年间(1403～1424年),不仅盛于江西,还流行于安徽、福建,甚至远播于云南及贵州。这是目前最具说服力的一条史料。有的学者根据魏良辅《南词引正》的这条资料,提出了自己新的观点,钱南扬《戏文概论》指出:

①　路应昆《中国戏曲与社会诸色》第121页,吉林教育出版社,1992年。
②　转引陆萼庭《昆剧演出史稿》第18页,上海文艺出版社,1980年。

弋阳腔在明初永乐间,已流传到云南、贵州,可以推想它发生时代之早。自从戏文传到弋阳,渐渐发展变化成为新腔,新腔又成长壮大,渐渐向外传播,一直达到云南、贵州,必须有一个相当长的时间。推想它发生的年代,至迟应在宋元间。①

钱南扬先生根据所占有的新的资料而提出的论断,无疑具有较强的说服力。再结合明代徐渭《南词叙录》所云:“今唱家称弋阳腔,则出于江西,两京、湖南、闽、广用之。”②就是说,到了明中叶,弋阳腔又流行于北京和南京,湖南、福建、广东也都留下了它的足迹。弋阳腔在不同历史阶段的流动扩散,是那样的神速,几乎到了“令人骇叹”的地步。

二、弋阳腔反哺中原河洛地区

大体从元末至嘉靖,弋阳腔已流行170余年,其间变化不小,王骥德云:“世之腔调,每三十年一变,由元迄今,不知经几变更矣。”③关键是一个“变”字,这里的变,是变通的意思,表示某种事物因变化而趋通达。《周易·系辞》云:“是故法象莫大乎天地,变通莫大乎四时。”即指四时以变得通,不拘恒常,随宜变更。弋阳腔诞生于早期宋元南戏的“易腔”,弋阳腔问世后的典型发展模式,也是在各地继续作“易腔”式的分化。但无论怎样分化,其演剧形态和剧目题材却是基本一致的,就是说,不同地区在“锣鼓相伴”、“一唱众和”这一特殊的表现形态下,分别用自己的土腔俗调去唱那些曲和演那些戏,从而衍生出诸多的“腔种”。它们既有艺术共性,又具有各自浓郁的地方色彩。

尤其引人注目的是,广袤的中原河洛地区,也成为弋阳腔的过化之地,这是我们意想不到而感觉很欣慰的一件事。在诸多古籍史料记载中,弋阳腔的流变地区,似乎很少涉及河洛地区,因此,在戏曲研究中人们自然对于这个课题注意很少。20世纪80年代初,我们在书店里无意中看见一本署名冯纪汉的《豫剧源流初探》,今天当我们再次拜读这部著作时,的确感慨万端,可以说,冯纪汉先生

---

① 钱南扬《戏文概论》第67页,上海古籍出版社,1981年。
② 明·徐渭《南词叙录》,《中国古典戏曲论著集成》第3册第242页。
③ 明·王骥德《曲律》,《中国古典戏曲论著集成》第4册第117页。

为弋阳腔的流变填补了一个空白。现兹录于下：

> 河南普遍流行着弋阳腔。弋阳腔在明代中叶以后，流行到哪里，就吸收哪里的民间音乐，用当地的土音演唱，同时还在艺术上进行改革，采用了滚唱和后台帮腔的方法，曾在全国到处生根开花，当然在河南也是如此。
>
> 因为弋阳腔在河南普遍流行，罗戏也受了它的影响。罗戏中的《吊打余林》、《双凤山》、《赵家铎》、《闯幽州》等，都唱弋阳腔中的曲牌，久之，并把它们当成罗戏的组成部分。弋阳腔和罗戏，在豫剧还没有形成以前，是在河南普遍流的大剧种，也是优秀剧种。
>
> 豫剧在幼年时期，一方面从弋阳腔继承了扑跌武打的表演技巧，大鼓大锣伴奏的奔放的艺术风格；在剧目上继承了很多歌颂历史人物的戏，如杨继业、杨六郎、敬德、张飞等。……弋阳腔的曲牌［玉芙蓉］，在三十年前演《反五关》、《孙吴子兴兵》中还唱。……弋阳腔的东西，已经融化为豫剧自己的组成部分。①

上述三段的研究成果，具有资料的可靠性和论证的思辨性，弥足珍贵。同时也给我们诸多的启发与思考。

第一，江西弋阳腔的扩散，初期是以目连戏为主要手段而传播的。北宋汴梁目连戏在南渡之际已扩散到南方，从此，南方的戏剧艺术表现形式曾经几乎是以目连戏一统天下的，并被江西弋阳腔忠实继承下来。百余年后弋阳腔又将目连戏回流到河洛地区，用今天的话说，是一次名副其实"回娘家"的体验。河洛与赣鄱之间在戏曲交往中，不仅具有一种天然的"血缘"关系，而且河洛民众对于久违了的目连戏无疑倍感亲切，而对弋阳腔自然表示热烈欢迎。

第二，江西弋阳腔，士大夫鲜于染指，在中国戏曲发展的历史长河中，民间戏曲自诞生之日起，便以它的通俗化、大众化与高雅化的昆曲相抗衡，并以其地方性、多样性、丰富性和通俗性等特点闪烁着夺目的光辉。戏曲史上著名的"花雅之争"，就是从这里开始的。河洛地区的文化底蕴恰恰为弋阳腔的到来提供了

① 冯纪汉《豫剧源流初探》，河南人民出版社，1979年。

一个得天独厚的生存环境,而弋阳腔的遒劲、粗犷、拙朴与夸张的表演风格和高亢激越、酣畅淋漓的音乐旋律,又非常符合河洛民众的心理诉求。所以弋阳腔为河洛民众所接受,并为之痴迷与倾倒,实在是文化的互动使然。民间戏曲始终代表着中国戏曲的主潮与发展方向,它始终透露着民间俗文化的光彩。

第三,弋阳腔以翻打跌扑的武术杂技为重要表现手段,以大锣大鼓为主要伴奏,正如汤显祖所云:"其节以鼓,其调喧"的伴奏形式,以轻松活泼的民歌小调为主要音乐旋律,更以"一唱众和"的激越高亢的帮腔形式为主要舞台效果。弋阳腔的这些艺术元素,大大刺激了中原河洛民众的心理反应。一马平川的河洛大地,造就了一种独特的豪放、遒劲、激越、超迈的精神风貌,他们喜好的是金戈铁马,奔驰旷原的生活气息,这些早已成了中原河洛民众传统文化中的一种心理定势与积淀。弋阳腔的到来,河洛民众在接受艺术上的视觉享受的同时,纷纷仿效搬演,并对弋阳腔进行"改造",用自己的土腔土调来宣泄演唱。

三、赣豫戏曲文化的双向互动

弋阳腔进入河洛地区的演出,除《目连传》外,尚有《封神传》、《征东传》、《征西传》、《三国传》、《水浒传》、《岳飞传》等鸿篇巨著式的连台本戏。这种历史连台本戏结构庞大,体制浩繁,每部传戏都能连续演出七天七夜,上自商周,下至南宋,数千年重大的历史事件和人文传奇无不囊括殆尽。而更为重要的是,这些妇孺皆知的历史故事,无一不是发生在中原的河洛地区,其表现形式不是小说,也不是评话,而是以舞台艺术的惟妙惟肖的人物装扮而呈现出来,对于河洛民众来说,这是极有刺激性和新鲜感的。因此,弋阳腔历史连台本戏在河洛地区的搬演,从某种意义上说,实在具有一种"根性文化"回归的意味。

文化,不是一成不变的,而是一种最活性的动态进程。周月亮说:"文化,是人类将自己从与自然界的天然联系中分离出来的经验世界,是同类可以通过传达与交流来分享、学习和继承的信息体系。任何文化的发生和发展,都伴随它的内外双向的传播过程……这个过程是个传播与接受、影响与涵化、冲突与整合的对立统一的运动过程。"①源远流长的具有"根源性"的河洛文化孕育了中国戏曲

① 周月亮《中国古代文化传播史》第56页,北京广播学院出版社,2000年。

艺术因子,并促成了戏曲文化元素的融合与戏曲样式的形成。随着北宋末年宋王朝的南迁,长期在汴梁瓦舍勾栏演出的目连戏始播撒到江南,促使江南戏曲得以迅猛发展。而弋阳腔目连戏和历史连台本戏的反哺中原,又促成了业已成熟的戏曲文化在河洛的回归。随着豫剧这一新型的戏曲剧种的产生,河洛大地沉寂了近百年的戏曲艺术开始复苏而如日中天,呈现出一派勃勃生机,历久不衰至今。因此,从戏曲文化层面看,无论是汴梁目连戏南下,还是弋阳腔北进河洛,都是一种极其重要的文化磨合。这种文化的双向互动,大大促进了地域传统文化在更深领域内的交流、沟通与融合。

第九章　河洛宫廷建筑与
"样式雷"建筑文化

　　明、清两代既是中国宫廷建筑的第三次高潮,也是宫廷建筑的一个历史终结。它与"样式雷"有着千丝万缕的联系。雷发达,江西永修县梅棠镇新庄雷家村人。清康熙初年,以高超的建筑工艺应募北京,其祖孙七代主持修建从康熙到光绪历朝的宫殿、楼宇、轩阁、陵园、寺庙、桥梁等宫廷和京城建筑,延续了有清一代的 260 余年。清代"样式房"是专门负责宫廷建筑及保护图样的机构,隶属内务府,除雷发达本人外,其儿孙六代均任"样式房"掌案(总设计师),"样式雷"便成了这个家族的代名词。雷礼,江西丰城县秀才埠乡雷坊村人。明嘉靖三十八年(1559 年)由工部左侍郎升任工部尚书,主持修建十三陵、紫禁城三大殿及卢沟桥等皇家重大建筑。为明清宫廷建筑的传承与延续做出了杰出贡献。雷礼与雷发达同祖同宗,都是晋代江西丰城县令雷焕的后裔。因此,探讨雷礼在明代宫廷建筑中的地位,尤其是"样式雷"建筑文化在继承与弘扬中华民族都城建筑文化的意蕴,是本章探讨的重点。

第一节　河洛宫廷建筑概观

一、"三代"宫殿建筑遗址的发掘

　　1. 偃师二里头村夏王朝都城遗址。位于偃师县西约 10 公里的翟镇二里头村,在洛河之南岸,距伊河北堤仅 3 公里。这里是夏王朝中晚期都城所在,遗址面积相当大,南北长 2500 米,东西宽 1500 米,呈长方形,其文化层堆积达 4 米。包括大型宫殿建筑、中小型住址、铸铜作坊、窖穴、水井、道路、墓葬及铜器、玉器和骨器等。距今约 4070~3700 年,学术界称其为"华夏第一都"。最为我们关注的,是它的宫殿建筑,赵芝荃说:

> 宫殿位于遗址中部。最大的一座基址为方形,每边长约 100 米,全部由夯土筑成。台基的中偏北部是正殿,东西长 30.4 米,南北宽 11.4 米。正殿外有廊柱,内有宫室,木架为骨,草泥为皮,是四坡出檐的大型木构建筑。正殿周围是一圈廊庑式建筑,前有广庭。……这是我国迄今发现的时间最早、规模最大的宫殿建筑。[1]

这恐怕是我国目前属于"始祖"性质的宫殿建筑了。我们从中所获得的信息较为丰富:首先,宫殿规划在中部,基址为方形,正殿外有廊柱围绕。其价值就在于:它告诉我们中国宫殿建筑在其创始之初,便已基本奠定了它的建筑样式与规则。位置中部表示它的威严与峻肃,方形则显示其庄重与稳健,正殿外廊柱的设置,一是起着遮阳避雨作用,二是从审美视角看凸显变化不单调,可进一步强化宫殿的严谨有序的功能。其次,木架为骨,草泥为皮的土木结构模式。中国古代建筑以柱梁结合的木构框架为主要的结构体系,在初始的原始形态的宫殿建筑中便得到充分的体现。梁思成说:"土和木是中国建筑自古以来采用的主要材料。这是由于中国文化的发祥地黄河流域,在古代有密茂的森林,有取之不尽的木材,而黄土的本质又是适宜于用多种方法建造房屋。这两种材料之搀和运用对于中国建筑在材料、技术、形式等传统之形成是有重要影响的。"[2]这一见地是非常深刻的。再次,四坡出檐大型木构建筑的出现。我们惊叹华夏民族先祖那汪洋恣肆的无穷智慧,其屋顶形制从其一开始便显出它的成熟性。中国式的屋顶,最原始的是"人"字形的结构模式,土木材料是中国古代建筑文化的物质基础,它确定了小农经济社会民居以小巧的"人"字形屋顶,即"两坡出檐"建筑

---

① 赵芝荃、徐殿魁《古代洛阳的五大城址》,《中国古都研究》第 109 页,浙江人民出版社,1986 年。
② 梁思成《梁思成谈建筑》第 142 页,当代世界出版社,2006 年。

模式的定型。它既适宜土木材料的承载力,又利于雨水的分流,古称"两注"。但这种模式不能满足大型宫殿的建筑,于是出现一种"四注",即"四坡出檐"的屋顶模式。《周礼》卷四十一《考工记》载:"殷人重屋,堂修七寻,堂崇三尺,四阿,重屋。"《疏注》云:"重屋者,王宫正堂若大寝也。……崇,高也。四阿,若今四注屋也。"由此可知,"四阿"、"四注"和"四坡出檐",都是一个意思,指宫殿的大屋顶建筑模式。这种屋顶的平面为四边形,一条正脊横卧于屋顶,四条垂脊向四个不同方向缓慢下垂,檐角微翘。后来,"四坡出檐"在建筑术语中,统称"庑殿顶"。这类屋顶由于伦理品位最高而多见于宫殿、皇陵和园林,同时在儒、释、道等的大型殿宇,也多能见到庑殿顶那雄健的身影。

2. 偃师尸乡沟村商王朝都城遗址。尸乡沟商王城位于偃师县城的西部,北倚邙山,南临洛河,西南与二里头夏王朝都城遗址遥遥相望,相距6公里。这是一座商代早期城址,距今约3600～3400年,出土有大量石器、陶器、铜器、玉器,城内存有城门、宫殿、道路、墓葬、青铜作坊、池苑以及各种民居住址和给排水遗迹。宫城位于郭城内的中偏南,方形,围墙,每边长200余米,围墙内中部即大型宫殿,正殿左右有东、西两座宫殿,正殿前方有宽敞大道,其两侧又有若干建筑,左右相对峙。杨海中在《图说河洛文化》中引用了考古资料:

> 尸乡沟商城遗址东西长1215米,南北宽1700米,面积达2平方公里。……小城又称内城,为南北长方形,长约1100米,宽约740米,墙体厚6～7米。宫城位于内城南部,处于南北中轴线上,是我国城市规划中第一个中轴对称的实例。……这是一座夏商时期布局和结构最清楚、保存最完好的都城遗址,不仅宫庙分离、寝宫与朝堂分离,而且开中国建筑中轴对称布局规划之先河。[1]

杨海中先生这段话之所以重要,是因为它使我们看到,作为"商代第一都"的建成之日,正是二里头夏都灭亡之时,夏文化与商文化的分界亦即从这里开始。同时,尸乡沟商城在继承夏代建筑文化的同时又注入了不少创新元素,最突

---

[1]　杨海中《图说河洛文化》第96页,河南人民出版社,2007年。

出的莫过于"中轴对称"。这一建筑美学思想的确立具有十分重大的意义,它从此成了中国殿宇建筑一个颠扑不破的建筑美学的法则。

3. 洛阳东周王城宫殿遗址。据《左传·桓公二年》载:"武王克商,迁九鼎于雒邑。"周武王的这一具有战略眼光的决断,彻底改变了洛阳历史的进程。又据《后汉书·郡国志·河南》目下注:"周公时所城洛邑也,春秋时谓之王城。"东周王都位于洛阳涧河以东,现"王城公园"一带,南北长 3700 米,东西宽 2890 米,总占地面积 10 平方公里。中部发现两座大型的毗邻的方形建筑群,围墙内即大型宫殿。赵芝荃《古代洛阳的五大城址》在《洛阳东周王城》一目中说:"大型宫殿长约 120 米,四周有围墙,里边有一百多个柱础,排列整齐,间距相等。可以想见,当初这座有一百多根立柱的宫殿,负荷着高大的屋顶,巍峨壮观,气势宏伟。"引人注意的是"一百多根立柱的宫殿",说明此时河洛的宫殿建筑不仅继承夏商"四坡"式屋顶,而且能建造有"一百多根立柱"的超大型的宫殿了。

上述"三代"宫殿建筑遗址的发掘,清晰告诉我们:此后的中国历代宫殿建筑模式在发展中虽有变化,但它却始终禀承着"三代"的庑殿脊顶、宫殿回廊、正殿广庭、中轴对称等基本法则。

二、河洛宫廷建筑文化的传播

一部杨衒之的《洛阳伽蓝记》,写尽了北魏时期洛阳城内外佛寺殿阁的雄姿与繁茂,其序云:"逮皇魏受图,光宅嵩洛,笃信弥繁,法教愈盛。王侯贵臣,弃象马如脱屣;庶士豪家,舍资财若遗迹。于是招提栉比,宝塔骈罗,争写天上之姿,竞模山中之影。金刹与灵台比高,广殿共阿房等壮。"另一部孟元老的《东京梦华录》,则把北宋时期京城开封的宫殿楼宇、街巷堂馆、瓦舍勾栏等描绘得淋漓尽致。它们折射出河洛建筑文化,尤其是宫廷与寺院的宫殿楼宇建筑文化的空前鼎盛与繁密,以及建筑技艺的高超与娴熟。

正是在这样一种浓烈的激情四射的建筑文化的历史背景下,一部空前绝后的建筑名著《营造法式》诞生了。李诫,字明仲,管城(今河南郑州市)人。生年不详,卒于宋徽宗大观四年(1110 年),就是说,北宋的整个中期作为李诫的生活时代是没有问题的。李诫历任济阴县县尉、承务郎、将作少监、将作监等职,在将作监任上的 17 年中,为其建筑天才的发挥提供了得天独厚的条件。东京开封和西京洛阳的许多宫殿、寺庙及园林建筑,在李诫的设计、指挥和监理下,硕果累累,成效显著,同时在探索中积累了丰富的经验,《营造法式》的问世,即是李诫长期实践的一个总结。书中对于大木作、小木作、石作、壕寨、彩画作、雕作、旋作、锯作、竹作、瓦作、砖作、泥作及窑作等建筑行业中的不同工种,进行了详细的操作规程和技术规范。这种规程和规范不是僵死的,它具有较强的灵活性,换句话说,它为建筑提出了一个科学标准,但可依据殿宇的大小,在这个比例标尺的基础上可作增减调整,以此可消除建筑的盲目性。杜启明说:

> 《营造法式》创立了营造尺模数制系列,并从中细化出一套完备、科学的材份模数制用于结构设计。如以横架跨度大小决定结构模数大小的设计理论早于西方同类理论数百年之久,为中国建筑力学理论上的一项重大理论突破和一次质的飞跃,是中国建筑发展史上一座极其重要的科学里程碑。①

这部珍贵的建筑专著不仅被当时的建筑行业奉为圭臬,而且加速了宋代宫殿楼阁建筑在全国的扩散与传播而风靡南北,同时对后世的影响不可估量,直至今天也是如此。当代著名古建大师梁思成受其影响是深刻的,我们仅录他撰写的《中国古代建筑史·绪论》的几段话:"斗拱之结构与权衡,至宋代而发达至于成熟,其各件之部位大小已高度标准化,但其组成又极富变化。按《营造法式》之规定,材分八等,各有定制……直至清代

天籁阁藏宋画滕王阁图

尚未改变焉";"四阿顶为宋代最尊贵之屋顶,《法式》亦称'吴殿',即清所称'庑殿'是也。……即清式推山之制之滥觞也";"《营造法式》彩画作制度甚为谨严,

---

① 杜启明《宋〈营造法式〉设计模数与规程论》,《中原文物》1999 年第 3 期。

图样亦极多。其基本方法,乃以蓝、绿、红三色为主,其色之深浅,则用退晕之法,至清代尚沿用之法也"。梁思成先生的经典剖析,是对《营造法式》的充分肯定。

第 29 次重建的滕王阁

　　直到今天,《营造法式》的现实意义与影响仍然不可低估。仅以江西南昌赣江之滨的滕王阁为例:1942 年,古建大师梁思成与其助手莫宗江考察南方建筑路过江西,应当时江西省建设厅厅长杨绰庵的邀请,为重建滕王阁画设计图,梁先生根据"天籁阁"旧藏宋画《滕王阁图》以及宋李诚的《营造法式》绘制了 8 幅《重建南昌滕王阁计划草图》的平面、立面、断面和渲染图。1983 年,滕王阁第 29 次的重建付诸实施,其指导思路:以 1942 年梁思成、莫宗江绘制的"计划草图"为依据;以明代收藏家项子京"天籁阁"旧藏宋画《滕王阁图》为底本;以宋代建筑巨著《营造法式》为准则。在施工过程中,又制定了施工原则,其中摘录两条如下:"第一条,滕王阁系仿宋式古典建筑……屋面、角梁、椽子、斗拱、云头等,必须严格按宋代《营造法式》放大样,制作、安装;第二条,古建筑装修方面,诸如屋脊、正吻、兽头、琉璃瓦、藻井、天棚、门窗、斗拱、须弥座、栏杆以及全部的彩绘工作,都必须严格按图施工,必须符合《营造法式》。"[1]因此,《营造法式》的科学性、范式性与指导性至今仍具有不容忽视的作用,其潜力似乎具有穿透时空

---

[1]　九奇、仲禄《滕王阁史话》第 110 页,江西人民出版社,1997 年。

的能力。不仅滕王阁,在江西宗教建筑中也深刻体现了南北建筑文化的交流。以道教为例,位于南昌新建县西山乡的玉隆观,于宋徽宗政和六年(1116年),由"观"升"宫",徽宗赐匾额"玉隆万寿宫",下诏依据河南嵩山崇福宫的规格与样式,对其大规模修缮,重建后的万寿宫有楼堂43座,大小殿堂阁宇23座,从而组成一个庞大的宫殿式的建筑群体。

第二节　明代"两京"宫廷建筑的复制样式

一、南京宫廷建筑向洛阳的复制

南京的宫廷建筑,早在东晋南朝时期,便开始了南北的文化交流。汉献帝建安十六年(211年),孙权由武昌迁往建业(即今南京),晋灭吴后,改建业为"建邺"。到了西晋末年,因避晋愍帝司马邺讳,改建邺为"建康"。自东晋至南朝的宋、齐、梁、陈,俱在建康建都,从此南京成为南方的六朝故都长达270余年。

六朝故都的宫廷建筑一个最大的特点,就是直接仿效魏晋时期洛阳的宫廷建筑,而且这种复制相当规范,甚至宫殿的名称也完全一致。郭黎安《魏晋南北朝都城形制试探》,为我们提供了一个观察这一复制过程的视角。建康宫始建于东晋成帝咸和五年(330年),新宫建在原孙吴的宫苑的旧城内,位于建康城北部中央。从此建康城过去缺乏整体规划和布局凌乱的现象得到改变。郭黎安说:"建康宫的布局皆仿魏晋洛阳之旧,有一定之规。正门称大司马门,前临 T 形街道的交点。宫内三朝在前,掖庭在后,正殿名太极。……建康宫规模宏伟,内外殿宇数千间,南朝各代又都有兴建。……建康城的形制布局包含着孙吴建业和魏晋洛阳的因素,是一个融会南北风格的新城市。"①应该说,南京作为六朝故都的宫廷建筑,是一种递进式的发展过程。其中有两点给我们印象深刻:一是延续河洛"三代"宫殿"中轴对称"传统范式,中轴线的北部是宫城的位置,而南部轴线的两侧,是中央官署和皇室庙社;二是宫内的"前朝后寝"的格局已作为一种皇家建筑模式被确定下来,一直延续到封建统治者的终结。

---

① 　郭黎安《魏晋南北朝都城形制试探》,《中国古都研究》第49~51页,浙江人民出版社,1986年。

元惠宗至正二十六年（1366年），朱明天下局势基本明朗，决定定都应天，据《明太祖实录》卷四、五载："长安、洛阳、汴京，实周秦汉魏唐宋所建国，但平定之初，民未苏息，朕若建于彼，供给力役悉资江南，重劳其民。若就北平，要之宫室不能无更作，亦未宜也。今建邺长江天堑，龙蟠虎踞，江南形胜之地，真足以立国。"这说明朱元璋是经过深思熟虑，权衡利弊之后而作出的战略决策，于是在明太祖洪武元年（1368年），将应天更名"南京"，这是全国在统一的形势下，将首都建立在南方的首个也是唯一的一个朝代。随着定都诏书的公布，随即也开始对南京的营建，营建的时间基本贯穿于整个洪武的30余年。

张泉说："南京城墙周长66.8里，宽4～10米，高度一般在14～24米之间，最高地段达25米以上。其长、其高，当时皆属第一。……因此，南京城墙的建造与'高筑墙'战略有截然不同的指导思想，它的特别高大雄伟，首先取决于其都城地位和当时军事技术条件，同时也是合理利用地形、依山筑城的结果。"[①]由此我们可以知道，南京宫廷建筑的浩大与雄壮是无与伦比的。

二、北京宫廷建筑对南京的复制与拓展

如果说，东晋时期南京宫廷建筑样式的复制过程，是由东南向西北，即直接仿魏晋洛阳宫殿，那么，北京的宫廷建筑则是由北向南，直接向南京复制，而且规模更大更雄伟。周月亮具体介绍了北京皇城是如何向南京明代皇城复制的：

　　皇城虽处在东南，但它本身却是方方正正的，其总体布局，继承发展了古代都城的建筑规则，宫城位于皇城中间，以一条主轴线贯穿皇城，宫城的正门是午门，皇城的正门是承天门，与京城的南大门正阳门在一条中轴线上。宫城又叫紫禁城，宫内的前三殿后二宫均置中轴线上，午门前按"左祖右社"的制度，将太庙、社稷坛布置在东西两侧，诸衙署都布置在这条中轴线上——自洪武门到承天门的御道两侧，左边是五部（刑部在城北）及翰林院、太医院等，右边是五军都督府及通政司、锦衣卫等。承天门的左右门叫做左、右长安门，府城的东门叫朝阳门。罗列这些是为了让读者一目了然地

---

　　①　张泉《明初南京城的规划与建设》，《中国古都研究》第182页，浙江人民出版社，1986年。

明白:北京的皇城与紫禁城完全是在复制、照搬南京的格局与名称。这是只有高度集权的国家才可能有的"搬家式的"建筑传播行为,是世界史上仅见的特例,是人类传播史上的奇观。①

"照本宣科",意思是写文章或作报告照抄照转,而把这个成语用在巨型浩繁的宫廷建筑中却是见所未见的,正应了周月亮先生所说"是世界史上仅见的特例"。这种"奇观"的出现,大致有如下原因:一是明廷内讧,也即所谓"靖难之役"。明太祖洪武三十一年(1398 年),朱元璋病死,由皇太孙允炆继位,史称明惠帝。继位的第一个举措就是削藩,先后废除周、齐、湘、代、岷五王。明惠帝建文元年(1399 年),朱元璋第四子朱棣以讨伐周、齐为名,打着"靖难"的旗号,于建文四年(1402 年)攻破南京,推翻允炆帝位。二是定都北平,改北平为北京。燕王朱棣进入京师南京后便即皇帝位,是谓明成祖,改年号"永乐",明成祖永乐五年(1407 年),开始营建北京宫殿。三是费时 15 年,北京宫殿建成。永乐十八年(1420 年),明成祖以北京为京师,改原京师为南京,正式迁都北京。四是燕王攻打南京,以全力保护宫殿建筑为前提。因为朱棣的目标非常明确,就是要取代建文帝,自然不会去破坏即将属于自己的宫殿。南京皇宫的彻底毁灭是在清文宗咸丰三年(1853 年),是年太平军攻克南京,破城后,洪秀全下令拆毁明宫。南京宫廷自建至毁,经历了 425 年的世间苍桑。至于北京皇城在明清两代的不断经营与拓展,呈现出一种前所未有的辉煌并保留至今,我们将在下两节作详细分析。

第三节　雷礼在明代宫廷建筑中的地位

一、雷礼其人

雷礼,字必进,号古和,江西省丰城县秀才埠乡雷坊村人。生于明孝宗弘治十八年(1505 年),卒于明神宗万历九年(1581 年)。嘉靖一朝(1522～1566 年)

---

① 周月亮《中国古代文化传播史》第 263 页,北京广播学院出版社,2000 年。

前后历 45 年,雷礼的一生不仅跨越了是朝,而且他的辉煌业绩,也多集中在这个朝代。

明世宗嘉靖十一年(1532 年),雷礼 27 岁,取进士,历官兴化府(今福建莆田)推官;宁国府(今安徽宣城)推官;吏部主事、吏部考功司郎中;大名府(今河北大名县)通判;浙江提学副使、太仆寺少卿、太常寺少卿;工部右侍郎、工部左侍郎、工部尚书等。雷礼在工部任上,行止低调,不夸耀、不名欲,深得世宗赏识,有"忠、敬、勤、敏"之褒,每称"冬卿"。在工部左侍郎任上,完成十三陵的修建,嘉靖四十一年(1562 年),雷礼又完成紫禁城"三大殿"的重建,继而奉命修筑卢沟桥河堤,诏加太子太保。嘉靖四十五年(1566 年),诏加少保,同年晋升太傅柱国。翌年,即隆庆元年(1567 年),雷礼提出退休,不允,第二年,再度乞休,始准致仕。史载:"有疏,谓雷礼之去,必有不得其志者,卒致仕归。"雷礼到底怎样"有不得其志者"? 没有明确答案,而朝廷更叠、朝臣忌妒、内监作祟,恐怕是个中的缘由。雷礼退居故里凡 15 载,其足迹未离本土,直至明神宗万历十一年(1583 年)去世,享年 77 岁。雷正良说:

> 雷礼是雷焕的长子雷华的后裔,为 43 世孙;雷发达是雷焕的次子雷叶的后裔,为 46 世孙。可见雷发达与雷礼是同一个先祖。……而为清代皇家建筑服务的雷发达及其"样式雷"世家,继承了明代的建筑;清东陵、西陵是"样式雷"世家的代表作,但它们与明代十三陵就有很多相似之处。这一切都说明,雷发达及其"样式雷"世家在建筑理论、建筑艺术、建筑风格上,与雷礼是有着继承关系的。[①]

这段话论述了雷礼和雷发达同祖同宗的家世渊源,以及明代雷礼与清代"样式雷"世家在宫廷建筑领域的一脉相承,并构成了明清两代宫廷建筑样式的延续性和创造性。据《丰城县志·仕绩》载:"……三殿营建,命礼提督,计功成,搏省数十百万夫役,辇载不挠畿民。复疏:罢阳德门外万岁山前各宫殿,及南宫西海子营作十数所,止玩芳亭凿池停建。……卒致仕归,足不履城府,崇约遵素,

---

① 雷正良《雷发达与"样式雷"世家》,台山《溯源月刊》,2004 年。

声华势利,澹如也。"①这里提供了一点信息,即:在奉命重建紫禁城"三大殿"时,由于精心设计,规划有度,完成后,竟省下"数十万夫役",同时雷礼又建议停建一批"可建可不建"的工程项目,为朝廷节约下数百万银两。这一切,充分显示出雷礼在建筑管理方面的杰出才华,以及在都城建设进程中长远谋划的可行性和科学性。

二、十三陵的修建

十三陵位于北京西北 44 公里的昌平县天寿山下的盆地上,陵区面积达 40 平方公里。据《明史》卷四十《地理志》载:"北有天寿山,成祖以下陵寝咸在。东南有的浮山。西南有驻跸山。又南有榆河,一名温余河,下流为沙河,入于白河。"这种"藏风得水"的地势,应是风水理论中最为理想的典型环境。由来自江西兴国县的廖均卿为明代皇家选定了这座陵园。朱棣死后,葬在天寿山主峰山麓,称"长陵",这是十三陵中最早和最大的一座。到了明世宗朱厚熜的嘉靖朝,时任工部右侍郎的雷礼,作为全面规范、整治皇家陵园的总设计师,提出了一系列的规划与构想,得到了嘉靖皇帝的首肯。主要体现在以下两方面:

其一,明世宗"永陵"。其规模与其他诸陵相比,开始有了明显变化,重点突出一个"侈"字。永陵为三进院落,享殿 7 间,两庑配殿各 9 间。明楼为十三陵之冠,墙垛用花斑石砌筑,其斗拱、飞椽、檐橼及额枋均为石雕。清初学者王源对于永陵作如是评价:"芍药磷磷烂烂,冰镜莹洁,纤尘不留,长陵莫逮。"享殿现已不存,但仅就基石上留下的一块陛石上雕刻的龙凤图案即可看见它的奢侈,剔透玲珑,栩栩如生,堪称明代宫殿石雕作的典范。

其二,十三陵神道布局。十三陵的全面经营,主要是在嘉靖年间。石牌坊位于天寿山神道最南端陵区的入口处,明世宗嘉靖十九年(1540 年)始建。由汉白玉砌成,面阔 5 间,六柱十一楼,宽 28.86 米,坊高 14 米。这是我国现存最大和最早的石坊建筑。走上神道,往北 200 米至大红门,朱色陵墙上覆以琉璃瓦屋顶,这是天寿山陵区的门户。再走两华里,即巍峨峻嵘的碑亭,亭内立"大明长陵神功圣德碑",高 3 丈有余,碑下以巨龟为座,碑亭四周有 4 座华表标立,高 10

---

① 　清道光五年《丰城县志》卷十二《仕绩》,台湾影印本。

米余。过碑亭即石像生,漫长而壮观,有马、狮、骆驼、象、麒麟、武将、文臣、勋臣等 24 对,均用整块巨石琢成,每对石雕的间距约 50 米,中以大柏树衬托,最后至龙凤门,也是一座汉白玉石牌坊,三门额坊中央,均有一颗石琢火珠,故又称"火焰牌坊"。天寿山神道全长 2.6 公里,是建筑构思中最为成熟和最为巧妙的一部杰作,它不仅体现了历代劳动民众的聪明才智,而且也透露出雷礼的超常智慧和其所倾注的全部心血。

三、紫禁城三大殿的重修

由于雷礼在规划与构建皇家整体陵园的卓著功绩,嘉靖三十七年(1558年),由工部左侍郎擢升为工部尚书。在英国科学史家李约瑟《中国科学技术史》的记述中,就有雷礼重修太庙的记录,并把雷礼称做"北京著名建筑世家的第一代"。李约瑟虽然把雷礼列为清代"样式雷"世家第一代不妥,但他看到了雷礼与雷发达的血缘以及明清宫廷建筑的继承关系则是千真万确的。梁思成说:

> 明北京宫寝,常罹火厄。当永乐十八年始成,而翌年前三殿即焚毁。又次年乾清宫亦灾。至英宗正统五年(1440年)始予复建。嘉靖、万历间,又两次灾而重建焉。[①]

由此可知,嘉靖年间"三大殿"受灾重建的史实是确切的。据章宏伟《明代工部尚书雷礼生平考略》载:嘉靖三十六年(1557年)四月十三日,紫禁城因大雷雨所致发生火灾,将奉天、华盖、谨身三大殿,文武二楼,奉天左右顺门、午门及午门以外的其他建筑全部烧毁。重建工程于嘉靖三十六年(1557年)十月二十八日从大朝门开始。至嘉靖三十七年(1558年)七月十六日,大朝门完工,历时 10 个月。接着又开始重建奉天、华盖、谨身三大殿及其他门楼。到了嘉靖四十一年(1562年)九月初三日,整个大内重建一新,历时 5 年。值得注意的是,上述 5 年大内的重建,正是雷礼任职工部尚书时期,应该说在此次紫禁城重建工程中,雷

---

① 梁思成《中国建筑史》第 244 页,中国建筑工业出版社,2005 年。

礼不仅亲自参与了实践,而且挑起了总规划、总设计和总指挥的重担。

三大殿完工以后,嘉靖皇帝为重建的三大殿、两楼和其他各门重新更名。即:奉天殿改称"皇极殿"(清顺治二年改称太和殿),华盖殿改称"中极殿"(清改中和殿),谨身殿改称"建极殿"(清改保和殿);文楼改称"文昭阁",武楼改称"武成阁";左顺门改称"会极门",右顺门改称"归极门";东、西两阁门,分别改称"弘政"与"宣治";奉天门改称"皇极门"。同时,雷礼对于皇城的建设也作出很大贡献。何宝善说:

> 南城建好以后,共开五个正门和两个便门。朱厚熜亲自为各门定名。即:永安、左安、右安、广渠、广宁和东、西便门。嘉靖四十三年(1564年)一月二十八日,又纳工部尚书雷礼之请,增筑七门瓮城,并深挖城外护城河。到了嘉靖四十三年六月,瓮城及濠堑工程全部完工。完工之前,开始向南城募民。谕令"官与其地永不起租"。同时,还禁止七门额外收税以利商货。①

这段话非常重要,它明确记载了雷礼"增筑七门瓮城"的史实,而且提出"不起租","禁止七门额外收税"惠民的重大举措。雷礼不仅是位杰出的建筑家,而且还是位了不起的经济学家,深谙皇城瓮城建筑对于经济繁荣发展的巨大潜力。

四、卢沟桥与河堤的修筑

雷礼对于卢沟桥的巨大贡献,是在嘉靖四十一年(1562年),即任工部尚书后的第四年,就是说,雷礼在重建故宫"三大殿"工程刚刚完成之后,便立即投入到卢沟桥河堤的加固重建工程中来。据《明史》载:

> 嘉靖四十一年,帝命尚书雷礼修卢沟河岸。礼言:"卢沟东南有大河,从丽庄园入直沽下海,沙淀十余里。稍东岔河,从固安抵直沽,势高。今当先浚大河,令水归故道,然后筑长堤以固之。决口地下水急,人力难骤施。西岸故堤绵亘八百丈,遗址可按,宜并筑。"诏从其请。明年讫工,东西岸石

---

① 何宝善《十三陵帝王史话丛书·嘉靖皇帝朱厚熜》第72页,北京燕山出版社,1987年。

堤凡九百六十丈。①

《明史·河渠》的这段实录充分显示出雷礼高超的建筑才能,从建筑的角度对于地理环境的审视与把握是如此的精确,使我们深切地感受到雷礼那极其完美的建筑思维和建筑技巧。雷礼建筑的核心与灵魂,就在于他在处理每项重大建筑工程之前,都有一个"千年大计"的问题在心中萦绕。审时度势,精心布置,夯实基础,科学安排。这是雷礼建筑思想最了不起的地方。卢沟桥东西岸石堤自雷礼修筑以来的近5个世纪,再未见卢沟河岸重修的史料记载。这不能不使我们叹服雷礼建筑思维的缜密与超前。

第四节　清代"样式雷"的崛起与业绩

一、雷发达其人

雷发达,字明所,南康府建昌县(今江西永修县梅棠镇新庄雷家村)人,生于明神宗万历四十七年(1619年),卒于清圣祖康熙三十二年(1693年),享年74岁。据江西省社科院资深研究员雷正良先生考证,雷发达是其父亲雷振声与邹氏所生的独子。父亲和叔父雷振宙及祖父雷玉成均以木工手艺为生。雷发达14岁拜叔父为师学艺,他聪明好学,并擅长工艺设计,多次在叔父的带领下到南康府帮人做工,参与设计和建造一些祠堂和庙宇。明毅宗崇祯八年(1635年)秋,因避战乱,雷发达在祖父、父亲和叔父的带领下,从建昌迁居金陵(今南京),此时,雷发达年仅16岁。

清康熙初年,雷发达应募北京。有一则关于雷发达在太和殿"上梁"的典故为世人乐道,它源自朱启钤的《样式雷考》:

　　发达,振声子,清初与堂兄发宣(振宙子)以艺应募赴北京,又为"样式雷"家发祥之始祖。康熙中叶,营建三殿大工,发达以南匠供役其间。故老

---

① 《明史》卷八十七《河渠》,载《传世藏书·史库·明史》,海南国际新闻出版中心,1995年。

传闻云:时太和殿缺大木,仓猝拆取明陵楠木梁柱充用。上梁之日,圣祖亲临行礼。金梁举起,卯榫悬而不下。工部从官相顾愕然,惶恐失措。所司乃私畀发达冠服,袖斧猱升,斧落榫合。礼成。上大悦,面敕授工部营造所长班。时人为之语曰:上有鲁班,下有长班,紫薇照命,金殿封官。①

朱启钤先生的这段话的影响很大,经常被人们引述,也引起学者的极大关注并提出质疑。王其亨、项惠泉先生即否定了上述这段传闻。理由是:"康熙中叶,营建三殿大工",若指康熙三十四年(1695年)太和殿重建,则雷发达已去世两年;若指康熙八年初修太和殿,则雷发达于康熙二十二年与其堂弟雷发宣"以艺应募赴北",这样,康熙八年初修太和殿,雷发达既不可能参加,又焉有太和殿上梁之功可言?② 作为读者,对这一观点不敢苟同,分述如下:

首先,《雷氏迁居金陵述》的作者是雷发达的堂侄雷金兆,其落笔重点是记述他父亲雷发宣的经历,康熙二十二年(1683年)"父以艺应募赴北",这里强调了雷金兆父亲雷发宣是在这一年应募去北京的,丝毫没有雷发宣的堂兄雷发达同行的任何提示。退一步说,即便同行,雷发达这一年已64岁,"人生七十古来稀",不说古代,就是当下要调动一个人,64岁早已超出退休年龄,调动单位是绝对不予考虑的。

其次,雷氏家族后裔、江西省社科院雷正良研究员提出的论点应引起重视,雷发达随祖父、父亲和叔父迁居金陵的时间是明崇祯八年(1635年)秋,原因是"躲避战乱",雷发达此时16岁。若按这一说法逻辑推理,那么,雷发达人生的发展历程便一目了然。康熙元年(1662年),雷发达43岁,此时在南京已居住了27年,若雷发达在这个年龄段去北京,那么,《中国古代建筑技术史》把雷发达太和殿上梁的时间修正在康熙八年(1669年),就非常合情合理。如果我们局限于《雷氏迁居金陵述》的说法,雷发达只能在康熙二十二年(1683年)与堂弟雷发宣一道"应募赴北",作为64岁暮老之年的雷发达去太和殿上梁,就颇为滑稽了。更何况太和殿第二次重修的时间是康熙三十四年(1695年),即雷发达去世

---

① 朱启钤《样式雷考》,《中国营造学社汇刊》第4卷,1933年。
② 王其亨、项惠泉《"样式雷"世家新证》,故宫博物院院刊,1987年。

后两年。

再次,张威、陈秀先生则以《雷氏迁居金陵述》为例,认为雷发宣"以艺应募赴北"的事实言之确凿,便假设上梁者不是雷发达而是雷发宣。指出:雷发宣从康熙二十二年赴京至康熙四十三年回籍,参加清廷建设长达20余年。此时雷发宣虚岁五十,正值年富力强,技艺炉火纯青,或许"康熙中叶"太和殿上梁有功并被敕授长班的就是雷发宣。① 只要读一下《雷氏迁居金陵述》,便可知上述立论不能成立。《雷氏迁居金陵述》载:"甲申冬,父返江宁,已抱老恙,每以不能回乡并祭扫先墓为憾!……戊子春,先君竟弃予兄弟长逝,哀哉!""甲申",即清康熙四十三年(1704年),亦即雷发宣由北京返回南京的时间,时年49岁;"戊子",乃康熙四十七年(1708年),这一年雷发宣去世,就是说,雷发宣抱病返回南京,4年后去世,年仅53岁。"已抱老恙",说明雷发宣长期患病,如此身体,怎能太和殿上梁? 不仅如此,张威、陈秀《朱启钤〈样式雷考〉疏证》进一步指出:"笔者认为,今后在学术界不宜再以'雷发达'指代'样式雷',应明确雷金玉是样式雷世家的创始人,已有相关论述也应做出修正。"这段话的要害是割裂了雷发达与"样式雷"的血缘关系与继承关系,是个不应有的错误。雷发达是"样式雷"名副其实的创始人,以理学为例:由"二程"阐发和朱熹集大成而形成的"程朱理学",追溯其源,我们能排斥其创始人周敦颐吗? 周敦颐相对于其他理学家而言,著述较少,但其开创之功却为世人所肯定。我们不能认为雷发达的史料记载少就抹杀他的开创之功,雷发达作为"样式雷"的创始地位,具有一种不可替代性。下面还要深入谈到这个问题。

二、故乡建筑文化对雷发达的浸润

我们知道,雷发达祖孙三代以木工手艺为业,14岁拜叔父雷振宙为师,聪明能干,叔父多次带他到南康府各地帮人打工,南康府的辖境相当于今天江西星子、永修、都昌等县地。这给雷发达创造了一个宝贵的学习与实践的机会。星子县为南康府治所在,庐山即在其境内,著名儒释道建筑不下千座。白鹿洞书院,距县北十五里,最初为唐代李渤读书处,南宋,在朱熹力荐下,规模始成,诸如宋

---

① 张威、陈秀《朱启钤〈样式雷考〉疏证》,《文物》,2003年。

圣旨楼、圣经阁、云章阁、大成殿、大成门、五经堂、十贤堂、摄仪堂、友善堂、成德堂、朱子祠、崇德祠、魁星阁、文昌阁、白鹿贡院等,形成一组庞大的建筑群落。归宗寺,在金轮峰下,王羲之故宅,东晋成帝咸康年间(335～342 年),达摩西来,羲之舍宅为寺,清袁枚《宿归宗寺》诗:"琳宫既巍峨,金像尤宏大。"秀峰寺,在庐山南麓,南唐李中主问舍于五老峰下,冯延巳有记:"邃殿正门,重轩复槛。高墙虹转,修廊翼舒。"落星寺,在县南二里鄱阳湖中落星石上,宋哲宗元祐年间(1086～1094 年)敕建,祖无择《落星寺》诗:"金碧共玲珑,楼台浩渺中。雨花僧讲盛,星石寺基雄。"白鹤观,在县西北十五里,宋真宗大中祥符间赐名,记曰:"匡庐秀甲东南,云峰幽壑,梵宇遍焉。而仙真栖游之区,则有简寂、青霞、元妙、白鹤诸观。"秦观诗:"复殿重楼堕杳冥,故基乔木尚峥嵘。"其他如都昌县老爷庙,永修县真如禅寺等,都是琉璃碧瓦、庑殿轩昂的建筑。

而雷发达的故乡永修县吴城镇,为古代江西四大名镇之一,位于赣江和修水经鄱阳湖入口处。吴城镇濒江而瞰湖,"洪都(南昌)之锁钥,江右之巨镇"。昔日的吴城是个极其繁华的城镇,"九垄十八巷,六坊八码头",境内店铺、作坊、行房鳞次栉比,"茶商木客盐贩子,纸栈麻庄堆如山"。其中尤以土木行的工匠业发达,省内外客商所建会馆多达 48 座,大码头有全楚、五显、水浒等 8 处,每天停泊大小船只近千艘,可谓"舳舻十里,烟火万家"。地处豆豉巷内的万寿宫,据章文焕先生史料载:正殿奉许真君像,两侧有十二真人神龛,殿右为谌母殿,殿左是观音堂,殿后乃玉皇阁,观音堂后则有三元佛祖。殿外牌坊,东为天花宫、大王庙,西有白马庙、五显庙等,"自是气象乔黄,与玉隆、铁柱二宫相埒"。

南昌相距吴城镇仅百余公里,隔水相望。城内的铁柱宫、西山玉隆万寿宫、普贤寺、佑民寺等自不待说,周边的奉新百丈寺、靖安宝峰寺等,都是禅宗开宗立派的场所。而立于赣江之畔的滕王阁,是中国三大名楼之一,体现的是一种大唐风范,王勃《滕王阁序》:"层台耸翠,上出重霄。飞阁流丹,下临无地。"以红色为基调的彩绘梁柱衬托着琉璃碧瓦的庑殿式大屋顶,凸显其非凡气度。元代的重建似不逊色于唐,虞集《重建滕王阁记》说:"阁之崇为尺四十有四,深如崇之度而广倍之。材石坚致,位置周密,檐宇虚敞,丹刻华丽,有加于昔焉。"这种山水相依清都紫微的优越的地理环境,以及南北相融又具有浓郁本土特色的地域文化,尤其是那些气势雄伟,形态各异的建筑文化,对雷发达建筑思想的浸润与建筑形态印象的形成,无疑是深刻的。

三、"样式雷"世家的传奇色彩

谈及"样式雷"世家,首先必须要搞清的　个问题是,雷金玉的出生地点和雷发达赴北京的时间以及"子承父业"的准确年份。这非常重要,它不仅涉及雷发达有无资格作为"样式雷"创始人的问题,而且也关系到雷金玉高超的木工技艺是怎么形成的。不弄清这些关系,许多事情将是"一团乱麻"。

雷金玉,字良生,雷发达长子,清世祖顺治十六年(1659 年)生,这一年雷发达正好 40 岁。雷宝章,是"样式雷"第十代孙,现任石景山古城四中高级体育教师,他父亲雷文相在世时,给他讲了许多有关祖上的事迹,下面是雷宝章一篇《关于我的先祖样式雷》记叙文的摘录:

> 我祖雷发达自幼练就一身木工手艺,不久,便仗着自己身强力壮和高超的木工手艺北上谋生,供役于宫廷。传说当年重修太和殿上梁时,康熙帝亲眼目睹了雷发达的高超技艺后,当场接见雷发达,授他为工部营造所掌班(相当于国家建筑部门的总建筑师)。康熙二十二年,雷发达之子雷金玉时年 24 岁,与诸兄来京,住在海淀镇。……他来京后便随父学艺,雷发达死后,他便投身包衣旗,先以监生考授州同,后继父亲工部营造所掌班之职。在康熙修建畅春园时,他领楠木作工程,因对九经三事殿上梁有功,受到康熙皇帝召见,并赐他内务府总理钦工处掌班的职务,赏他七品官,食七品俸。他又因为在修建圆明园设计施工中有重大贡献,在他 70 岁寿辰时,雍正帝命弘历赐"古稀"二字匾额。[①]

从某种意义说,这是一篇雷发达父子既简略又完整的"合传",一些具体事件虽然寥寥数字,但脉络非常清晰。第一,"雷发达自幼练就一身木工手艺",这和雷正良研究员的论述不谋而合,它否定了"弃儒从商"的说法。任何身手非凡的技艺不是一蹴而就的,都要经过一种艰苦磨砺和不断实践始成。雷发达不仅

---

① 雷宝章《关于我的先祖样式雷》,《建筑世家样式雷》第 398 页,北京出版社,2000 年。

在其故乡长期"帮人打工",在实践中观察与学习,而且随祖父、父亲及叔父来到
南京,仍然继续着这项技艺的活动。在南京 20 余年的实践中,开拓了视野,增长
了见识,尤其是雄伟奇特的宫殿建筑和江南水乡的园林建筑,深刻在雷发达的脑
海里。我们甚至有理由认为,雷发达就曾经进入南京的皇宫"打工",因为在雷
宝章的记叙中就有这么一段话:"祖上本是鄱阳的名门望族宦儒之家,后在子孙
当中有一支(即我祖上)改行搞建筑,曾投身过明皇都南京的建设。"很明显,括
号内的"即我祖上",就是雷发达。这些非同一般的经历,为雷发达最终"以高超
的木工技艺北上供役于宫廷"奠定了坚实基础。第二,雷发达"身强力壮",为他
太和殿上梁提供了最基本的条件,雷发达直至 74 岁去世,去世后葬回金陵安德
门外西善桥,与雷发宣"已抱老恙"被迫返回南京形成鲜明反差。第三,《雷氏迁
居金陵述》载,康熙二十二年(1683 年)雷发宣"以艺应募赴北",雷发达是否也
是这年"赴北"? 不少学者取肯定态度。现在有了结论,雷宝章告诉我们:"康熙
二十二年(1683 年),雷发达之子雷金玉时年 24 岁,与诸兄弟来京,住在海淀
镇。"就是说,雷发达在康熙二十二年之前早已赴北,而这一年随雷发宣"赴北"
的是雷发达的儿子雷金玉及同辈兄弟。说明雷金玉出生后,一直随着祖辈生活
在南京至成年,终于康熙二十二年"与诸兄弟来京"。第四,"雷金玉来京后便随
父学艺",这点至关紧要。这一年雷发达 64 岁,仍供职于宫廷,至 70 岁"退役",
就是说,离退休还有的 6 年时间,雷金玉来京后"随父学艺",雷发达则充分利用
这宝贵 6 年的时间,全身心地把自己全部的看家本领都传授给孩子。正如梁思
成所言:"建筑在我国素称匠学,非士大夫之事。盖建筑之术,已臻繁复,非重实
际训练,毕生役其事者,无能为力。……然匠人每暗于文字,故赖口授实习,传其
衣钵,而不重书籍。"[①]中国古代技艺的传承方法,最典型的是"师徒"传授,更注
重"家族型"的代之相传。雷氏家族楠木作绝活、园林和陵寝设计技巧,也是这
种言传身教的结果。雷金玉在其父亲的悉心调教下,健康成长,终于"后继父亲
工部营造所掌班之职"。如果我们人为割裂父子这种血缘的继承关系,"样式
雷"世家的生命力也就不复存在了。

　　清世宗雍正七年(1729 年),就在雷金玉去世的前 3 个月,其最末的夫人张

---

① 梁思成《中国建筑史》,中国建筑工业出版社,2005 年。

氏,生下儿子雷声澂。举家随着雷金玉灵柩返回金陵,"样式雷"的继承问题出现了严重危机。在这紧要关头,张氏夫人力挽狂澜,带着出生数月的雷声澂留了下来,毅然决然来到工部据理力争,"其母张氏出而泣诉于工部",工部答应待声澂成年后,掌案再由他担任。由是张氏夫人含辛茹苦,倾注毕生心血,声澂不负母训,立志奋发,终成大器,"声澂成年,乃得嗣业"。成为"样式雷"世家第三代传人。

雷思起像

雷声澂有三个儿子:长子雷家玮,清高宗乾隆二十三年(1758 年)生;次子雷家玺,乾隆二十九年(1764 年)生;幼子雷家瑞,乾隆三十五年(1770 年)生。乾隆一朝是清代的鼎盛时期,皇家建设在这一时期出现一种全方位同步进行的态势,为雷氏兄弟在宫廷皇家工程中大展才华提供了"英雄有用武之地"的绝妙场所,成为"样式雷"世家最辉煌时期。尤其次子雷家玺,由其担任掌案,成为雷氏家族集大成的代表人物。他承办了万寿山、玉泉山、香山园庭、圆明园东路及承德避暑山庄等多个工程项目,开展

慈安和慈禧太后定东陵

了设计承办皇帝陵寝工程,大力拓展了"样式雷"建筑业务的创新与发展。

雷景修,雷家玺的第三子,生于清仁宗嘉庆八年(1803 年),16 岁时便随父在圆明园样式房学习。父亲去世前,留下遗言,将掌案名目交同事郭九承办。雷景修明白这是父亲为了磨砺自己的意志的一个重大举措,于是刻苦耐劳,不辞辛苦 20 余年,最终全面掌握了"样式雷"的建筑技艺并积累了丰富的建筑经验,在

46 岁时,随着郭九去世,当上了样式房掌案头目。由于道光、咸丰年间国势衰微,无力从事大规模的宫殿和园林建设,但雷景修的最大贡献是积攒了大量图稿和画样及烫样模型,为后世留下了一大批难以估量的宝贵财富。

雷思起,雷景修的第三子,生于清宣宗道光六年(1826 年),他承继祖业而执掌内务府样式房掌案,是继其祖父雷家玺设计嘉庆帝昌陵后,承担起设计咸丰帝在清东陵定陵的陵寝。清穆宗同治十二年(1873 年),为迎接慈禧太后 40 岁寿辰,决定重修圆明园,雷思起献上全盛时期的圆明园、绮春园、长春园全图。并于翌年带领长子雷廷昌和样式房匠人,夜以继日地制作各殿堂施工所需的画样和烫样。由于内忧外患财力不支,工程宣布停工,但其所制作的数千张画样和烫样却保留下来,成为后人研究圆明园及清代建筑工艺与造园艺术的宝贵资料。

雷廷昌,雷思起长子,生于道光二十五年(1845 年),自幼随父在样式房学艺,熟练地掌握了画样、烫样及建筑工艺,后与其父同为样式房掌案,并先后随父参加皇陵和圆明园等多处修建工程,后又独立承担起同治帝的惠陵、慈安和慈禧太后陵、光绪帝的崇陵等晚清皇帝、后妃陵寝的设计和修造工作,以及修建皇宫三海和慈禧万寿庆典等多项工程。同治十二年(1873 年)重修圆明园时,身为掌案头目即崭露头角,传旨:"雷廷昌赏三品顶戴"。清德宗光绪三年(1877 年),因对惠陵金券合拢和隆恩殿上梁有功,以候选大理寺丞,列保赏加员外郎衔。雷廷昌成为"样式雷"世家的最后一代传人。

四、"样式雷"建筑文化的意义与影响

雷焕,江西鄱阳小雷岗人,西晋惠帝永平元年(291 年)任丰城县令,唐王勃《滕王阁序》"龙光射牛斗之墟"即指雷焕"掘地获剑"这个典故,"剑匣亭"至今犹存。1700 余年来,雷氏一族在江西根深叶茂,他们的后裔无论坚守本土,还是漂泊在外,都有一种浓烈的"本土情结"。雷金兆《雷氏迁居金陵述》云:

> 本支系江西南康府建昌县千秋岗分派。元延祐初,起龙公移居本县新城乡北山社上社堡地方,公墓葬于北山,历有年矣。……至辛亥岁(康熙十年),正欲还乡,不期冬月先伯发宗公竟卒于南。祖父悲思故土,于乙卯(康熙十四年)春,率眷属西还,值吴逆拒命于荆,阻居皖城数载。……父返江

宁，已抱老恙，每以不能回乡并祭扫先墓为憾！谓予兄弟曰："予建昌巨族，尚书公后，世代业儒，因遭兵火，流落江左数世矣！观今之势，谅不能回，汝等异日当勉为之。"言之不觉泪下。……己亥(康熙三十四年)春，予书其前由，述其始末，以俟后人知木本水源，亦有所宗焉。①

　　通篇描述了雷氏后裔身在异乡时望所归的殷切心境，那种呕心抽肠难以忘怀故土的情思实在感人至深，令读者出泣。而"样式雷"世家的"本土情节"，则更多地似乎表现在物质方面。雷正良《"样式雷"世家的建筑业绩与人文精神》说："16 岁时雷发达就离开家乡(梅棠乡新庄村雷家庄)到了金陵后又去了北京。但他十分思念家乡，曾经汇钱给雷家庄族人，委托他们兴建雷氏祠堂，还说要亲自回家乡拜祭祖先。"又据张宝章说："施工过程中，欣逢雷金玉七旬正寿，雍正皇帝给予特殊的褒奖：命皇子弘历亲笔书写'古稀'二字匾额，赐予雷金玉。金玉将此匾额运回故乡，供奉悬挂于原籍祖居大堂，整个家族和故里乡亲都视为无上荣耀。"②这种不忘根本的"根性意识"，历来是中华民族传统文化的内核与灵魂。它根深蒂固地表现在炎黄子孙的血液之中，无论是港澳台的同胞，还是旅居海外的华侨，或许一些往事可以淡忘，而唯独源自禅宗六祖"落叶归根"这四个字却是谁也不会忘记的，这恐怕是"样式雷"族系当下给人们的一种有益启迪所具有的现实意义。

　　"样式雷"建筑为中华文明建筑史增添了浓墨重彩的一笔，它的特点与亮点就在于在开拓创新的同时，始终坚持中国远古建筑的设计理念，继承具有东方神韵的建筑模式。梁思成说：

　　　　中国建筑是从中国文化萌芽时代起就一脉相承，从来没有间断过地发展到今天的。……从殷墟宫殿遗址，作为后世中国建筑体系的基本特征的最早的"胚胎"时代的例证开始，在约三千五百年的发展过程中，这些特征就一个个、一步步地形成、成长，并在不断地实践中丰富发展起来了。③

① 王其亨、项惠泉《"样式雷"世家新证·附录》，故宫博物院院刊 1987 年。
② 张宝章《样式雷家世诸考》，《建筑世家样式雷》第 3 页，北京出版社，2000 年。
③ 梁思成《梁思成谈建筑》第 153 页，当代世界出版社，2006 年。

　　这种传承模式,就是中华民族传统文化在建筑历史上的生动反映。在中国,皇家建筑无疑具有重要地位和一定代表性,同时也浸透了时代特征和社会性。仅以"四坡出檐"的庑殿式屋顶为例,林徽因《林徽因谈建筑》说:"这屋顶坡的全部曲线,上部巍然高举,檐部如翼轻展,使本来极无趣、极笨拙的屋顶部,一跃而成为整个建筑的美丽冠冕。"从夏商周"三代"直至清代,5000余年的传承始终如此的直接与鲜明,实在令人惊叹。梁思成在谈及清宫建筑时指出:"这是一个规模上硕大无朋的宏伟布局。从南到北,贯穿着一条长约两英里(三公里左右)的中轴线,两边对称地分布着绵延不尽的大道、庭院、桥、门、柱廊、台、亭、宫、殿,等等,全都按照完全相同的、严格根据《工程做法则例》的风格建造,这种设计思想本身就是天子和强大帝国的最适当的表现。在这种情况下,由于严格的规则而产生的统一性成了一种长处而非短处。如果没有这种刻板的限制,皇宫如此庄严宏伟之象也就无从表现了。"①我们不仅从中看到中国皇宫最为古老的中轴线,而且感觉到由于"刻板的限制"而展现的中国式的庄严宏伟之貌。

　　一切伟大的创造源自民间,如果说,传统民居和私家园林对皇家建筑的影响是表层的话,那么,来自于民间的各种工匠对皇家建筑风尚的作用则是深层的。雷发达,一个来自赣鄱乡间的木工匠人,由于勤奋好学,细心揣摩华夏建筑文化的精粹,接受赣鄱文化和吴越文化中的建筑样式的浸润,以其聪明才智,进入皇家宫殿与园林建筑这一神秘领域,开创了一个家族相继执掌样式房250年的辉煌历史。"样式雷"世家为我们留下了2万余件"样式雷图档",这是中国古代建筑史上最翔实、最直观的资料,图档包括设计图纸、烫样和施工设计说明等,它不仅对于研究清代建筑历史具有举足轻重的现实意义,而且对于揭示营建活动的整体背景和相关文物建筑的保护、复原,探寻清代政治、经济、科学技术、文化艺术诸多方面史实,都具有实在的参照价值,影响极其深远。英国学者李约瑟在《中国科学技术史》中第一次把"样式雷"世家在中国古代建筑史中的历史地位和功绩介绍给国外,《世界著名科学简介》一书也把雷发达的名字列入其中。可见,"样式雷"世家不仅以高超的建筑技艺影响世界,其高尚的道德品质和情操

---

① 梁思成《中国建筑史》,中国建筑工业出版社,2005年。

也为世人所推崇。如何继承与发扬中华民族传统建筑文化,激发民族自豪感,为当今社会服务,在新的世纪创造新的辉煌,"样式雷"世家丰富的实践经验和无私的奉献精神,给了我们很好的回答。

第十章　地域文化与中华民族文化

　　21 世纪的地域文化研究,正在以一种健康而更理性的姿态不断向纵深发展,观察与思考成为这一时代的主轴,研究方法也形式多样不拘一格。中华民族的地域文化一个鲜明特征是它的混融性,一部中华文明史,也即是地域文化的扩散与传播史。地域文化在不断地"和合共融"中凸显个性,呈现出既有深厚的血脉相通的文化共性,又有浓郁的本地域的地方特色,从而构成中华民族文化的特质与灵魂。把河洛与赣鄱这两支地域文化作为一个课题进行研究自有其局限性,它很可能带来"顾此失彼"的误差,例如在叙述以洛阳为代表的黄河流域文化时,就很少注意以晋陕为代表的黄河流域文化。而从另一面看,通过河洛与赣鄱的比较,我们却能较细腻地观察与捕捉到一种"文化融合"的全过程。因此我们虽然感觉这种研究方法不一定十分完美,但仍然愿意就这个课题作一些尝试性的探讨,其结果也许更能较清晰地说明地域文化中某些带普遍性的问题。

第一节　河洛与赣鄱在互动中体现文化的本质

一、河洛文化作为华夏民族根性文化

　　这里首先要提出一个问题,即:河洛文化同样属于地域文化范畴,但为何同时又称它为"华夏民族的根性文化"? 不弄清这个问题,关于地域文化的探讨也许会失去一种支撑,或很难深入下去。

　　意大利哲学家维柯的巨著《新科学》第四卷《诸民族所经历的历史过程》,提

出了一个"永恒历史的公理",这个公理即神、英雄和人的先后衔接的三个时代。一般来说,世界各民族都是按照这三个时代的划分,根据每个民族所特有的因与果之间经常地不间断地次第向前发展的。同时,由三个时代又分派出三种不同的自然本性,维柯说:

> 第一种自然本性,由于想象具有一种强有力的欺诈力,在想象方面最强而在推理方面却最弱。它是一种诗性的或创造性的自然本性,我们可以称它为神性的,因为它把具体事物都显示为由诸神灌注生命的存在实体,按照每种事物的观念分配一些神给它们。……第二种自然本性是属于英雄时代的,英雄们都相信自己是来源于天神的,因为他们既然相信一切事物都是由神造的或做的,他们就自信是大帝约夫的子孙,是在天帝占卜典礼下生育出来的。……第三种才是人的自然本性,它是有理智的,因而是谦恭的,和善的,讲理的,把良心、理性和责任感看成法律。①

这大约是世界各民族历史发展过程的一条定律。用维柯的话说,哪怕是缺少其中的一条,这个民族的发展进程都是不健全的。我们试以这一定律来观照河洛文化:第一种是神的自然本性,诸如盘古、伏羲、女娲、黄帝轩辕、炎帝神农、黄帝裔颛顼、黄帝臣离朱、黄帝臣歧伯、炎帝裔夸父、炎帝裔共工、炎帝裔蚩尤,等等,这样一个庞大的诸神群体,他们不仅被历史化、帝系化,而且脉络清晰,故事生动,情节感人。更重要的是,诸神的演绎大都出自河洛地区。第二种是英雄时代的自然本性,这就是中华民族尊奉为英雄的尧、舜、禹,他们的足迹虽然遍及神州大地,但其源头和重大事件的发生都在河洛地区。第三种是人的自然本性,这就更为明确了,周武灭商后,以周公的"制礼作乐"和孔子的"礼乐文化"为代表的人的自然本性正式走上历史舞台,同时,开启了历史上著名的"大分封",西周初年先后71国,其中武王的兄弟就有15人,凡"姬"姓者占40人。又大封功臣谋士,封吕尚于临淄(齐)、周公之子伯禽于曲阜(鲁)、召公奭于蓟(燕)等,无一不是源自河洛地区。

---

① (意)维柯《新科学》第461页,人民文学出版社,1986年。

这一粗略的勾勒,人们不难发现,河洛文化对于华夏民族传统文化有着怎样的深厚积淀,它不仅从严格意义上符合上述三个时代发展进程的划分,而且也凸显出在发展进程中三种不同的自然本性。今天在洛阳东周王城遗址入口处,海外华侨们在此立有一块碑,上书"根在河洛",极其形象地说明河洛文化的本质特征。而其他地域文化虽也有邈远的神话传说或记载,例如赣鄱文化中就有"赣巨人"传说,据《山海经·海内经》载:"南方有赣巨人,人面长唇,黑色有毛,反踵,见人则笑,唇蔽其面,因可逃也。"这条史料与《山海经·海内南经》的枭阳国的记载,构成赣鄱地区的远古传说。但它们既没有发展为时代的衔接,也没有任何事物的因果关系,我们只能把它看做赣鄱文化历史久远的一个背景资料作为参考。

二、南宋时期河洛文化的衰落

无疑,河洛文化奠定了华夏民族文化根性的基础。但随着朝代的更替,战乱的频繁以及政治形势的变化,河洛文化在加快扩散与传播速度的同时,开始从巅峰状态下移并逐渐走向衰落。晋元帝司马睿定都建康,实现了第一次"衣冠南渡"的文化大迁徙,所谓"衣冠南渡",是指大批的贵族、豪门以及文人士大夫逃到长江以南,在南京建立政权,史称"东晋"。当东晋王朝在南方建立之时,北方则出现许多由少数民族,诸如匈奴、鲜卑、氐、羯、羌等建立的大小王国。随着少数民族进入中原和中原的北民南移,于是出现一种极富创意的很有意思的文化现象:一方面少数民族进入中原,接受河洛文化影响,形成一种新型文化;另一方面,北民南移的结果,出现了中华民族文化中心的大转移,同时,也开始了长江流域文化与黄河流域文化首次实质性的融合。这一声势浩大气势恢弘的壮观场面,恰似一个巨大的运动着的旋涡,推动着文化的融会与重组。

大凡古代建都立国,首先是政治、军事和经济三项,即是说天下之中、地势险要、对外扩张和经济富庶等,都是考虑的因素。首先是"天下之中",这是建都的首选,洛阳近嵩山,而嵩山为五岳之中,称"中岳"。洛阳在全国的位置,则无论由北向南,或是由西向东,它都居于中间的位置,因此,洛阳作为"天下之中"的神圣地位可想而知。这一传统的原始形态的思维方式,随着时局的动荡与发展而产生了质变。后唐河东节度使石敬瑭认契丹主为父,以年献帛 30 万匹,割让燕云十六州为代价,换取称帝欲望的实现。后唐末帝清泰三年(936年),石敬瑭攻入洛阳,建立后晋。也许在石敬瑭眼中,洛阳是个不祥的地方,一是后唐末帝自焚身亡于此;二是石敬瑭的所作所为早被洛阳民众所唾弃,而"天下之中"这个传统观念,对于这种媚敌求荣的人来说实在是无所谓的。最终石敬瑭的后晋决定从洛阳迁都开封,而作为"千年帝都"的洛阳从此一蹶不振。李炳均说:

> 北宋都开封一百六十余年,一面结束了我国建都"自西而东"的现象,一面又开始了"自北而南"的形势;而最根本的是结束了我国建都黄河流域的历史。①

北宋定都开封,开始了"自西而东"的历史进程,也即是说,"天下之中"的格局从此被彻底打破,在中国此后的建都史上,"天下之中"再也不是考虑的重要因素了。此外,北宋定都开封考虑的只是漕运的便利,其他一概忽略不计,因此,在开封极度繁华的同时,也隐藏着极大的危险。宋钦宗靖康二年(1127年),当金兵到达开封城下时,北宋也就灭亡了。徽宗的第9个儿子赵构逃往长江以南,以临安(今杭州)为都,改年号"建炎",史称"南宋"。值得注意的是,南宋以后的元、明、清各朝的建都均贯穿于"南北走向",定格在南北"两京"的位置上。它最根本的是结束了我国建都黄河流域的历史,河洛文化正是在这种大的趋势下逐渐衰落了。但"衰落"不是消失,说得更确切一点,它是一种文化的"转移",在这南北文化融会与重组中,出现了许多不同的具有新质的文化样式,尤其是不少的地域文化,均以成熟的姿态走进了历史。从某种意义说,这是长江流域文化与黄河流域文化的有效融合而出现的一种新型的中华民族文化,具有深远意义。

三、唐宋时期赣鄱文化的崛起

赣江—鄱阳湖浩瀚的水系在我国众多江河湖泊中久负盛名,它养育了一代又一代的江西先民,同时也孕育了一大批诸如徐孺子、陶渊明、王安石、欧阳修、

① 李炳均、刘敬坤《关于我国历代建都与文化史发展的关系及建都特点的初步研究》,《中国古都研究》第35页,浙江人民出版社,1986年。

文天祥、汤显祖、八大山人等文化名人。这是个客观的历史存在,是任何地域文化所不可替代的,因此,赣鄱文化在中华民族传统文化进程中,自有其独特的地位。人类文化学家本尼迪克特说:

> 一种文化就像一个人,是思想和行为的一个或多或少贯一的模式。每一种文化中都会形成一种并不必然是其他社会形态都有的独特的意图。在顺从这些意图时,每一个部族都越来越加深了其经验。与这些驱动力的紧迫性相应,行为中各种不同方面也取一种越来越和谐一致的外形。[①]

这即是赣鄱文化为什么能形成一个独特的地域文化形态系统的原因。它有自己的贯一的模式和独特的"意图",在和吴越文化、荆楚文化,尤其是河洛文化的交会融合中,不断加深其经验,最终取得"和谐一致的外形"。施由明说:

> 江西社会经济文化的较大发展是在唐后期及唐末五代之后,由于北方战乱,河洛移民较多进入了江西。北宋末南宋初金兵南侵,又有大量的河洛移民进入江西,宋代江西的社会经济文化成为了当时中国的名区。……宋元时期江西文人们在他们的文集中对江西宗族姓氏有许多追溯,如临川的胥、晏、饶、谢;丰城的王;浮梁的金;金溪的陆、黄;庐陵的胡、欧阳、王、段、彭、毛、曾;南丰的曾、赵;南康(今星子)的周;高安的刘;铅山的傅;武宁的黄,等等,这些姓氏都是唐末五代或宋代从河洛移入的。[②]

施由明先生的这段话印证了唐宋时期河洛移民全面进入江西的真情实况。且不说家族式的迁徙,就是由一人流徙江西而传衍成一个大家族者也不在少数。诸如南昌奉新华林胡氏大宗族,九江德安"义门"陈氏大宗族,吉安的欧阳修、杨万里、杨邦乂、杨士奇等家族,其祖父辈都是只身从河洛来到江西而传衍成大家族的,这对赣鄱文化的浸润具有很强的渗透力。而此时作为鱼米之乡的江西也

---

① (美)露丝·本尼迪克特《文化模式》第 48 页,三联书店,1988 年。
② 施由明《论河洛移民与中国南方宗族》,《河洛文化与台湾文化》第 471 页,河南人民出版社,2011 年。

得到全面开发,经济出现惊人的发展,我们在第四章《河洛农耕文明与赣鄱农耕文明》中已有详细阐述。有趣的是,在罗振玉编《敦煌零拾·跋》中,叙述了发现写在《心经》纸背上的唐代俗曲的经过,其中有[长相思]三首,其第一首云:"侣客在江西,富贵世间稀。终日红楼上,口口舞著棋。频频满酌醉如泥,轻轻更换金卮。尽日贪欢逐乐,此是富不归。"[①]我们仅从这个侧面,也能看到当时江西商贸的繁盛和经济的发达,这一切都为唐宋时期赣鄱文化的崛起奠定了坚实基础。

第二节　关于赣鄱文化的思考

一、"赣文化"与"赣鄱文化"

自"文革"结束,全国民众发现精神生活的需求远胜于物质生活的需要。党的十一届三中全会以后,我国无论在政治与经济,还是科技与文化等方面,都发生了一种全方位的质的深刻变化。人们开始总结以往的历史经验,对于历史的反思,尤其是对于文化历史的反思更为急切。以被誉为"中华民族文化长城"300 卷本《中国民族民间文艺集成志书》的编纂为例,20 世纪 70 年代末,国家便正式把"盛世修典"这件大事提上了议事日程,从中央到地方,举全国之力,戮力同心,历时 30 年,把遗存和散落在民间的丰富的艺术宝藏,把行将湮灭的大批民族民间艺术精品,通过数十万全国各族文化艺术工作者艰苦卓绝的努力给基本完整地发掘了出来。这在古今中外文化史上是绝无仅有的。而文化理论界则开始了关于传统文化的探讨,并由此带动了对地域文化的求索。

这一时期所掀起的第一波地域文化研究的热潮,其主要特点是以春秋战国时期各国所占据的地望为其文化形态圈,所谓齐鲁、燕赵、秦晋、中原、荆楚、吴越等。此时的江西,在全国范围内是没有地位的,往往被忽视于地域文化之外,并很不客气地被历史上春秋战国时期所形成的固有的文化形态圈纳入自己的势力范围。以荆楚文化为例,1998 年出版的《荆楚文化志》,在地域一目中,就把江西全境一点不剩地纳入荆楚文化范畴,并说:"本书界定荆楚地域所依据的条件有

---

　① 　郑振铎《中国俗文学》第 132 页,作家出版社,1954 年。

两个:其一是地理形势,其二是文化传统。前者是天然的,后者是人为的。二者兼顾,天人相合,方能得其真。"①这样的地域划分令人颇为尴尬。

20世纪90年代的第二波地域文化研究犹如春潮涌动山花烂漫,江西终于以"赣文化"或"江西文化"的称谓大踏步地走上地域文化的研究论坛,在讨论中,以"赣文化"的观点为其主流。曹国庆说:

> 论者认为,江西文化与赣文化是两个既相互联系又相互区别的概念,前者可以指江西这块土地上产生的物质文物文明与精神文明的集合,它的空间范围是今日江西的版图,时间是从古到今。而后者更多的应是强调是此非彼,能区别于其他地区的区域文化,能显示其自身鲜明个性的东西,不同的区域文化间不应只是行政区划的不同,而是要从文化内涵本身的特质来显示各自的不同,否则简单地把江西文化换称为赣文化意义不大。②

强调自身的"是此非彼"的特质,显示自身的鲜明个性,揭示自身的丰富内涵,这是所谓地域文化最本质最可贵的东西。我们所以不同意《荆楚文化志》的观点,是因为它把江西地域全部纳入"荆楚地域"的唯一根据是春秋战国时期楚国的疆域覆复盖江南数百年。其实,我们从两千余年的漫长历史观照,数百年仅是短暂的一个时段,随着秦的一统和楚国的灭亡,江西很快又恢复了与黄河流域的交流,至唐宋时期,江西早已构成了全境作为一个地域文化单元的特殊性。

"赣"是江西省的简称。"赣文化",我们可以认定它没有行政区划的含意而具有文化的"是此非彼"的特质,但在表述过程中,时有把江西文化与赣文化混淆的现象存在,原因很简单,"赣"毕竟是江西省的简称。我们也可把"赣文化"理解为"赣江文化",因为赣江是养育江西民众的母亲河,这是很恰当的。但另一个问题又来了,我们在注意母亲河赣江的同时,要不要关注一下鄱阳湖?应该说,鄱阳湖及鄱阳湖平原是江西发育最早的地区,更何况鄱阳湖惊人的调蓄功能容纳下赣江、抚河、信江、饶河、修水等五大河流的来水,许许多多重大的古老的

---

① 张正明、刘玉堂《荆楚文化志》第3页,上海人民出版社,1998年。
② 李国强、傅伯言主编《赣文化通志·绪言》,江西教育出版社,2004年。

历史事件都是在这一地区演绎而得到淋漓尽致的体现。用"赣"或"赣江",的确很难包容下鄱阳湖水系的文化内涵。梳理这一重要地区的重要文化现象,是我们思考与探讨的一项带有紧迫性的工作,而我们在有意无意之间,把这一块文化积淀极其深厚的区域给淡忘了。

　　根据这一思路,我撰写了《鄱文化与赣文化辨析》,发表在《江西社会科学》1998年第9期上。谈及江西境内有两个文化系统,即鄱文化系统和赣文化系统,而且鄱文化要早于赣文化,甚至是赣文化的母体文化。从总的文化气质看,鄱文化在山(庐山)湖(鄱阳湖)文化的影响下似乎要浪漫一些,以陶渊明为其代表;赣文化则在高山峻岭盆地文化的孕育中更为注重实际,以文天祥为其代表。这些观点虽然不太成熟,但毕竟表达了个人的一点思考。不久,这篇文章被中国人大复印资料《文化研究》1998年第12期予以转载,在本院也引起了一些反响,并获优秀成果论文二等奖。"赣鄱文化"的提出,曾得到江西省社科院原副院长姚公骞老先生的赞同,他说:"文化和行政区划是两个不同的概念,有自己的发展规律,不能混淆。鄱文化是江西文化的源头,赣文化是鄱文化的补充力量,这点我赞成。赣鄱文化,称呼较顺,我们江西禅宗就有先后倒换的先例,宜丰洞山良价禅师倡《君臣五位说》,其徒本寂在宜黄曹山继其师脉,创'曹洞宗',也许是'洞曹'拗口,故称'曹洞'。所以赣鄱文化的提出,我认为可行。"2003年,拙著《江西戏曲文化史》出版,利用这个机会,在最后一章中空出一点位置撰写了《关于赣鄱文化》一目,继续对这个问题作了较为具体的阐述。2009年下半年,赴河南平顶山市参加第八届河洛文化学术研讨会,其间,受杨海中先生的邀请,参与国家课题"河洛文化与闽台文化研究"的工作,并负责撰写一部作为子课题的专著。本人接受了这项任务,并直接以《河洛文化与赣鄱文化》作为书的题目,因为这一构想,完全符合本人对于"赣鄱文化"的较长时间的思考。

二、"鄱阳湖生态经济区"的提出

　　时序进入工业时代,随着交通结构的变化,内河运输的普遍衰退,水土流失日益严重,工业污染日益加剧,江河湖泊生态承受着严峻挑战。虽然赣江—鄱阳湖水系在这一急遽变化的情势中,湖盆淤积较慢,围湖造田较晚,湖水污染较轻,生态环境现状相对较好,但也绝对脱离不了这一大背景的影响。本尼迪克特指出：

> 从周围地区的那些可能的特性中选择其可用者,而舍弃了那些无用者。它把其他的特性都重新改造成为与它的需要相一致的样子。固然,这一发展在整个进程中从来无需有意识地进行,然而若是在对人类行为的模式构成的研究中忽略了这种发展,却是放弃了理智地解释的可能性。[①]

把赣江—鄱阳湖水系置于生态文明视野中考察,使许多与需要不相一致的那些可能的"特性"便显露出来了,例如围湖造田、污染环境、捕杀珍禽,等等。2009 年 4 月,国家发改委会同国务院 24 部委等有关单位 80 余人组成的联合调研组,就鄱阳湖生态经济区的建设问题进行了深入的调研,这是当下国家发展大计中的应有之义,也是继 2003 年胡锦涛总书记在人口资源环境工作座谈会上说的"环境保护工作,要着眼于让人民喝上干净的水,呼吸上清洁的空气,吃上放心的食物,在良好的环境中生产生活"指示的一个具体举措。这一重大举措,说明我们没有放弃"理智地解释的可能性"的一种科学考察与研究的最佳选择,并由此拉开了鄱阳湖生态经济区建设的序幕。

自古以来,鄱阳湖区的民众在长期的劳作实践中,已积累了不少生态经济保护的措施并融会于他们的民俗习尚之中。北宋都颉《鄱阳七谈》说:鄱阳有"滨湖捕鱼之利"、"鱼鳖禽畜之富"。[②] 农历十月是鱼类繁殖季节,根据鱼类潜伏深潭越冬这一规律,各地开始禁湖,也称"禁港",渔民收网,谓之"休渔"。这是渔民们深切了解水资源的宝贵和养护鱼类的重要意义而产生的一种自觉意识,千百年来,这种传统意识根深蒂固。鄱阳湖滨水草丰茂,适宜鱼类产卵,是鱼苗集中繁殖地区,由此产生养鱼业的发达。每年的五、七月,当桃花水涨时开始作业,用竹丝编织,内糊以牛皮纸并涂以桐油的油篓盛装鱼苗,至入伏前结束。

至冬月开始捕鱼,第一天下湖谓之"开湖"。开湖前几日,渔民要划船到捕鱼的湖滩水湾处巡视一遭,俗称"看水"。江西的水产捕捞早在宋代就极其发

---

①　(美)露丝·本尼迪克特《文化模式》第 49 页,三联书店,1988 年。
②　宋·洪迈《容斋随笔·五笔》卷六,上海古籍出版社,1996 年。

达,理学家杨时《鄱阳湖观打鱼》诗:"秋高水初落,鳞介满沙脊。浩如太仓粟,宁复数以粒。纷纷鱼舟子,疑若俯可拾。横湖沉密网,脱漏百无十。"①明代初年,官府在南康府(治所今星子,辖境相当于星子、永修、都昌等县)设杨林河泊所,专门掌管水产税收。清代中叶,仍然保持着这种旺盛的势头。乾隆三十六年(1771年)进士、星子县人曹龙树有《宫亭湖鱼阵》诗,细腻地描写了在故乡看到的捕鱼盛况:"渔人湖上阵鱼丽,结队连舟十里围。击楫鸣榔同战鼓,烟蓑雨笠是征衣。水帘钻破金鳞窜,浪锦翻开玉鬣飞。网撒网收循序进,归来较胜猎禽归。"②还有种叫做"打鱼"的捕鱼方法,马永卿《懒真子》卷四说:"鄱阳湖水连南康军江一带,至冬湖水落,鱼尽入深潭中。土人集船数百艘,以竹竿搅潭中,以金鼓振动之。候鱼惊出,即入大网中,多不能脱。"许怀林先生在注释这条史料时说:"现在湖区渔民冬季捕鱼,依然使用敲打法,惊动深水之鱼,既敲锣打鼓,也有用竹棒敲打船帮,或竹竿互敲。"③这一古老的具有传统特色的捕鱼方法至今仍在延续着,可见其生命力的顽强。

鄱阳湖是我国的第一大淡水湖,不仅汛期江水倒灌时对于长江起着防洪作用,而且更重要的是它对赣江、抚河、信江、饶河和修水等五大河流来水巨大的调蓄功能。当这五大河流奔汇于鄱阳湖途中,在丘陵山坡的水流湍急之处,我们看到无数的水轮、水碓的身影。宋应星《天工开物》说:

> 凡水碓,山国之人居河滨者之所为也,攻稻之法,省人力十倍,人乐为之。引水成功,即筒车灌田同一制度也。设臼多寡不一,值流水少而地窄者,或两三臼;流水洪而地宽者,即并列十臼无忧也。④

水碓最大的困难是如何埋臼,地势低有被洪水冲毁的危险;地势高水轮又带动不了。《天工开物》介绍了信州郡(今江西上饶)埋设臼的方法:用一小舟置于地,四周以木桩固定,船内填土,将臼埋陷于船内,即使涨水,水碓也如水上行舟,

---

①　民国·吴宗慈《江西通志·山川略》卷五十七,民国线装版。
②　徐新杰校点《星子县志·艺文志》卷十三,同治十年版校点本。
③　许怀林《江西通史·南宋卷》第217页,江西人民出版社,2008年。
④　明·宋应星《天工开物·粹精》卷四,中华书局,1959年。

仍可继续工作。江西的水轮、水碓不仅数量多,而且功能也极广泛,诸如浮梁县瑶里乡的水碓瓷土,婺源县江湾镇上晓起村的水碓磨茶,铅山县石塘镇罗湖村的水碓浆纸等,都是一些有代表性的例子。

这种古老的原始形态水资源的循环利用虽然简陋拙朴,效力低下,但对于今天绿色资源的科学决策有着带启发性、参考性的积极意义。黄新建等《鄱阳湖综合开发战略研究》说:"循环经济是一种建立在物质不断循环利用基础上的生态经济,它构成'资源—产品—再生资源'的物质反复循环流动的过程,大大提高能源利用率,基本不产生或只产生很少的废弃物。"[①]当下"鄱阳湖生态经济区"的构想与提出,是一个极严密的科学论证系统,它既要符合经济稳定增长的可持续发展的规律,又要切实保证鄱阳湖的一湖清水不受侵害。无疑,这对于决策者来说,是个极大的挑战。只有坚持在传统基础上的创新,大力保护生态环境,把科学发展观落到实处,赣江—鄱阳湖水系资源发展的目标才能达到并焕发新的生机。而由赣江—鄱阳湖文化所孕育的江西文明必将以全新的姿态,迎接新的地域文化发展的到来,同时也必然派生出赣鄱文化的创新与发展。赣鄱文化,毫无疑问是长江文明的一个精彩部分,亦是中华文明的一个缩影,在生态文明大系统中具有普遍性的观照意义。

第三节　地域文化的自身价值与现实意义

一、地域文化的从属性与不可取代性

先秦时期,围绕鄱阳湖平原的稻作文化、青铜文化及陶瓷文化,显示出江西先民在与河洛文明初始接触过程中的创造性活力,曾经推动了江南的开发进程。秦朝的统一,尤其是汉代豫章郡的设立,使得赣鄱文化的形成有了一个相对稳定的地区载体。这个载体的出现,比较于齐鲁、燕赵、秦晋、荆楚、吴越等传统的地域文化来说,无疑晚了好几个世纪,但也正因这种"晚出",才决定了赣鄱文化在其发展过程中,表现出一种对中央更为强烈的依附和对河洛文化更为密切的互

---

① 黄新建、甘筱青、戴淑燕等《鄱阳湖综合开发战略研究》第 205 页,江西人民出版社,2007 年。

动,凸显出超乎寻常的向心力和主流性。换言之,在古代交通极其依赖水路的大背景下,赣江—鄱阳湖水系这种独特的地理态势,构成了江西全境作为一个地域文化单元的特殊性。就是说,江西历史虽然在政治上没有形成政权的中心,但却有超强的文化凝聚力。

其实,任何地域文化与中华民族文化的关系,都具有一种鲜明的从属性,如果说,中华民族文化是棵繁茂的参天大树,那么,地域文化则是这棵参天大树的根与枝,一荣俱荣,一枯俱枯,牵扯不开。这恐怕是世界民族文化发展史的一个特例。英国历史学家汤因比说:

> 在近代西欧冲击之前,对于中国给以很大冲击的只有一个印度。而来自印度的冲击又采取了传播佛教的和平形式。并且佛教一旦传入中国,就被中国化了。这正和从匈奴到满族这些北方民族几次征服整个中国或一部分中国而最后被中国化了的原理是一样的。①

由此可见中华民族文化的同化力有多么惊人。汤因比的话是针对外来文化而言,就是说,印度佛教和匈奴及满族,无论是和平形式,还是直接征服,其初衷恐怕都是想改造中国文化的,结果适得其反。至于地域文化则不存在这个问题,因为它们的文化属性本来就是血脉相通的,包括蒙满少数民族都是如此,它们之间没有任何设防,文化的传播时刻处于流淌状态,具有很强的动态性,在不断地扩散中具有一种"你中有我,我中有你"的特质。哪怕政治上的长期隔绝,而文化的血脉却依然相通。2011年4月,第十届河洛文化学术研讨会在台北剑潭举行,台湾艺术大学庄芳荣教授以《台湾寺庙信仰大略》作主旨发言,最后说:"综观三百多年来台湾寺庙的缘起与发展,可以得知:台湾寺庙与大陆的关系是脐带相连的。这种关系更具体入微地表现在早期移民以及世世代代子孙的生活上,就是处在目前这个现代化社会,寺庙仍是民众生活不可或缺的一部分,尤其是乡村与老市区。"的确如此,我们在宜兰县壮围乡永镇村文化考察中深感这种"脐带相连"浓烈的文化氛围。这里有座开漳圣王庙,坐东朝西,庙宇面向大陆,背

---

①　(英)汤因比、(日)池田大作《展望二十一世纪》第292页,国际文化出版公司,1985年。

负大海,大海隐约处一座龟岛,再向东即太平洋。庙宇忠实记录了大陆先民来台开疆拓土的事迹:清乾隆九年(1744 年),福建漳州先民陈镇民、陈福老等渡海,经北海岸来到这里,结草为庐,垦耕立业。为求不忘祖源,他们从漳州九龙里松州堡小南山的开漳圣王的祖庙内分香金身,一路随身作护安之祖神。沧海桑田,随着大陆移民的日增,开漳圣王庙香火鼎盛。谈及历史,村民无论老少,无一不津津乐道其始祖开漳圣王唐代河南固始陈元光。台湾中华侨联总会理事长简汉生说:

> 　　当今海外华人华侨虽然生活在文化迥然不同的各个异国他乡,但仍千辛万苦地保留中华文化的精髓,延续著炎黄子孙血缘与文化的命脉,使河洛文化成为中华在海外传承的主流,与侨界的生存发展及与母体文化的联系,都有最直接且不可分割的关系。因此河洛文化又可说是维系海外华人向心及促进中华民族复兴最重要的纽带之一。①

中华民族文化不仅具有巨大的同化力,而且具有神奇的向心力,中华民族的伟大复兴,其最终所倚靠的就是这种"炎黄子孙的血缘与文化的命脉"。

至于赣鄱文化的定位,我们实在没有必要把它拔得很高,其源头甚至可追溯到"三苗先后与黄帝、尧、舜、禹竞雄于世",客观地说这一时期的文化形态还仅局限在神与英雄交会衔接的时代,地域文化还处于"混沌"之中,这种拔苗助长的做法往往不利于地域文化的健康发展。赣鄱文化成型较早,发育较晚,这是历史进程赋予它的真实情况。我们更愿意用南宋诗人杨万里一首《小池》的诗来形容:"泉眼无声惜细流,树阴照水爱晴柔。小荷才露尖尖角,早有蜻蜓立上头。"②赣鄱文化向来"与世无争"、"行为低调",它就像涓涓不息的泉流一样承载着来自各方的文化信息,当本土文化在"树阴照水"的悉心呵护下茁壮成长,并与它所获取的大量的文化信息会聚在一起时,赣鄱文化,以其前所未有的姿态

---

① (台湾)简汉生《追本溯源、振兴民族:论河洛文化的播迁与台湾及海外华人之关系》,《河洛文化与台湾文化》第 8 页,河南人民出版社,2011 年。

② 宋·杨万里《诚斋集》卷七《江湖集》,《传世藏书·集库·别集》第 6 册,海南国际新闻出版中心,1995 年。

和光彩照人的形象终于走上了中华民族文化的"红地毯"。它的农耕、宗教、理学、俗文学,等等,不仅具有不可替代的本土特色,而且在地域文化中,以其独特的地理优势占有得天独厚的"气场",并发出淳厚的文化气息而自成一体。

中华文明的形成与发展是多源的,这在无数地域文化的论述中都能找到它们的源头,而黄河流域,尤其是黄河流域中段的"根性文化",在其不断地扩散与传播中,在动态的交流与融通下,地域文化又能完全统一在中华民族文化之中。"多元统一"格局是中华古老文明的重要特征,也是中华民族传统文化五千年来自始至终没有中断而得到连续发展的根本原因。

二、地域文化的现实意义

地域文化不仅使我们能够观照本地区的历史社会发展的过程,而且又可在反思中作为现实和未来生活中一种真实和有价值的参照系。唐代诗人白居易说:"人无常心,习以成性;国无常俗,教则移风。"①这种无意识的流动的文化形态,具有可持续发展的自我调节的功能。在潜移默化的动态中,它必将淘汰那些过时与落后的文化现象,在保持其率真、淳厚、质朴本质特征的同时,努力发掘那些有益身心健康、积极进取的文化因子。这对于推进民生进步和社会发展,都具有积极意义,同时,在今天的信息化时代,作为一种社会发展的陈迹,自有其历史的意义和存在的价值。杜维明说:

在全球化进程中,我们必须认真对待原初纽带的韧性。与这些原初纽带同在,不管是作为有力资源还是被动限制,都必将有利于人类的繁荣昌盛。充分认识到个人身份的固定性,如要积极加入到全球化趋势中来,就需制定合理的、切实可行的、明智的文化政策。②

何谓"原初纽带"? 大约是指一个民族最早的文化源头与情结,换句话说,即是指一个民族的"根性文化"。在儒家看来,其修身的根本所依靠的即是这种

①　唐·白居易《白氏长庆集》卷四十五《策林·策项》,《传世藏书·集库·别集》第2册。
②　杜维明《文化多元、文化间对话与和谐:一种儒家视角》,中国人大复印报刊资料《文化研究》,2010年第9期。

"原初纽带",它可以制约和限制个人的某些行为规范,但在更深层次中又能最大限度地发挥个人的聪明才智为社会服务。因此,"原初纽带"不仅具有超强的能动性,而且蕴涵了一个民族的十分丰富的文化特质。这种特殊的文化现象,可以穿透时空,具有无穷生命力。地域文化是中华民族文化的思想根基,也是今天我们弘扬的宝贵财富和优势资源。它的精神支柱和核心作用,就是"天地之间,莫贵于民"的民本思想和"以和为贵,和而不同"的和合思想,这些都可以在"原初纽带"的中华民族文化中得到淋漓尽致的体现与认同。地域文化以"温馨"和"热烈"的固有特性,敦促着家庭的和睦,维系着社会的的和谐。它的游戏规则,就是不断地提醒着人们向着未来美好的生活行进,反映出地域文化对于一个民族所产生的巨大的凝聚力与向心力。作为处于社会区域的一种细胞质,对于当代建设和谐社会,无疑具有很大的促进作用和深刻的多重功效。所以从某种意义上说,保护、传承与研究地域文化,就是为了推动本地区的经济发展和社会进步,更好地为国家现代化建设服务。因此,地域文化的研究,应自觉纳入全国大文化史的发展框架之中,从而体现整个中华民族文化史的发展脉络和发展规律。美国历史学家伊佩霞有一段发人深省的话,她说:

中国是个不同寻常的复杂的社会,它经历了数千年的形成过程,不理解它的过去就不会明白它的现在。与西方那种把中国视为静止不变的、几乎是没有历史的陈旧观念相比,中国如何成为今天我们所知道的大国的故事更充满了戏剧性。在各个历史时期,中国人都利用了他们所继承的遗产,但是他们在创造这个我们称之为"中国社会"的过程中,在他们奋力发现意义和秩序、实现他们的愿望或与敌人抗争、生存和繁荣、照料他们的家庭和履行他们的责任过程中,他们也提出了新思想,做出了新实践。①

伊佩霞恐怕是坚持从文化的角度来观察中国社会少有的西方学者之一。面对中国,她不止一次给自己提出许多疑问:比东欧、西欧、北美的人口总数还多的10多亿汉族人,怎么能把自己视为共享同一种的文化呢? 为什么语言、宗教或

① (美)伊佩霞《剑桥插图中国史·序言》,山东画报出版社,2002年。

生活方式的差异没有使他们像世界上其他民族那样分裂成相互猜忌的群体呢？一个单一的政府是怎么统治如此众多的人口的？带着这些实际而又神秘的问题,伊佩霞来到中国,历时 15 载,写就了这部具有深远意义的《剑桥插图中国史》的著作。她明白无误地告诉世界:要想了解和认识中国社会,必须要改变过去那种贯一的的陈旧的思维定势。"在各个历史时期,中国人都利用了他们所继承的遗产",就是说,中国社会无论是顺境还是逆境,他们既不趾高气扬,也不垂头丧气,中国人是善于韬光养晦的,这一切靠的什么？两个字:"文化",中国人在各历史时期能立于不败之地,所利用的就是这种文化遗产。

今天的时代,作为一名中国人,的确是感到非常荣幸、自豪与骄傲的。当下的中国社会,开始从静态隔绝的乡村社会,正在向开放的、动态的城市社会转变;同质的单一性社会正在向异质的多元性社会转变;礼俗社会正在向法治社会转变。中华文明处处活力无限,随着中国经济的全面腾飞,必有地域文化的全面复兴。这是一种多元文化成分在新时代的新的融合。

后　记

2010 年,对我来说感觉最为繁忙。有两个课题要在此年同时进行,一是中央文史研究馆主持的全国性的大型文化丛书"中国地域文化通览·江西卷",这是一项直接由江西省人民政府谢茹副省长主管、省文史研究馆主持的集体项目。从 2008 年下半年开始,我们进入此项课题的准备工作,仅讨论大纲就有六七次,大纲上报北京与意见反馈和及时修改也有多次,当大纲取得阶段性成果时,2010 年也悄悄来临,并开始进入实际撰写阶段。在"中国地域文化通览·江西卷"项目中,我担任常务副主编并负责民俗文化及戏曲、音乐部分的撰写,编委会决定用半年的时间完成书稿的写作,就是说,至 2010 年 6 月 15 日要拿出本卷的初稿,因此工作相对较为繁重。另一课题就是本书的撰写,属于个人项目,这是 2009 年下半年在河南平顶山市参加研讨会时接受的任务。项目计划要求在 2011 年 6 月底完成本书的写作。显然,两个课题撞车了,如何较科学安排时间并在有效时段内同时完成任务,是我特别关注的问题,有时经常会对时间作出一些必要的调整,目的就是尽量不让时间"浪费"掉。2010 年 6 月,随着"中国地域文化通览·江西卷"初稿的收笔,接着便投入本书的撰写,一年过去了,本书终于如期完稿,如释重负。正如陶渊明所说:"不言春作苦,常恐负所怀。"

写作虽然辛苦,然而甘甜也在其中,最大的收获,莫过于学到不少知识。由于习惯性懒散等原因,想要在自己的主攻学科之外再学点别的知识是很困难的。好在"适应性"是人的一种自然本性,它是由人们在某种强迫性的条件下,继续活动的能力所决定的。美国哲学家怀特在其《分析的时代》一书中说:"当我们一旦弄清楚学科之间没有明确的分界线,而且没有一门学科可以称得起在认识分类表中占有一个唯我独尊的位置时,当我们弄清楚了人类各种经验的形式也和认识同样重要时,只有到那个时候才算打通最广义的、关于人的哲学研究的道路。"这话一点不假,在当下的信息时代,尤其是从事文化研究的,学科之间是没有明确分界的。在努力工作的同时,一方面尽力通过其他学科的知识来丰富自己,另一方面尽力通过吸收其他的经验来开拓自己的视野。

在工作的日日夜夜,我的家人给予了极大的支持,老伴尽心尽力地挑起家庭生活的全部重担。我的电脑水平刚及格,除去能打印文章外,其他便感茫然,每当出现一些技术性问题或是发送文稿时,总要向孩子电话求助,无论他们工作怎样忙,都会在第一时间赶到。家庭的温暖我是从这里深刻体会到的。

课题进行中,中国河洛文化研究会常务副会长、河南省九届政协副主席陈义初,课题项目负责人、河南省社科院杨海中等专程来到江西,在江西省政协的协助下召开专门会议,询问与了解课题进展情况,帮助解决一些实际问题。同时江西省社科院、江西省文史研究馆给予了应有的关怀、支持与帮助。尤其是杨海中先生,在与他直接联系中,不仅许多的事务性工作由他担任,而且对于我们发送的文稿认真审读,并提出不少建设性意见。河南人民出版社杨光女士担任本课题8项子课题的责任编辑工作,任务繁重,一丝不苟,在此一并表示诚挚的敬意与感谢。

龚国光

于南昌市万科四季花城紫薇苑

2011 年 6 月 30 日